Christian Rach / Susanne Walter

Das Kochgesetzbuch

Christian Rach / Susanne Walter

Das Kochgesetzbuch

Die Grundregeln erfolgreichen Kochens

UNTER MITARBEIT VON THOMAS DRESSE
FOTOGRAFIEN VON WOLFGANG SCHARDT

edel
EDITION

Inhalt

Einleitung 7

Saucen und Suppen 15

Grundprodukte 63

- Teige 63
- Kartoffeln 85
- Nudeln 94
- Reis 102
- Getreide 107
- Eier 116

Gemüse und Salate 124

Fisch und Meeresfrüchte 176

Fleisch 222

Desserts und Obst 272

Rezeptverzeichnis 312

Stichwortregister 316

Zum Gebrauch des Buches

Dieses Buch ist keine Ansammlung von beliebigen Rezepten. Sie lernen darin vielmehr die unterschiedlichsten Techniken und Kochwahrheiten kennen, die ich Ihnen anhand von meinen Lieblingsprodukten und deren Verarbeitung vorstelle. Sie erfahren darin, dass Rezeptangaben nie hundertprozentig präzise sein können, aber das dahinterstehende »Gesetz« Ihnen einfach und einleuchtend erklärt wird. Sie werden erkennen, dass Kochen Gefühl und Selbstvertrauen erfordert und dass es wirklich einfach ist, dieses zu erlangen. Auf dem Weg dahin erschmecken Sie die Harmonie der Gerichte über süß-sauer-salzig-bitter, darüber hinaus bekommen Sie Hinweise auf die unterschiedlichsten Würzzutaten in den verschiedenen Kulturen. Die Gliederung des Buches ist bewusst sehr einfach gehalten: Der Einstieg erfolgt über meine 10 Grundgesetze und meine Lieblingsutensilien, die ich in meiner Küche zu Hause wirklich brauche. Dann werden die verschiedenen Schneidetechniken und Garmethoden kurz erklärt und im Anschluss folgen die »Kochgesetze«, die anhand von Rezepten einfach dargestellt werden.

Alle Rezepte sind – wenn nicht anders angegeben – für vier Personen berechnet.

Die Kochgesetze

Wer kennt sich eigentlich noch mit seiner Steuererklärung aus? Welcher Autofahrer könnte auf Anhieb nochmals die Führerscheinprüfung bestehen? Wer kann einen Bauantrag allein stellen? ... und so weiter und so fort. Wie lebe ich in einer Welt der Vorschriften, der Regeln und Gesetze die einem das Leben eher erschweren, anstatt einen roten Faden zu liefern. Wer kennt sich wirklich noch aus? Es ist kaum möglich, auf Spezialisten zu verzichten: Steuerberater, Rechtsanwälte, Bauprüfer, Fachleute hierfür und dafür ... und alle sind sich nicht einig, weil keiner mehr den Durchblick hat! Wo kann da die Freude am Gestalten des eigenen Lebens und Lebensraum bleiben? Wo bleibt der Raum für Individualität auf der einen Seite und gemeinschaftliches Leben auf der anderen? In Südeuropa sowie in vielen Teilen der Welt liefert gemeinschaftliches Essen und Trinken genau diesen Quell der Lebensfreude, die sich auch zum Großteil dem Regulierungswahn von Vorschriften und Gesetzen entzogen hat. Diese Freude an Essen und Trinken hat auch in den letzten Jahren bei uns Einzug gehalten. Auch haben wir noch nie so viel über unser Essen gewusst wie heute: Wir wissen über Fette und Zucker Bescheid, uns ist bekannt, wie viele schlimme Sachen in den Nahrungsmitteln stecken und für welche Erkrankungen falsche Ernährung zumindest mitverantwortlich ist. Gleichzeitig gab es noch nie so viele Menschen mit so wenig Ahnung vom Kochen. »Kochen können« ist der grundlegende Zugang zum Verständnis der Ernährung und auch gleichzeitig die Voraussetzung für eine Form der Individualität, die Freiheit, Kreativität, Zeit und Genugtuung am und im Leben beschert.

Aber wie gesagt: »Kochen« muss man können! Dies ist einfacher als die meisten glauben – wenn man ein paar grundlegende Dinge weiß und beherrscht. Auch beim Kochen gibt es Regeln, Vorschriften und Gesetze! – Also doch wie im »anderen Leben«? Ja und nein! Schwimmen muss man *einmal* lernen und dann kann man es ein Leben lang. Wie man krault oder bruststschwimmt oder taucht ist völlig egal – man schwimmt einfach. Mit dem Kochen verhält es sich ganz genauso – man kocht einfach, wenn man die grundlegenden Dinge gelernt hat! Und diese grundlegenden Dinge nenne ich »Kochgesetze«. Ich verzichte bewusst auf Tausende Untergesetze und Besonderheiten: Sie sollen schwimmen bzw. kochen lernen und nicht mit einem »Salto mortale« vom 10-Meter-Turm springen oder wie ein »10-Sterne-Koch« mit den Töpfen wirbeln. Aber wie im richtigen Leben orientieren sich unsere »Kochgesetze« an einem »Grundgesetz«. Es ist das A und O im Dschungel der Vorschriften und Regeln. Wenn Sie sich diese 10 Grundgesetze beim Kochen immer mal wieder in Erinnerung rufen, bekommen Sie durch das Kochen einen Zugang zur Welt der Lebensfreude und Kreativität, wie Sie ihn vielleicht noch nicht hatten!

Die Grundgesetze des Kochens

Artikel 1
Nehmen Sie die Gesetze nicht zu ernst. Kochen ist einfach und macht Spaß.

Artikel 2
Sie müssen kein Experte für Fleisch, Fisch, Vorspeisen oder Desserts sein, um gut kochen zu können.

Artikel 3
Kochen dient nicht nur der puren Nahrungsaufnahme. Liebe geht durch den Magen.

Artikel 4
Benutzen Sie Ihren Kopf beim Kochen, denn dort fängt das Kochen an.

Artikel 5
Das Kochen ist Handarbeit und Vorspiel – das Essen ist der Höhepunkt.

Artikel 6
Probieren geht über Studieren: Mengenangaben, Zeiten und Temperaturen sind keine Garantie für das Gelingen, sondern immer nur »in-etwa«-Hinweise.

Artikel 7
Je besser das Produkt, umso einfacher ist die Zubereitung. Verzichten Sie, wenn Sie selbst kochen, möglichst auf unnötige Fertigprodukte.

Artikel 8
Kochen braucht Zeit. Gönnen Sie sich diese Zeit alleine oder zusammen mit anderen. (Viele Köche verderben nicht den Brei!)

Artikel 9
Keine Angst vor heißen Pfannen und scharfen Messern – sie sind Freund und nicht Feind.

Artikel 10
Überschreiten Sie Grenzen und probieren Sie aus! Wenn mal was danebengeht, ist es auch egal.

Utensilien

Was braucht man, um ans Ziel zu kommen? Große BMW, Audi, Mercedes und Porsche sind schon tolle, luxuriöse und bequeme Autos mit Riesen-Power und allem möglichen Schnickschnack, die selbstverständlich richtig Spaß machen! Sie sind teuer, aber vermutlich auch jeden Cent wert. Ans Ziel kommt man aber auch mit einem kleinen Fahrzeug.

In der Küche verhält es sich ganz genauso. Nach oben gibt es preislich fast keine Grenzen. Für welche Preisklasse man sich entscheidet, muss jeder nach eigenem Geldbeutel, Bedürfnissen und Wünschen entscheiden. Unverzichtbar sind für mich folgende Dinge:

- 1 großes Schneidbrett
- 1 großes, 1 mittleres und 1 kleines Messer
- 1 großer Nudel- oder Suppenkochtopf
- 1 große und 1 kleine Bratpfanne
- 1 Schmortopf
- 2 kleine Stieltöpfchen (Kasserolen)
- 1 feines Passiersieb
- 1 Schneebesen
- 1 Stabmixer

Für alle diese Dinge gilt: Achten Sie auf gute Qualität. An einem guten Messer haben Sie jahrelang Freude. Bratpfannen und Töpfe von hochwertiger Qualität halten fast unbegrenzt. Lernen Sie Ihr Messer und Ihre Töpfe mit ihren Vorteilen kennen. Fühlen Sie, wie Ihr Messer in der Hand liegt, bilden Sie mit ihm eine Einheit, lernen Sie, wie sich Ihre Töpfe und Pfannen bei verschiedener Hitze verhalten du wie sie kochen und braten.

Wie gesagt, es handelt sich hier um eine Grundausstattung. Natürlich kann man viel sich viel mehr zulegen, Wichtig ist aber, dass Sie das, was Sie besitzen, kennen und beherrschen.

Schneidetechniken

Wie schneide ich was? Und wann schneide ich überhaupt Würfel, Streifen, große Stücke, kleine Stücke usw.?
Am besten erkläre ich es an einem großen Stück Fleisch:
Ein Rinderfilet von zwei Kilogramm kann geschützt etwa sechs Wochen unbeschadet im Kühlraum hängen und reifen. Gebe ich das Fleisch in einen Fleischwolf oder zerschneide ich es in kleine Würfel (Hackfleisch), vergrößere ich seine Oberfläche um das Millionenfache und muss das Fleisch sofort verzehren. Sonst wird es von Bakterien, der Luft und allem, was darin sonst noch so kreucht und fleucht, zersetzt und ungenießbar gemacht.
Und dieses Zerkleinern ändert natürlich auch den Geschmack: Filetsteak contra Hackfleisch. Dies gilt natürlich auch für Fisch, Gemüse, Obst und einfach alles.
Der zweite wichtige Punkt: Wir essen natürlich auch mit den Augen ... und dieses Zerkleinern, Zerteilen usw. verändert nicht nur die Eigenschaften des Produktes, sondern auch seine Optik. Also, auch hier merken Sie, dass es Ihnen überlassen bleibt, wann oder wie Sie die Dinge zerkleinern, in Form bringen oder einfach im Naturzustand belassen.
Keine Angst vor dem Zerkleinern, Zerteilen (filieren, filetieren oder tranchieren – es bedeutet eigentlich immer das Gleiche: das Herausschneiden der guten Stücke bzw. das Zerlegen in Einzelteile) oder dem In-Form-Schneiden: Es macht Sinn und sieht auch noch gut aus!

Stäbchen

Stäbchen werden aus mehr oder weniger dicken Scheiben geschnitten (z. B. aus Kartoffeln für Pommes frites). Ganz fein geschnittene Stäbchen nennt man »Julienne«.
Aufgerollte Salatblätter, die in feine Streifen geschnitten werden, nennt man »Chiffonade«.

Würfel, Rauten, Brunoise

Grundsätzlich lässt sich jedes Gemüse, Fleisch und jeder Fisch auch in grobe oder feine Würfel schneiden. Aus Auberginen, Zucchini, Kartoffeln und Kohlrabi usw. lassen sich grobe Würfel schneiden. Feine Würfel und Rauten schneidet man aus Stäbchen von eben diesem Gemüse. »Brunoise« sind ganz feine Würfel, die als Einlage oder Garnitur verwendet werden. Sie werden aus »Julienne« geschnitten.

Tournieren

Das ist eine reizvolle Art, einfaches Gemüse in eine gleichmäßige Form zu bringen. Beim Tournieren wird Gemüse mit sechs Schnitten in eine Art Spindelform gebracht. Zu Beginn der »Küchenrevolution« war es die beliebteste Art, Gemüse zu präsentieren, heute ist diese Technik eher etwas veraltet.

Raspeln

Dies ist eine sehr einfache und unkomplizierte Methode, Gemüse und Obst zu zerkleinern. Grob oder fein geraspeltes Gemüse und Obst lässt sich als Salat, als Garnitur, zum Füllen und Braten verwenden.

Tomaten vorbereiten

Tomaten sind heute beim Kochen kaum mehr wegzudenken. Ob in Saucen, Suppen, ob roh, eingemacht oder mariniert: Tomaten sind allgegenwärtig. Deswegen an dieser Stelle schon vorweg der entscheidende Hinweis:

Um Tomaten für Saucen oder gekochte Gerichte, die nicht durch ein Sieb passiert werden, vorzubereiten, sollten sie unbedingt blanchiert, d. h. gehäutet werden. Hierfür mit einem kleinen spitzen Messer den Strunk der Tomate entfernen und die Haut an der gegenüberliegenden Seite leicht einritzen.

Ausreichend Wasser in einem Topf zum Kochen bringen und die Tomaten einzeln oder portionsweise kurz eintauchen. Je nach Reife der Früchte kann das 3 bis 30 Sekunden dauern. Darauf achten, dass die Tomaten nicht länger als nötig kochen, sie würden dadurch matschig. Die Tomaten sofort in kaltem Wasser abschrecken, dann auf ein Sieb geben und mit einem kleinen Messer die Haut abziehen. Anschließend können die Tomaten halbiert und geviertelt werden. Entfernt man dann die Kerne und schneidet die »Filets« in feine Würfel, erhält man »Concassee«, die in der Gastronomie oft und gerne zur Dekoration verwendet werden.

Brühen und Fonds

Brühen bilden die Grundlage für viele Saucen und sind in der Küche unverzichtbar.
Natürlich gibt es als Alternative zu selbst gekochten Fonds auch gute Industrieprodukte in Form von steril abgefüllten oder gekörnten Brühen, die sich dadurch vom Großteil der Fertigprodukte abheben, dass sie ohne den Zusatz von Konservierungsstoffen oder Geschmacksverstärkern (Natriumglutamat und andere, die sich hinter den Kürzeln E 620–625 verstecken) auskommen. Allen, die Zeit dazu haben, kann ich jedoch nur raten, ihre Fonds selbst zu kochen: Die Herstellung ist ein Kinderspiel und es bringt mehr Befriedigung, ein Gericht ohne Fertigprodukte zuzubereiten, als man sich zunächst vorstellt.
Auch ist es in unserer heutigen Wegwerfgesellschaft eine wohltuende Erfahrung, so gut wie alle Teile der Lebensmittel zu verwerten. Gemüseabschnitte, sofern sie sorgfältig gereinigt sind, werden genauso ausgekocht wie Krustentierschalen oder Knochen – alles sogenannter »Abfall«, der uns auf diese Weise einen köstlichen Geschmack bereiten kann.

§ 1 Bei der Herstellung von Brühen unbedingt darauf achten, nur einwandfreie Zutaten zu verwenden. §1

§ 2 Brühen und Fonds immer kalt aufsetzen und langsam zum Kochen bringen. §2

Die Flüssigkeit soll den Bestandteilen möglichst viel Geschmack entziehen. Die Kochzeit der einzelnen Brühen variiert stark:

§ 3 Um die Geschmacksstoffe aus den Zutaten einer Gemüsebrühe zu ziehen, die Brühe 30–40 Minuten köcheln lassen, dieselbe Zeit benötigen Fisch- oder Krustentierfonds. Die Zubereitung einer Geflügelbrühe oder einer Rinderbrühe aus Suppenfleisch dauert etwa 2 Stunden. §3

Wird Letztere aus Knochen gekocht, müssen Sie 3–4 Stunden einplanen. Es ist ratsam, diese Zeiten einzuhalten, denn kocht die Brühe zu kurz, erhält sie nicht den vollen Geschmack, kocht sie zu lange, verliert sie an Frische und Geschmack.
Während des Kochens bindet das in Fleisch und Gemüse enthaltene Eiweiß Trübstoffe, die sich als weiß-grauer Schaum oben auf der Flüssigkeit absetzen.

§ 4 Um eine möglichst klare Brühe zu bekommen, während des Kochens nicht unnötig umrühren – es reicht völlig, gelegentlich zu überprüfen, dass nichts am Topfboden ansetzt. §4

Brühen werden nach dem Kochen durch ein feines Sieb passiert und abgekühlt. Das sich an der Oberfläche absetzende Fett wird anschließend mit einer Schaumkelle entfernt – einzige Ausnahme ist das geschmackvolle, rötlich gefärbte Öl eines Krustentierfonds: Dieses Öl wird üblicherweise zum Verfeinern von Saucen und Gerichten separat aufbewahrt.

Eine gute Brühe sollte klar sein. Ist das nicht der Fall, kann sie nach Belieben mit Eiweiß geklärt werden (→ Rehconsommé mit Grießklößchen, S. 35). Wer Brühen auf Vorrat zubereiten und einfrieren möchte, sollte die fertig passierten Flüssigkeiten stark einkochen und in Eiswürfelbehältern oder Schraubverschlussgläsern einfrieren. Bitte darauf achten, dass sich Flüssigkeiten beim Frieren ausdehnen – darum die Gläser nur zu zwei Dritteln befüllen.

Gemüsebrühe

Eine Gemüsebrühe erfordert wenig Zeit- und Arbeitsaufwand. Ihre Zutatenliste kann nach Belieben erweitert oder ausgetauscht werden. Je nachdem, wozu die Gemüsebrühe verwendet wird, kann eine Gemüsesorte geschmacklich dominieren. Prinzipiell sollte das Gemüse in feine Scheiben bzw. Ringe geschnitten werden. Das Gemüse gibt seinen Geschmack nach 30–40 Minuten vollständig an die Brühe ab. Eine Gemüsebrühe wird wohl kaum jemals die Kraft einer Fisch- oder Fleischbrühe besitzen, kann aber durch Zugabe von Gewürzen und Kräutern durchaus eine schöne Intensität erlangen.

§5 **§ 5 Brühe schmeckt noch etwas aromatischer, wenn man das Gemüse vor dem Auffüllen mit Flüssigkeit in etwas Olivenöl oder Butter leicht anschwitzt.**

ERGIBT ETWA 2 l

2 mittelgroße Zwiebeln • 3 Karotten • 2 Lauchstangen, nur die hellen Teile • 1 Stück Knollensellerie, etwa 200 g • 2 Stangen Staudensellerie • 2 Fenchelknollen • 4 Tomaten • 2 Knoblauchzehen • einige Petersilienstiele • 1 Thymianzweig • 3 Estragonzweige • 1 Lorbeerblatt • einige Rosmarinnadeln • 10 Pfefferkörner • 1 Nelke • 400 ml trockener Weißwein

¶ Das Gemüse putzen, waschen und alles in feine Scheiben schneiden. Knoblauch schälen.

¶ Alle Zutaten in einen Topf geben und mit Weißwein und 2,5 l Wasser bedecken. Das Ganze zum Kochen bringen, die Temperatur etwas verringern und 30–40 Minuten leise kochen lassen.

¶ Die Gemüsebrühe durch ein feines Sieb passieren.

(→ Bild gegenüberliegende Seite)

Fischfond (Fumet)

Damit der Fischfond schön klar wird, rühre ich 2 verquirlte Eiweiß unter das kalte Wasser, bevor ich damit die Karkassen aufgieße. Das Eiweiß bindet die Trübstoffe und setzt sich an der Oberfläche als weiß-grauer Schaum ab. (→ Rehconsommé mit Grießklößchen, S. 35)

ERGIBT ETWA 2 l

2 kg frische Fischkarkassen, möglichst von weißfleischigen Seefischen, z. B. Stein- oder Glattbutt, Seezunge, St. Pierre, Scholle • 1 Zwiebel • 1 Karotte • 1 Stück Sellerieknolle, etwa 50 g • 1 Lauchstange, nur die hellen Teile • ½ Fenchelknolle • 1 Stange Staudensellerie • 50 g Butter oder 3 EL Olivenöl • 3 Knoblauchzehen • 300 ml trockener Weißwein • 1 Lorbeerblatt • 2 Thymianzweige • 10 weiße Pfefferkörner • 1 TL Salz

¶ Fischkarkassen von den Kiemen befreien und mit einer Schere oder einem Schlagmesser in grobe Stücke schneiden. Die Karkassen gut wässern, dann auf einem Sieb abtropfen lassen.

¶ Zwiebel, Karotte und Knollensellerie schälen, das restliche Gemüse waschen und alles in feine

Scheiben schneiden. Knoblauchzehen schälen und leicht andrücken.

¶ Butter oder Olivenöl in einem Topf erhitzen und darin das Gemüse und die Knoblauchzehen farblos anschwitzen.

¶ Fischkarkassen zufügen und weitere 5 Minuten anschwitzen. Den Weißwein aufgießen und zum Kochen bringen. Mit 2,5 l kaltem Wasser auffüllen. Lorbeer, Thymian, Pfeffer und Salz zugeben. Den Fond langsam zum Kochen bringen, gelegentlich vorsichtig umrühren. Temperatur verringern und 30 Minuten leise köcheln lassen.

¶ Den Fond behutsam durch ein Passiertuch abseihen, ohne die Karkassen dabei auszupressen.

Krustentierfond

Dieser Fond verbindet eine angenehme Süße mit der Kraft der gerösteten Krustentierschalen.
Eine stark reduzierte (eingekochte) Krustentierbrühe, mit einem kleinen Stück kalter Butter verfeinert, ergibt eine wunderbare Sauce. Mit etwas hochwertigem Olivenöl verrührt und mit Estragonessig oder Orangensaft abgeschmeckt, dient sie als raffinierte Vinaigrette zu Gemüsesalaten mit Krustentieren. Dieser Fond eignet sich auch hervorragend zur Herstellung einer hocharomatischen Paella oder eines Risottos.

§6 **§6 Prinzipiell können alle Schalen von Krustentieren benutzt werden, abzuraten ist aber von den Schalen von Riesengarnelen (BlackTiger). Hervorragend sind Hummer, Flusskrebse und Kaisergranat.**

ERGIBT ETWA 2 l

2 kg Krustentierschalen und -köpfe, topfrisch • 5 EL Olivenöl • 2 Zwiebeln • 2 Karotten • 1 Lauchstange, nur die hellen Teile • 2 Stangen Staudensellerie • 1 Fenchelknolle • 4 Tomaten • 5 Knoblauchzehen • 2 EL Tomatenmark • ½ TL Fenchelsamen • 200 ml Noilly Prat (französischer Weißweinwermut) • 500 ml trockener Weißwein • 1 Lorbeerblatt • 1 Thymianzweig • 1 Rosmarinzweig • 5 Estragonzweige • 10 weiße Pfefferkörner • 1 TL Salz

¶ Krustentierschalen und -köpfe in einem Topf in Olivenöl langsam rösten. Zwiebeln schälen. Gemüse putzen und waschen. Alles in gleichmäßige kleine Stücke schneiden. Knoblauchzehen schälen, leicht andrücken und mit dem geschnittenen Gemüse (bis auf die Tomaten) zu den Karkassen geben und 5 Minuten anrösten. Tomatenmark und Fenchelsamen zugeben und 1 weitere Minute mit anschwitzen.

¶ Tomaten zufügen, mit Noilly Prat und Weißwein aufgießen und alles zum Kochen bringen.

¶ Mit 2,5 l kaltem Wasser auffüllen, Kräuter und Gewürze zufügen und langsam zum Kochen bringen, gelegentlich vorsichtig umrühren.

¶ Nach etwa 40 Minuten den Krustentierfond durch ein Passiertuch abseihen, die im Sieb zurückbleibenden Schalen mit einer Kelle ausdrücken.

Hühnerbrühe

§7 Ein Hühnerfond ist in der guten Küche nicht wegzudenken und lässt sich vielseitig einsetzen: Er harmoniert sowohl zu Fleisch- als auch Fisch- und Krustentiergerichten.

Er ist dezent, ordnet sich unter, bringt aber stets das gewisse Etwas mit sich, das eine Sauce oder ein Gericht rund macht.
Das Fleisch des gekochten Suppenhuhns kann noch für andere Zwecke verwendet werden. Dafür bieten sich Rezepte mit Mayonnaisen an, denn sie werten das durch das Kochen evtl. etwas trocken gewordene Fleisch wieder auf. (→ Mayonnaise, S. 50)
Für einen dunklen Geflügelfond, der geschmacklich etwas kräftiger ist, werden 2 kg Geflügelkarkassen klein gehackt und im Backofen bei hoher Temperatur kräftig geröstet. Klein geschnittenes Gemüse wird zu den Karkassen gegeben, bis es auch leicht Farbe angenommen hat, dann etwas Tomatenmark zufügen und ebenfalls Farbe annehmen lassen. Mit etwas Wasser oder Weißwein ablöschen, Kräuter und Gewürze zufügen und alles in einen Topf umfüllen. Mit Wasser bedecken und etwa 2 Stunden leicht kochen lassen.

ERGIBT ETWA 1,5 l §7

1 Suppenhuhn • 1 Zwiebel • 1 Karotte • 1 Stück Knollensellerie • ½ Lauchstange, nur die hellen Teile • 1 Stange Staudensellerie • 1 Knoblauchzehe • einige Petersilienstiele • 1 Thymianzweig • 1 Lorbeerblatt • 1 Nelke • 10 Pfefferkörner • Salz

¶ Suppenhuhn innen und außen gründlich waschen.
¶ Zwiebel, Karotte und Knollensellerie schälen. Lauch und Staudensellerie waschen und quer halbieren. Knoblauchzehe schälen.
¶ Suppenhuhn in einen großen Topf geben und mit kaltem Wasser bedecken.
¶ Zum Kochen bringen und 1 Stunde leise sieden lassen. Die restlichen Zutaten zufügen und 1 weitere Stunde sieden lassen.
¶ Hühnerbrühe durch ein Sieb passieren.
¶ Suppenhuhn für ein anderes Gericht aufbewahren.

Dunkler Kalbsfond

§8 Ein dunkler Kalbsfond ist vielseitig einsetzbar. So werden viele Ansätze zu dunklen Saucen mit Kalbsfond aufgefüllt und dann reduziert.

Ein reduzierter Kalbsfond, aromatisiert mit frischen Kräutern oder Gewürzen und zum Schluss mit einem Stück kalter Butter verfeinert, ist oft schon eine wunderbare Sauce zu gebratenem Geflügel oder Fleisch. Selbst zu gebratenem Steinbutt oder Hummer passt er vorzüglich.

ERGIBT ETWA 1,5 l §8

1,5 kg Kalbsknochen (vom Metzger zerkleinert) • 400 g Kalbsbrust • 150 g Zwiebeln • 100 g Karotten • 80 g Staudensellerie • 50 ml Weißwein • 4 Tomaten • 3 Pfefferkörner • 2 Wacholderbeeren • 2 Nelken • 1 Kräutersträußchen, bestehend aus 5 Petersilienstielen, 1 kleinen Rosmarinzweig, 1 Thymianzweig und 1 Lorbeerblatt

¶ Die Kalbsknochen in einem Bräter unter gelegentlichem Wenden im Backofen bei 200 °C 20–30 Minuten hellbraun rösten.

¶ Zwiebeln schälen, Gemüse putzen und waschen. Kalbsbrust, Zwiebeln und Gemüse (bis auf die Tomaten) in Würfel schneiden und zu den Knochen geben. Weitere 10 Minuten rösten.

¶ Kalbsknochen, Fleisch und Gemüse aus dem Bräter heben und in einen Topf geben, das Fett abgießen. Den Bratansatz mit Weißwein ablöschen, mit einer Palette oder einem Metallspatel vom Boden des Bräters lösen und ebenfalls in den Topf geben. Mit Wasser auffüllen und zum Kochen bringen. Temperatur verringern und 1 Stunde leise köcheln lassen.

¶ Tomaten waschen, halbieren und mit den Gewürzen und Kräutern hinzufügen. Alles weitere 90 Minuten leise köcheln lassen.

¶ Den Fond durch ein feines Sieb passieren, abkühlen lassen und die sich an der Oberfläche abgesetzte Fettschicht entfernen.

Rinderbrühe

§9 **§9 Zur Herstellung einer Rinderbrühe können auch Rinderknochen verwendet werden. Geschmacklich vorzuziehen ist aber eindeutig die Herstellung mit Suppenfleisch.**

Gerne benutze ich Beinscheiben, die einen Markknochen enthalten. Es gehört für mich immer noch zu einer absoluten Delikatesse, mir mit einem kleinen Löffel das gekochte Mark aus dem Knochen zu kratzen und auf eine Scheibe geröstetes Graubrot zu streichen, darüber eine Prise Fleur de Sel verteilen: Geschmack pur!

Zur Herstellung einer Kraftbrühe, auch Consommé genannt, wird die Brühe mit Eiweiß und Klärfleisch erneut aufgekocht. Hierfür wird das Klärfleisch (etwa 150 g mageres Rindfleisch durch den Fleischwolf gedreht) mit einem Eiweiß vermengt. Die kalte Brühe und der Kläransatz werden in einen Topf gegeben und unter gelegentlichem Rühren langsam zum Kochen gebracht. Vorsicht: Der Kläransatz brennt leicht an. Beim Kochen bindet das Eiweiß die Trübstoffe und setzt sich an der Oberfläche (als sogenannter Klärkuchen) ab. Die Brühe muss ca. 1 Minute kräftig aufwallen, dann den Topf von der Kochstelle nehmen und alles 30 Minuten ziehen lassen. Vorsichtig den an der Oberfläche abgesetzten »Klärkuchen« entfernen und die Brühe durch ein Tuch passieren.

ERGIBT ETWA 2 l

2 kg Suppenfleisch vom Rind (z. B. Beinscheiben, Leiter) • Salz • 1 Zwiebel • 1 Karotte • 1 Stück Knollensellerie, etwa 50 g • 1 Stange Staudensellerie • 1 Lauchstange • 3 Knoblauchzehen • einige Petersilienstiele • 1 Thymianzweig • 1 Lorbeerblatt • 1 Nelke • 10 Pfefferkörner

¶ Für die Rinderbrühe das Suppenfleisch kalt abbrausen und in einem Topf mit kaltem Wasser bedecken. Zum Kochen bringen, mit Salz würzen und 1 Stunde leise köcheln lassen.

¶ Die ungeschälte Zwiebel quer halbieren und in einer beschichteten Pfanne ohne Fett braten, bis sich die Schnittfläche dunkelbraun färbt.

¶ Gemüse putzen und waschen. Knoblauchzehen schälen und leicht andrücken, Kräuter waschen.

¶ Alle Zutaten zum Fleisch geben, evtl. etwas kaltes Wasser aufgießen, sodass alle Zutaten bedeckt sind. Die Brühe 1 weitere Stunde leise kochen lassen, dann durch ein Sieb passieren und evtl. mit Salz abschmecken.

Wildbrühe

§10 Da Wildfleisch, vor allem das vom Reh, einen überdurchschnittlich hohen Eiweißanteil aufweist, werden Wildbrühen beim Kochen in der Regel schön klar und eignen sich besonders gut als Kraftbrühen (→ Rinderbrühe, S. 20).

Selbstverständlich dienen sie auch als Basis für Wildsaucen (→ Dunkle Fleischsauce, S. 60). Sie harmonieren hervorragend mit einer Vielzahl von Gewürzen und Aromen, die dem starken Eigengeschmack der Wildfonds etwas entgegenzusetzen haben, wie z. B. Zimt, Sternanis, Ingwer, Kakao, Wintertrüffel, getrocknete Pilze ...

ERGIBT ETWA 2 l §10

2 kg Rehknochen, gehackt • Salz • 2 Zwiebeln • 2 Karotten • 1 Stück Knollensellerie, etwa 150 g • 2 Knoblauchzehen • 2 Lorbeerblätter • 2 Nelken • 10 Wacholderbeeren • 10 Pfefferkörner

¶ Für die Brühe die Knochen im Backofen auf einem Blech bei 200 °C dunkelbraun rösten (etwa 20 Minuten). Die Knochen in einen Topf geben, mit Wasser bedecken, mit etwas Salz würzen und zum Kochen bringen. Temperatur verringern und 30 Minuten leise köcheln lassen.

¶ Inzwischen Zwiebeln bräunen (→ Rinderbrühe, S. 20). Gemüse und Knoblauch schälen und halbieren. Alles mit den restlichen Zutaten zur Brühe geben und 1 weitere Stunde leise köcheln lassen. Dann durch ein Sieb passieren.

Gemüsesuppe mit Ricotta-Ravioli

Diese vegetarische, sommerliche Gemüsesuppe schmeckt selbstverständlich auch ohne Ricotta-Ravioli wunderbar und ist dann sehr schnell zubereitet.
Die Ravioli, die etwas zeitaufwendig sind, können Sie jedoch gut im Voraus zubereiten.

§11

§11 Zum Tiefkühlen die Ravioli nebeneinander auf einem mit Mehl bestäubten Blech ausbreiten, damit sie nicht zusammenkleben, und in die Gefriertruhe geben. Danach die gefrorenen Ravioli in ein geeignetes Gefäß umfüllen. In der Tiefkühltruhe halten sie sich etwa 3 Wochen, bei zu langer Aufbewahrung bekommt der Nudelteig kleine Risse.

ERGIBT ETWA 30 RAVIOLI

Für den Nudelteig: *150 g Mehl • 1 Ei • 2 Eigelb • 1 TL Olivenöl • 1 Eiweiß zum Bestreichen*

Für die Ricotta-Füllung: *200 g Ricotta (italienischer Frischkäse) • 50 g geriebener Parmesan • 1 Eigelb • Abrieb von ½ unbehandelten Zitrone • 4 EL fein gehackte Kräuter, z. B. Basilikum, Petersilie, Estragon, Kerbel, Sauerampfer, Rucola • Salz • Pfeffer • 50 g geröstete und gehackte Pinienkerne*

Für die Gemüsesuppe: *etwa 600 g aromatische Tomaten • 1 rote Zwiebel • 1 Fenchelknolle • 1 Stange Staudensellerie • 2 EL gutes Olivenöl • 1 EL zerstoßene Fenchelsamen • etwa 1,5 l Gemüsebrühe • 1 Lorbeerblatt • Salz • Pfeffer • Zucker • Gartenkresse zum Garnieren*

¶ Für die Ravioli einen Nudelteig erstellen (→ Ziegenkäse-Spinat-Ravioli, S. 94).

¶ Für die Füllung alle Zutaten in einer Schüssel verrühren, mit Salz und Pfeffer kräftig abschmecken und bis zur Verarbeitung kalt stellen.

¶ Den Teig auf einer mit Mehl bestäubten Arbeitsfläche mit einer Nudelmaschine oder einem Nudelholz so dünn wie möglich ausrollen. Die Hälfte des Nudelteigs mit haselnussgroßen Ricotta-Häufchen belegen, dabei etwas Abstand zwischen den Häufchen lassen. Die Zwischenräume des Nudelteigs mit verquirltem Eiweiß bestreichen. Den restlichen Nudelteig darüberlegen und mit den Händen in den Zwischenräumen leicht andrücken. Ravioli rund ausstechen und bis zum Kochen auf ein mit Mehl bestäubtes Blech setzen.

¶ Für die Gemüsesuppe die Tomaten blanchieren (→ S. 11), häuten und je nach Größe der Tomaten halbieren, vierteln oder achteln.

¶ Rote Zwiebel schälen und in Würfel schneiden. Fenchel und Staudensellerie putzen und in feine Streifen oder Würfel schneiden.

¶ Olivenöl in einem Topf erhitzen und darin bei mittlerer Temperatur die Fenchelsamen rösten. Zwiebel und Fenchel zufügen und mit anschwitzen. Gemüsebrühe aufgießen, Lorbeerblatt zufügen, das Ganze zum Kochen bringen und 5–10 Minuten leise kochen lassen.

¶ Währenddessen in einem Topf reichlich Salzwasser für die Ravioli zum Kochen bringen. Pro Person 3–6 Ravioli ins Wasser geben und etwa 2 Minuten kochen. Die Ravioli sind fertig, sobald sie an der Oberfläche schwimmen. Tiefgefrorene Ravioli benötigen etwas mehr Zeit.

¶ Staudensellerie und Tomaten in die Gemüsesuppe geben, einmal aufkochen lassen und die Suppe mit Salz, Pfeffer und Zucker abschmecken.

¶ Suppe und Ravioli in Suppenteller oder -tassen verteilen und mit frisch geschnittener Gartenkresse oder anderen Kräutern bestreuen.

Fischsuppe mit Knoblauch-Safran-Mayonnaise

Zu dieser Fischsuppe passt Rouille, eine französische Knoblauch-Safran-Mayonnaise (→ S. 52). Ein Klacks dieser würzigen Spezialität wird als krönender Abschluss auf die Suppe gesetzt. Dabei kann die Mayonnaise leicht gerinnen, was dem Geschmack keinen Abbruch, der Optik aber nicht gut tut. Wen das stört, der serviert die Rouille separat auf Croûtons.

§ 12 Fischstücke und Muscheln in der heißen Suppe gar ziehen, aber nicht kochen lassen. Sonst werden die Muscheln zäh wie Gummi. §12

ERGIBT ETWA 1,5 l

etwa 600 g filetiertes Fischfleisch ohne Gräten (z. B. von Seeteufel, Glattbutt, Heilbutt, Loup de mer, Seezunge, Rotbarbe) • nach Belieben einige Muscheln und küchenfertige Garnelen • etwa 16 kleine fest kochende Kartoffeln • 4 EL gutes Olivenöl • 3 kleine Zucchini • 3 Knoblauchzehen • 1 Rosmarinzweig • 3 Thymianzweige • 1,5 l Fischfond • Salz • Pfeffer • 1 Spritzer Zitronensaft

¶ Für die Fischsuppe den filetierten Fisch in etwa 3 cm große Würfel schneiden und zugedeckt kalt stellen. Muscheln gründlich wässern, evtl. vorhandene Muschelbärte entfernen. Muscheln ebenfalls kalt stellen. Garnelen nach Belieben halbieren.

¶ Kartoffeln sehr gründlich waschen, trocken tupfen und ungeschält vierteln. Olivenöl in einem Topf erhitzen, darin bei mittlerer Temperatur die Kartoffelstücke anbraten, bis sie rundherum Farbe annehmen.

¶ Währenddessen die Zucchini waschen und in Stücke schneiden. Knoblauch schälen und in feine Scheiben schneiden. Rosmarin und Thymian waschen, Nadeln bzw. Blättchen von den Stielen zupfen und fein hacken.

¶ Zucchini und Knoblauch zu den Kartoffeln geben, kurz mit anbraten und mit Fischfond aufgießen. Kräuter zufügen und alles kochen, bis das Gemüse weich ist. Die Suppe mit Salz, Pfeffer und Zitronensaft abschmecken.

¶ Kurz vor dem Servieren etwa 400 ml Flüssigkeit von der Suppe abnehmen und in einem Topf zum Kochen bringen. Topf vom Herd ziehen. Muscheln, Garnelen und Fischstücke hineingeben, gar ziehen lassen. Alles aus dem Fond heben und auf vorgewärmte Teller verteilen. Währenddessen die Suppe mit den Kartoffeln und Zucchinistücken noch einmal kurz zum Kochen bringen, dann zu den Fischstücken geben und mit der Flüssigkeit aufgießen.

¶ Dazu die Rouille reichen.

Krustentiersuppe mit Spargel und Morcheln

Diese Suppe erhält ihre Bindung durch Butter (→ Montierte Buttersauce, S. 58) – köstlich, aber kalorienreich. Daher bietet sie sich besonders als Zwischengang eines feinen, mehrgängigen Menüs an. Ich empfehle pro Person 150–200 ml Flüssigkeit – anders als bei anderen Suppen, die durchaus auch als Sattmacher in größeren Mengen zu sich genommen werden.
Klein geschnittenes Krustentierfleisch, gebraten oder in der Suppe gar gezogen, ist eine schöne Erweiterung der Einlage.
Auch diese Suppe lässt sich sehr gut im Voraus zubereiten, sollte kurz vor dem Servieren aber nur bis knapp unter den Siedepunkt erhitzt werden (→ Krustentierfond, S. 18).
Frische Morcheln sind eine wahre Rarität: Sie sind in einem nur relativ kurzen Zeitraum von April bis Ende Juni erhältlich und meist ziemlich teuer. Da sie sehr sandig sind, sollten sie – im Gegensatz zu anderen Pilzen – auf jeden Fall in kaltem Wasser gut gewaschen und anschließend vorsichtig trocken getupft werden.
Ersatzweise kann man getrocknete Morcheln verwenden, die ganzjährig erhältlich und von wunderbar kräftigem Aroma sind. Die getrockneten Morcheln müssen vorher mindestens 30 Minuten in reichlich kaltem Wasser eingeweicht werden. Das Wasser sollte wegen des Sandes mehrfach gewechselt werden.

§13 **§13 Getrocknete Pilze sind wunderbare Aromaträger. Wenn man das Einweichwasser gut abfiltert, kann man tolle Saucen, Gelees oder Cremes damit herstellen.**

ERGIBT ETWA 800 ml
Für die Krustentiersuppe: *1 l Krustentierfond • 35–40 ml Noilly Prat (französischer Weißweinwermut) • 100 g kalte Butter • Salz • Pfeffer • 2 cl süßer Sherry oder Portwein • evtl. 1 Spritzer Zitronensaft*
Für die Suppeneinlage: *8 Stangen grüner Spargel • etwa 20 kleine Morcheln • 1 frische Knoblauchzehe • 2 EL Butter • Salz • Pfeffer • 1 EL fein gehackter Estragon*

¶ Krustentierfond und Noilly Prat in einen Topf geben, zum Kochen bringen und auf etwa 700 ml reduzieren (→ S. 49).

¶ Währenddessen etwa 3 cm von den Enden des grünen Spargels abschneiden und wegwerfen. Die Stangen waschen, trocken tupfen und in schräge, etwa 5 mm lange Stücke schneiden. Frische Morcheln wie oben beschrieben waschen, getrocknete Morcheln einweichen. Knoblauch schälen und möglichst fein würfeln.

¶ Sobald der Krustentierfond reduziert ist, die kalte Butter in Würfel schneiden und mit einem Pürierstab in die Suppe mixen. Die Suppe mit Salz, Pfeffer und evtl. einem Spritzer Zitronensaft und Sherry oder Protwein abschmecken.

¶ Kurz vor dem Servieren für die Einlage Butter in einer Pfanne erhitzen. Spargelstücke und Morcheln darin bei mittlerer Temperatur rundum anbraten. Nach etwa 1 Minute, sobald Spargel und Morcheln leicht Farbe angenommen haben, Knoblauch zufügen und 1 weitere Minute anschwitzen. Mit Salz und Pfeffer würzen.

¶ Die Suppe erhitzen, jedoch nicht mehr zum Kochen bringen. Dann mit einem Pürierstab schaumig aufmixen und mit einer Suppenkelle in Suppentassen oder -teller füllen. Während des Ausgießens die Suppe evtl. nochmals aufschäumen. Spargel, Morcheln und Estragon verteilen und sofort servieren.

Thailändische Hühnchen-Kokos-Suppe

§ 14 Thailändische Gerichte sind im Nu zubereitet und bestechen durch ihre Kombinationen von Frische (Minze, Basilikum, Limette etc.) und Schärfe (Chili, Ingwer etc.). §14

§ 15 Limettenblätter und Zitronengras, wie auch andere importierte Kräuter, immer sehr gründlich warm abwaschen. §15

In dieser frischen Suppe machen sich als Einlage auch fein geschnittener Chinakohl, Spitzkohl und dünne Streifen von Kohlrabi sehr gut.

ERGIBT ETWA 1 l

3 Schalotten • 1 Knoblauchzehe • 1 Stück Ingwer, etwa 30 g • 3 Stangen Zitronengras • 2 Kaffir-Limettenblätter • 1 unbehandelte Limette • 1 rote Chilischote • 3 EL neutrales Pflanzenöl • 1 TL Koriandersamen • 2 Sternanis • 800 ml Hühnerbrühe • 1 Dose Kokosmilch • 2 Hähnchenkeulen • etwa 80 g Zuckerschoten • etwa 80 g grüne Bohnen • Salz • 3 Stangen Frühlingszwiebeln • 1 TL Fischsauce • etwas Palmzucker (erhältlich in Asialäden oder Teegeschäften) • evtl. Sojasauce • ½ Bund frischer Koriander • einige Limettenscheiben

¶ Schalotten, Knoblauch und Ingwer schälen und möglichst fein würfeln. Zitronengras, Kaffir-Limettenblätter und Limette gründlich waschen. Limettenschale abreiben, Saft auspressen. Zitronengrasstangen dritteln. Chilischote waschen, halbieren, Kerne und die inneren Scheidewände entfernen und das Fruchtfleisch klein schneiden.

¶ Pflanzenöl in einem Topf erhitzen. Darin Schalotten, Knoblauch und Ingwer leicht anrösten. Zitronengras, Limettenblätter und -schale, Korianderkörner, Sternanis und Chilischote zufügen und kurz mit anschwitzen. Hühnerbrühe und Kokosmilch angießen und zum Kochen bringen.

¶ Hühnerkeulen waschen und in die Suppe geben, 30–40 Minuten leise kochen lassen.

¶ Währenddessen Zuckerschoten und Bohnen putzen und nacheinander in sprudelnd kochendem Salzwasser blanchieren, die Zuckerschoten etwa 1 Minute, die Bohnen 5 Minuten. Sofort in Eiswasser abschrecken und auf einem Sieb abtropfen lassen. Zuckerschoten längs in dünne Streifen schneiden, Bohnen nach Belieben halbieren.

¶ Sobald das Fleisch der Keulen weich ist und sich leicht von den Knochen lösen lässt, die Keulen aus der Suppe heben. Die Haut entfernen und das Fleisch vollständig von den Knochen lösen, Knorpel entfernen. Das Fleisch in mundgerechte Stücke zupfen oder schneiden und zurück in die Suppe geben.

¶ Frühlingszwiebeln putzen, waschen, in möglichst feine Ringe schneiden und mit den Bohnen und Zuckerschoten in die Suppe geben. Die Suppe mit Fischsauce, Limettensaft, Palmzucker und evtl. etwas Salz oder Sojasauce abschmecken, einmal aufkochen und in Suppenschalen füllen. Koriander waschen und trocken schleudern, Blättchen abzupfen und über die Suppe streuen. Dazu Limettenscheiben servieren.

Marokkanischer Kalbseintopf

Schmoren ist nicht nur in Europa, sondern in allen Teilen der Welt zu Hause. Die Gartechnik gibt es in jedem Kulturkreis mit unterschiedlichen Geschmacksrichtungen. Besonders raffiniert sind Gerichte aus dem Orient durch ihre Vielfalt der Gewürzvariationen, bei denen mit bis zu 30 verschiedenen Gewürzen alles von scharf über sauer, süß und salzig vertreten ist.

§16 Parieren heißt, Fleisch von Fett und Sehnen befreien. Fleisch zum Schmoren wie in diesem Eintopf sollte jedoch etwas Fett aufweisen, da es sonst trocken und faserig wird. §16

§17 Beim Anbraten Schmorfleisch nicht zu häufig wenden, weil es sonst zu kochen beginnt und keine geschlossene Oberfläche erhält. §17

ERGIBT ETWA 2,5 l

800 g Kalbfleisch zum Schmoren, z. B. Schulter, Haxe oder Oberschale • 2 Zwiebeln • 4 Knoblauchzehen • 2 Karotten • 1 Lauchstange, nur die hellen Teile • 1 rote Paprika • 4 Strauchtomaten • 1 rote Chilischote • 5–6 EL gutes Olivenöl • 1 EL Tomatenmark • 1 TL Raz el Hanout (→ Taboulé, S. 110) • 1 Lorbeerblatt • Salz • Pfeffer • 2 l Kalbsbrühe, ersatzweise dunkler Hühnerfond • 200 g gekochte Kichererbsen (→ § 146) • 1 Bund glatte Petersilie

¶ Kalbfleisch grob von Fett und Sehnen befreien und in etwa 2 cm große Würfel schneiden.

¶ Zwiebeln, Knoblauch und Karotten schälen. Zwiebeln in Würfel, Knoblauch in sehr feine Scheiben schneiden. Die Karotten waschen und in nicht zu dicke und nicht zu dünne Scheiben schneiden.

¶ Lauch putzen, waschen und in Ringe oder Würfel schneiden. Paprika waschen, Strunk, Kerne und die hellen Innenwände entfernen. Das Fruchtfleisch würfeln. Strauchtomaten blanchieren (→ S. 11) und vierteln. Chilischote waschen und mehrfach mit einer Gabel einstechen.

¶ 3 EL Olivenöl in einem Topf erhitzen und darin das Kalbfleisch, evtl. portionsweise, rundherum anbraten, bis es von allen Seiten Farbe angenommen hat. Fleisch aus dem Topf heben, restliches Olivenöl zufügen und darin Zwiebeln und Karotten anbraten. Sobald das Gemüse Farbe bekommt, Lauch und Paprika zufügen und weitere 5 Minuten bei mittlerer Temperatur anbraten. Tomatenmark und Knoblauch zufügen, 1 Minute rösten, dann Fleisch, Raz el Hanout, Lorbeer und Chilischote zufügen. Das Ganze mit Salz und Pfeffer würzen und mit Kalbsbrühe aufgießen. Den Eintopf zum Kochen bringen, Temperatur verringern und bei geschlossenem Topf leise kochen lassen. Nach etwa 30 Minuten Kichererbsen kalt abbrausen und zum Eintopf geben. Weitere 30–60 Minuten simmern lassen, bis das Fleisch weich ist.

¶ Petersilie waschen, trocken schleudern, die Blättchen fein hacken und 5 Minuten mitkochen. Dann den Eintopf servieren, nach Belieben eine scharfe Joghurtsauce (s. u.) dazureichen.

Scharfe Joghurtsauce

2 Chilischoten • Saft von ½ Limette • 300 g Vollmilchjoghurt, natur • Salz • Pfeffer • 1 TL Zucker

¶ Chilischoten waschen, halbieren, Kerne und die inneren Scheidewände entfernen. Fruchtfleisch fein würfeln. Alle Zutaten in einer Schüssel verrühren, mit Salz, Pfeffer und Zucker abschmecken. Gekühlt zum Eintopf servieren.

Kartoffel-Sauerkraut-Suppe mit Büsumer Krabben

Diese rustikale Suppe kann nach Belieben durch ein feines Spitzsieb passiert werden, wodurch sie ganz glatt und schön sämig wird.
Geräucherter Aal oder – wenn's mal ganz edel sein soll – Hummer sind ebenfalls eine hervorragende Einlage für diese Suppe. Sehr lecker schmeckt die Suppe auch, wenn man eine Scheibe geräucherten Bauchspeck mitkocht.
In diesem Fall ist es ausnahmsweise richtig, die Kartoffeln zu pürieren.

§18 **§ 18 Kartoffeln für Kartoffelpüree nie pürieren, denn es wird zäh wie Kaugummi.**

ERGIBT ETWA 1 l

Für die Suppe: *1 Schalotte • 250 g mehlig kochende Kartoffeln • 1 kleine Dose mildes Weinsauerkraut (300 g) • 30 g Butter • 900 ml Rinderbrühe • 100 ml Sahne • Salz • Pfeffer • Zucker*

Außerdem: *4 EL Crème fraîche • 80–120 g Büsumer Krabben (Nordsee-Krabbenfleisch) • einige Dillspitzen zum Garnieren*

¶ Für die Sauerkraut-Suppe Schalotte schälen und fein würfeln. Kartoffeln schälen, waschen und grob würfeln. Sauerkraut mit den Händen gut ausdrücken (es bleiben etwa 200 g) und dabei das Sauerkrautwasser auffangen. Das Sauerkraut mit einem Messer grob hacken.

¶ Butter in einem Topf erwärmen und darin die Schalottenwürfel bei mittlerer Temperatur farblos anschwitzen. Kartoffeln und Sauerkraut zufügen, das Ganze mit Rinderbrühe aufgießen und etwa 15–20 Minuten bei niedriger Temperatur leise kochen lassen. Sobald die Kartoffeln vollständig weich sind, die Suppe mit einem Pürierstab sorgfältig mixen. Sahne zufügen, einmal aufkochen und die Suppe mit Salz, Pfeffer und etwas Zucker abschmecken. Evtl. noch etwas Brühe, Sahne oder Sauerkrautsaft zufügen.

¶ Direkt vor dem Servieren die Suppe in vorgewärmte Suppentassen oder -teller füllen und jeweils mit einem Löffel Crème fraîche, einigen Krabben und Dillspitzen garnieren.

Rehconsommé mit Grießklößchen

Zur Herstellung einer Kraftbrühe, auch Consommé genannt, wird die Brühe mit Eiweiß und Klärfleisch erneut aufgekocht. Beim Kochen bindet das (auch im Fleisch enthaltene) Eiweiß die Trübstoffe und setzt sich an der Oberfläche als sogenannter Klärkuchen ab. Klärfleisch ist mageres, aber sehnenreiches Fleisch, das durch den Fleischwolf gedreht wurde. Es soll den Geschmack intensivieren und durch das enthaltene Eiweiß die Consommé klar machen. (→ Dunkle Rinderbrühe, S. 20)

§ 19 Der Kläransatz brennt leicht am Topfboden an, darum die Brühe behutsam mit einem Schneebesen umrühren. §19

§ 20 Geklärte Brühe immer sehr behutsam passieren, dabei niemals Rückstände im Sieb auspressen (im Gegensatz zu Saucen). §20

ERGIBT ETWA 1 l

Für die Consommé: *1 Zwiebel • 1 frische Knoblauchzehe • ½ Karotte • ½ Petersilienwurzel • 150 g Rehfleisch • 2 Eiweiß • 10 zerstoßene Wacholderbeeren • 5 g getrocknete Steinpilze • 1 Thymianzweig • 1 Lorbeerblatt • 1,5 l Rehbrühe • 50 ml Madeira*

Für die Grießklößchen: *50 g Butter • 1 Ei • 100 g Grieß • Salz • Pfeffer • geriebene Muskatnuss*

Außerdem: *nach Belieben frische Pfifferlinge oder Steinpilze, etwa 80 g • Schnittlauch und Kerbel*

¶ Zwiebel mit der Schale quer halbieren und in einer beschichteten Pfanne ohne Fett auf der Schnittfläche anbraten, bis sie sich dunkelbraun färbt. Knoblauch schälen und zerdrücken. Karotte und Petersilienwurzel schälen, waschen, in grobe Stifte schneiden und mit dem Rehfleisch durch den Fleischwolf drehen. Eiweiß, Wacholderbeeren, Steinpilze, Kräuter und Knoblauch damit mischen.

¶ Die kalte Brühe, den Kläransatz und die gebräunte Zwiebel in einen Topf geben, mit einem Schneebesen verrühren und langsam zum Kochen bringen, dabei immer wieder kontrollieren, dass das Klärfleisch nicht ansetzt. Die Brühe etwa 1 Minute kräftig aufwallen lassen, dann den Topf vom Herd nehmen und alles 30 Minuten ziehen lassen. Vorsichtig den an der Oberfläche abgesetzten Klärkuchen entfernen und die Brühe durch ein Tuch passieren.

¶ Währenddessen die Grießklößchen zubereiten. Dafür die Butter schaumig schlagen, das Ei zufügen und solange schlagen, bis daraus eine glatte Masse entstanden ist. Grieß unterheben und die Masse mit Salz, Pfeffer und geriebener Muskatnuss abschmecken.

¶ Leicht gesalzenes Wasser zum Kochen bringen und vom Herd ziehen. Mit Teelöffeln kleine Grießnocken abstechen, ins Wasser geben, Temperatur reduzieren und die Klößchen etwa 15 Minuten gar ziehen lassen, evtl. die Temperatur wieder bis knapp unter den Siedepunkt erhöhen. Das Volumen der Klößchen verdoppelt sich während des Garens. Die fertigen Klößchen aus dem Wasser heben und bis zum Servieren auf einem Teller zugedeckt warm stellen.

¶ Pilze putzen. Sollten sie stark verschmutzt sein, kurz in kaltem Wasser waschen. Pilze in sehr dünne Scheiben schneiden. Schnittlauch und Kerbel waschen, trocken schleudern und fein hacken bzw. in kleine Blättchen zupfen.

¶ Zum Servieren die Consommé erhitzen, Madeira zufügen und evtl. mit Salz abschmecken. Pilze, Kräuter und Klößchen in die Suppe geben und sofort servieren.

Mandelsuppe

Diese spanische Suppe ist durch die Verwendung von milden, süßen Mandeln und Sahne im Grundton sehr lieblich und bedarf unbedingt eines Kontrastes: Die kräftige, säuerliche Chorizowurst (luftgetrocknete spanische Hartwurst mit Paprika) trägt mit einer herzhaften Note dazu bei, während die Chilischote das Gericht durch frische Schärfe belebt.

§21 **§ 21 Prinzipiell gilt für die Verwendung von Chilischoten: Die Menge kann nur individuell bestimmt werden.**

Der in Chilischoten enthaltene Stoff Capsaicin (der hauptsächlich in den hellen, weichen Innenhäuten sitzt) führt bei häufigem Genuss zu einer Art Gewöhnung. Deshalb kann man als eingefleischter Chilifan von sich niemals auf das Schärfeempfinden anderer schließen. Außerdem muss die Tatsache berücksichtigt werden, dass Chilischoten in ihrem Schärfegrad stark variieren. Es ist also ratsam, zuerst mit einer eher niedrig dosierten Menge anzufangen und das Gericht zum Schluss evtl. nochmals mit Chili abzuschmecken. Wenn Sie ein einfaches Chiliöl (fein gehackte Chilischote mit Olivenöl verrührt) separat dazureichen, kann sich jeder seine Suppe nach eigenem Gusto würzen.

§22 **§ 22 Beim Schneiden von Chilis niemals unmittelbar nach dem Zerkleinern der Schoten mit den Händen Gesicht oder Augen berühren: Das brennt höllisch!**

Die Mandelsuppe kann auch schon ein bis drei Tage im Voraus zubereitet werden. Dann sollte sie vollständig abkühlen, bevor sie gut zugedeckt im Kühlschrank aufbewahrt wird.

ERGIBT ETWA 1,2 l

Für die Mandelsuppe: *5 EL Olivenöl • 200 g Mandelblättchen (noch besser ganze Mandeln, selbst abgezogen) • 2 Schalotten • 4–5 frische Knoblauchzehen • 1 Stange Staudensellerie • einige dünne Ringe einer Chilischote (nach Belieben) • 1 l Hühnerbrühe • 300 ml Sahne • Salz • Pfeffer • 1–2 EL frischer Zitronensaft*

Für das Chorizo-Öl: *4 EL Olivenöl • 100 g Chorizowurst • 1 kleine Stange Staudensellerie, etwa 50 g*

¶ Für die Mandelsuppe 3 EL Olivenöl in einem Topf erwärmen und darin bei mittlerer Temperatur die Mandelblättchen unter gelegentlichem Wenden rösten. Sobald sie eine schöne, goldbraune Farbe angenommen haben und zu duften beginnen, die Mandelblättchen aus dem Topf nehmen und beiseite stellen.

¶ Schalotten und Knoblauch schälen und in feine Würfelchen schneiden. Staudensellerie waschen und ebenfalls fein würfeln.

¶ Restliches Olivenöl erhitzen und darin das geschnittene Gemüse farblos anschwitzen.

¶ Mandelblättchen, Chilischote und Hühnerbrühe zufügen und alles zum Kochen bringen. Das Ganze leise kochen lassen, bis die Flüssigkeit auf etwa die Hälfte reduziert ist.

¶ Währenddessen die Chorizowurst in feine Würfel schneiden. Staudensellerie waschen und sehr fein würfeln. Olivenöl in einer Pfanne leicht erwärmen, Staudensellerie und Chorizowurst darin kurz anschwitzen. Das Gemüse sollte noch Biss haben.

¶ Sahne zur Mandelsuppe gießen, einmal aufkochen lassen und mit einem Pürierstab sorgfältig mixen. Die Suppe mit Salz, Pfeffer und Zitronensaft abschmecken.

¶ Die Suppe vor dem Servieren nochmals zum Kochen bringen, mit dem Pürierstab schaumig aufmixen und in Suppenteller oder -tassen füllen. Dazu das Chorizo-Öl servieren.

Gazpacho

Diese kalt servierte Suppe wird traditionell mit altbackenem Brot zubereitet, das eingeweicht und mit dem klein geschnittenen Gemüse püriert wird. Ich bevorzuge jedoch diese etwas feinere Variante, bei der die Suppe ihre Bindung nur durch das Fruchtfleisch des Gemüses und eine leichte Olivenöl-Emulsion (→ Emulsion, S. 58, → §166) erhält.

§23 **§23 Kalt zubereitete Suppen sollten nicht länger als zwei, maximal drei Tage im Kühlschrank aufbewahrt werden, da die Gefahr besteht, dass der Gärprozess einsetzt. Das erkennt man an der feinen Bläschenbildung.**

Für mein Restaurant passiere ich die Suppe durch ein grobes Spitzsieb und presse dabei die Rückstände im Sieb mit einer kleinen Suppenkelle so gut es geht aus. Dadurch erhält sie eine schön geschmeidige, sämige Konsistenz.
Die pürierte Suppe muss jedoch keineswegs durch ein Sieb passiert werden: Wer sie gerne etwas gröber und fester mag, mixt die Suppe nur. Dies hat den Vorteil, dass keinerlei Abfall entsteht und alle gesunden Ballaststoffe mitverzehrt werden. Wenn Ihnen die Gazpacho zu dick erscheint, können Sie auch Tomatensaft zugießen, bis die Suppe die gewünschte Konsistenz hat.

ERGIBT ETWA 1,3 l

Für die Gazpacho: *3 rote Paprika • 1 Fenchelknolle • 1 Stange Staudensellerie • 7 Strauchtomaten • 3 Basilikumzweige • 1 Salatgurke • 1 Schalotte • 1 frische Knoblauchzehe • 1 EL Salz • 100 ml Tomatensaft • 2 EL Weißweinessig • 4–6 EL sehr gutes Olivenöl • Pfeffer • 1 Prise Cayennepfeffer*

Für die Croûtons: *1–3 EL Olivenöl • 4–12 dünn geschnittene, rechteckige Weißbrotscheiben • 4–12 qualitativ hochwertige Sardellen in Öl (→ Sardellen-Crostini, S. 194)*

Außerdem: *Pfeffer • einige Basilikumblättchen*

¶ Für die Gazpacho das Gemüse und die Basilikumzweige waschen und trocken tupfen. Stiel, Kerne und die hellen Innenhäute der Paprika entfernen. Salatgurke, Schalotte und Knoblauchzehe schälen. Fenchelknolle und Selleriestange putzen. Strunk der Tomaten entfernen. Das gesamte Gemüse in grobe Würfel, Knoblauch in feine Würfel schneiden. Alles zusammen mit dem Basilikum in eine Schüssel geben. Das Gemüse mit Salz würzen und 1 Stunde (vorzugsweise im Kühlschrank) stehen lassen. Das Salz entzieht dem Gemüse das Wasser, wodurch es sich anschließend besser pürieren lässt.

¶ Tomatensaft und Essig zufügen und alles in einem Standmixer oder mit einem Pürierstab sorgfältig pürieren. Das Olivenöl mit dem Pürierstab in die Suppe mixen und die Gazpacho mit Pfeffer, Cayennepfeffer, Salz und evtl. etwas Essig abschmecken. Die Suppe bis zum Servieren kalt stellen.

¶ Kurz vor dem Servieren für die Croûtons das Olivenöl in einer Pfanne erhitzen und darin die Brotscheiben von beiden Seiten goldbraun und kross anbraten. Die Croûtons zum Entfetten auf Küchenpapier setzen und mit jeweils einer Sardelle belegen.

¶ Gazpacho umrühren, in Gläser, Suppentassen oder -teller gießen und mit Pfeffer und Basilikumblättchen bestreuen. Dazu die – im Idealfall noch leicht warmen – Croûtons servieren.

Vinaigrettes

Das französische »Vinaigre« bedeutet übersetzt »Essig«. Bei einer Vinaigrette handelt es sich um eine Sauce, deren Charakter durch Essig bzw. einen anderen säurehaltigen Bestandteil bestimmt ist. Eine weitere Hauptzutat ist Öl, mehr oder weniger anhaltend emulgiert (gebunden).

§24 **§ 24 Für Vinaigrettes gilt immer: sparsam mit Essig und großzügig mit Öl.**

Es sind meist kalt zusammengerührte Saucen, die in der Küche ganz klassisch bei Blatt- und Gemüsesalaten Verwendung finden.
Durch das ständig wachsende Angebot an hochwertigen, außergewöhnlichen Ölen, Essigsorten, Zitrusfrüchten und anderen Würzzutaten setzen Vinaigrettes der Fantasie keine Grenzen. Sie lassen sich in der modernen Küche immer öfter in Fisch- und Fleisch-Gerichten finden, die einst eher mit hellen oder dunklen Saucen serviert wurden.
Vorteile der Vinaigrettes sind, dass man sie ohne großen Zeitaufwand herstellen kann und ihre Zubereitung ohne Brühen auskommt. Sie verleihen den Gerichten oft überraschende geschmackliche Nuancen. Dabei wirken sie durch ihren Säureanteil stets belebend und appetitanregend.
Eine ausgewogene Vinaigrette bedarf auch einer gewissen Süße, z. B. durch Früchte, reduzierte Fruchtsäfte, Honig oder Zucker.

§25 **§ 25 Bei der Zubereitung von Vinaigrettes stets den säurehaltigen Bestandteil mit Salz und Zucker verrühren, bevor das Öl zugegeben wird. So lösen sich Salz und Zucker besser auf.**

Einfache Balsamico-Vinaigrette

Diese Vinaigrette kann (ohne Zugabe von Kräutern) auch in etwas größerer Menge auf Vorrat zubereitet werden und hält sich im Kühlschrank in einer sauberen Glasflasche oder einem Schraubverschlussglas mehrere Tage.

1 Teil Balsamico-Essig • Salz • Pfeffer • 1 Prise Zucker • nach Belieben etwas Senf • 2 Teile neutrales Pflanzenöl (z. B. Distelöl) • 1 Teil sehr gutes Olivenöl • nach Belieben fein gehackte, frische Kräuter

¶ Balsamico-Essig mit Salz, Pfeffer, Zucker und evtl. mit etwas Senf verrühren.

¶ Das Öl mit einem Löffel oder einem kleinen Schneebesen unterrühren, nach Belieben frisch gehackte Kräuter zufügen und die Vinaigrette abschmecken.

Butter und Öle

Gute Zutaten, perfekt gereift bzw. gesund gewachsen, benötigen wenig Beiwerk, um ihren feinen Geschmack zu entfalten. Ein wenig Salz, evtl. Pfeffer und je nach Stilrichtung schmeichelndes Fett in Form von Butter oder qualitativ hochwertigen Ölen reichen oft schon aus. Nach Belieben können Butter und Ölen Aromate zugefügt werden, die geschmacklich manchmal sowohl für Überraschungen als auch zur Unterstützung des Eigengeschmacks gut sein können.

§26 **§26 Butter und Öle sind hervorragende natürliche Geschmacksverstärker und – in Maßen genossen – auch sehr verträglich und gesund für unseren Körper.**

Hier zwei Beispiele für Buttermischungen und ein Kräuteröl, die sich vielseitig einsetzen lassen: zum Dippen von Weiß- oder Fladenbrot, zu gekochten Nudeln oder gebratenem Fisch und Fleisch.

Rachs Algenbutter

Algen sind wahre Wunderwerke der Natur und eignen sich nicht nur für die japanische Küche.
Für dieses Rezept verwende ich die in Asia- oder Bio-Geschäften bzw. im Reformhaus erhältlichen Wakame-Algen. Sie sind durch ihren extrem hohen Mineralstoff-Gehalt – wie übrigens alle zum Verzehr geeigneten Algen – von großer ernährungsphysiologischer Bedeutung.

§27 **§27 Beim Kauf von Algen darauf achten, dass diese aus unverschmutzten Gewässern stammen!**

Diese Butter reiche ich im Restaurant zum Brot. Sie passt auch zu gebratenem Lachs oder gegrilltem Rinderfilet mit gekochten grünen Bohnen oder grünem Spargel.

2 g Wakame-Algen • 30 ml Sojasauce • 1 EL Mirin (süßer japanischer Reiswein) • 1 TL Honig • 1 TL geriebener Ingwer • 1 EL Fischsoße • 250 g weiche Butter

¶ Wakame-Algen in Wasser 1 Stunde einweichen. Mit den Händen gut auspressen und in feine Streifen schneiden.

¶ Alle Zutaten bis auf die Butter in einem Topf zum Kochen bringen. So lange kochen, bis die Flüssigkeit vollständig verkocht ist.

¶ Die Algen auf Küchenpapier legen und abkühlen lassen. Butter mit den Schneebesen des elektrischen Handrührgerätes aufschlagen, nach und nach die Algen einarbeiten und mit Pfeffer abschmecken. Die Butter auf Klarsichtfolie geben, die Folie einschlagen und zu einer strammen Rolle drehen. Die Butter im Kühlschrank fest werden lassen. Vor Gebrauch in dünne Scheiben schneiden.

(→ Bild gegenüber oben)

Zitronenbutter

Diese sommerliche Buttermischung passt bestens zu gebratenem Fisch und Fleisch.

§28 **§ 28 Zitrusfrüchte sollten stets unbehandelt (ungewachst und ungespritzt) sein, wenn Sie deren Schale mitverwenden.**

250 g weiche Butter • Pfeffer • Schale von 1–2 unbehandelten Zitronen • 1 EL Zitronensaft

¶ Butter, Pfeffer und Zitronenschale mit den Schneebesen des elektrischen Handrührgerätes cremig schlagen, langsam den Zitronensaft einarbeiten. Die Butter auf Klarsichtfolie geben, die Folie einschlagen und zu einer strammen Rolle drehen. Die Butter im Kühlschrank fest werden lassen. Vor Gebrauch in dünne Scheiben schneiden.
(→ Bild S. 43 Mitte)

Kräuter-Chili-Öl

Aromatisierte Öle sollten in der Regel nur leicht erhitzt werden. Sie dienen dazu, ein Gericht abzurunden, nicht um damit Fisch oder Fleisch anzubraten.

§29 **§ 29 Nur erstklassige Öle verwenden, denn deren Güte ist maßgebend für den Geschmack.**

4 Rosmarinzweige • 10 Thymianzweige • 3 kleine rote Chilischoten • 250 ml sehr gutes Olivenöl

¶ Rosmarin und Thymian waschen und trocken schleudern. Die Nadeln bzw. Blättchen von den Stielen zupfen und sehr fein hacken. Chilis waschen, der Länge nach halbieren, Stiel, Kerne und die inneren Scheidewände entfernen. Das Fruchtfleisch in möglichst feine Würfel schneiden. Das Olivenöl mit den Kräutern und den Chilis in einem kleinen Topf leicht erwärmen. Den Topf vom Herd ziehen und das Öl vollständig abkühlen lassen. Dann in eine saubere, verschließbare Glasflasche füllen. Das Öl hält sich im Kühlschrank aufbewahrt etwa 10 Tage. Da das Öl bei Kälte ausflockt, sollten Sie es 15–20 Minuten vor Gebrauch aus dem Kühlschrank nehmen. (→ Bild S. 43 unten)

Chutneys und Relishes

Chutneys stammen ursprünglich aus Ostindien. Heute sind sie jedoch weltweit beliebte Beilagen zu Fleisch, Fisch, Reis- und Currygerichten. Sie erinnern in ihrer Konsistenz an Marmeladen oder Kompott. In der Regel bestehen sie aus klein geschnittenen Früchten oder Gemüsesorten, durch deren unterschiedliche Zusammenstellung sich eine unerschöpfliche Vielfalt an Sorten ergibt. Chutneys weisen stets süße, säuerliche und pikante Noten auf.
Meinen Köchen rate ich meist, mit dem Einsatz von Gewürzen und Kräutern wohl überlegt umzugehen, doch bei der Zubereitung eines Chutneys sei ihrer Kreativität keine Grenze gesetzt!

§ 30 Der Unterschied zwischen Chutneys und Relishes besteht in erster Linie darin, dass Frucht-, Gemüse- und Kräuter-Relishes nicht gekocht, sondern in der Regel roh mariniert sind. Vom Grundton sind beide süßsauer und pikant und werden kalt als Sauce oder Dip genossen. §30

Chutneys und Relishes sind eine unerschöpfliche Bereicherung eines jeden Essens. Beide dicklichen Saucen bestechen durch ihren Aromenreichtum und die ihnen eigene Frische.

Apfel-Chutney

ERGIBT ETWA 600 ml

1 Zwiebel • 1 Knoblauchzehe • 1 Stück Ingwer, etwa 30 g • 1 grüne Chilischote • 1 unbehandelte Orange • 2–3 EL Pflanzenöl • 50 g Rosinen • 50 ml Weißweinessig • Saft von ½ Limette • 80 g Zucker • 1 Stück Zimtrinde • 3 Kardamomkapseln • 1 Nelke • 2 Lorbeerblätter • 800 g säuerliche Äpfel • Salz

¶ Zwiebel, Knoblauch und Ingwer schälen und fein würfeln. Chilischote waschen, halbieren, Stielansatz, Kerne und die inneren Scheidewände entfernen. Fruchtfleisch in feine Würfel oder Streifen schneiden.

¶ Orange heiß abwaschen und von der Schale 3 Streifen dünn (möglichst ohne weißen Schalenteil) abschneiden. Orange halbieren und den Saft auspressen.

¶ Pflanzenöl erhitzen und darin bei mittlerer Temperatur die Zwiebelwürfel farblos anschwitzen. Nach etwa 3 Minuten Knoblauch und Ingwer zufügen, nach weiteren 3 Minuten die Chilischote. Alles kurz zusammen anschwitzen, dann Rosinen, Weißweinessig, Orangenschale, Orangen- und Limettensaft zufügen. Zucker und Gewürze zugeben und alles bei mittlerer Temperatur einkochen, bis die Flüssigkeit fast vollständig verdampft ist.

¶ Währenddessen die Äpfel schälen, vierteln, Kernhaus entfernen und das Fruchtfleisch in etwa 1 cm große Würfel schneiden. Die Äpfel zu dem eingekochten Chutney-Ansatz geben, mit etwas Salz würzen und evtl. etwas Wasser zugießen. Das Chutney etwa weitere 10–15 Minuten einkochen lassen, dabei evtl. noch etwas Wasser zufügen. Chutney vom Herd ziehen, vollständig auskühlen lassen und in ein sauberes Einmachglas füllen. Das Chutney bis zur Verwendung im Kühlschrank aufbewahren. Es hält sich etwa 4 Wochen.

Ananas-Relish

1 Ananas • 1 Stück Ingwer, etwa 50 g • 2 rote Chilischoten • Saft von 1 Limette • Saft von 4 großen Orangen • 2 Sternanis • 1 TL Koriandersamen • ½ TL Szechuanpfeffer (erhältlich z. B. in Asialäden) • 6 EL Zucker • 1 rote Zwiebel • 3 Stangen Frühlingszwiebeln • ½ Bund Koriander

¶ Ananas an beiden Enden abschneiden und die Schale rundum mit einem Sägemesser abschneiden. Dabei möglichst alle Samenansätze entfernen.

¶ Ananas vierteln, den Strunk großzügig herausschneiden und diesen in grobe Würfel schneiden. Das Fruchtfleisch in etwa 1 cm große Würfel schneiden und beiseite stellen. Ingwer schälen und in Scheiben scheiden. Chilischoten waschen, halbieren, Stielansatz, Kerne und die inneren Scheidewände entfernen. Das Fruchtfleisch in feine Streifen schneiden.

¶ Limetten- und Orangensaft, Ananasstrunk, Ingwer, die Hälfte der fein geschnittenen Chilis, Sternanis, Koriander, Szechuanpfeffer und Zucker in einen Topf geben und bei geschlossenem Deckel bei mittlerer Temperatur etwa 25 Minuten leise kochen lassen, bis der Strunk weich ist. Sternanis entfernen, das Ganze mit einem Pürierstab gründlich mixen, nach Belieben durch ein feines Sieb passieren und vollständig abkühlen lassen.

¶ Das vorbereitete Ananasfruchtfleisch mit dieser Marinade übergießen.

¶ Rote Zwiebel schälen und sehr fein würfeln. Frühlingszwiebeln putzen, waschen und in feine Ringe schneiden. Koriander waschen, trocken schleudern und einschließlich der Stiele fein hacken. Alles zur Ananas geben und untermischen. Nach Geschmack so viel der restlichen fein geschnittenen Chilis zufügen, dass der Schärfegrad deutlich, aber nicht unangenehm ist.

¶ Das Relish ist im Kühlschrank 5–7 Tage haltbar.

Reduktionen

Als Reduktionen bezeichnet man stark eingekochte Flüssigkeiten. Sie können z. B. aus Frucht- und Gemüsesäften, Balsamico-Essig, Port- und anderen Dessertweinen gewonnen werden. Als Basis eignen sich auch Mischungen mit Brühen und sonstigen Flüssigkeiten, die häufig mit Gewürzen, Kräutern, Honig oder Zucker verfeinert werden.

§ 31 Flüssigkeiten, die reduziert werden sollen, dürfen nur leicht oder gar nicht gesalzen sein. §31

Die in den zu reduzierenden Flüssigkeiten enthaltenen Schwebeteilchen in Form von Gemüse- oder Fruchtrückständen sowie der Zuckeranteil sorgen dafür, dass die Reduktion die erwünschte Konsistenz bekommt. Man kann sich dies leicht vorstellen: Reduziert man Wasser oder Weißwein bleibt im Topf: nichts!

§ 32 Beim Reduzieren muss der richtige Zeitpunkt getroffen werden, bei dem die Sauce zwar von schöner Konsistenz ist, aber immer noch lebendig und frisch schmeckt. Zu langes Einkochen kann die Sauce geschmacklich eindimensional, uninteressant und zu wuchtig machen. §32

Bevor eine Reduktion zu kräftig schmeckt, empfiehlt es sich, sie lieber etwas weniger stark einzukochen und dafür evtl. mit ein wenig angerührter Speisestärke leicht abzubinden.
Was diese Saucen in der Küche so attraktiv macht, ist die Tatsache, dass sie sehr einfach in ihrer Zubereitung sind, nur wenige Grundprodukte erfordern und stets von einer schönen Intensität sind. Sie können Gerichten oft eine neue geschmackliche Komponente zufügen und sind auch aus optischen Gründen sehr beliebt.

Kreuzkümmel-Soja-Reduktion

Diese Reduktion passt hervorragend zu Schweinefleisch, fettreichem Fisch – wie z. B. Lachs – und einfachen japanischen Gemüsegerichten.

1 TL Kreuzkümmel • 2 EL Honig • 4 EL salzarme Sojasauce (→ S. 158) • 100 ml Hühnerbrühe, ersatzweise Wasser

¶ Kreuzkümmel fein hacken und mit dem Honig in einem kleinen Topf zum Kochen bringen. Sojasauce und Hühnerbrühe zugießen und die Flüssigkeit auf die Hälfte reduzieren. Reduktion durch ein feines Sieb passieren und abkühlen lassen.

Mayonnaise

Die Hauptbestandteile einer Mayonnaise sind Eier und Öl, die eine Emulsion (→ Emulsion, S. 58) eingehen.

§33 **§ 33 Bei der Mayonnaise-Herstellung besteht die Gefahr, dass sich der wasserhaltige Bestandteil (das Ei) vom Öl trennt und die Mayonnaise gerinnt.**

Das lässt sich vermeiden, wenn alle Zutaten bei Zimmertemperatur verarbeitet werden und das Öl zuerst nur tropfenweise zugefügt wird. Sobald sich eine Emulsion gebildet hat, kann das Öl in einem dünnen Strahl mit einem Schneebesen in das Ei/Eigelb eingearbeitet werden.
Eine geronnene Mayonnaise lässt sich leicht retten, indem man in einer sauberen Schüssel mit einem frischen Eigelb einen neuen Ansatz startet. Anstatt Öl gibt man nun eine sehr kleine Menge der geronnenen Mayonnaise zu und arbeitet diese vollständig in das Eigelb ein. So fährt man fort, bis man eine Mayonnaise mit leichtem Stand erhält. Nun kann man die restliche missglückte Mayonnaise in einem dünnen Strahl in den zweiten Ansatz einarbeiten.

§34 **§ 34 Salmonellen sind bei der Zubereitung von Mayonnaise ein potenzielles Risiko. Deshalb unbedingt auf sauberes Arbeitsmaterial achten und nur ganz frische Eier verwenden. Die Mayonnaise muss sofort nach der Herstellung bis zur Verwendung kühl gestellt und möglichst rasch verzehrt werden.**

§35 **§ 35 Grundsätzliches zur Hygiene: Küchenschwämme und -lappen einmal wöchentlich auswechseln und den Kühlschrank alle 10 Tage auswischen.**

Es gibt unzählige Varianten und Abwandlungen der Mayonnaise. Gereicht wird sie meist zu gekochtem oder pochierten Fleisch und Fisch, zu Krustentieren, hart gekochten oder pochierten Eiern, kaltem Braten, als Dip zu Gemüse, zu kalten Terrinen und Sülzen.
In den meisten Rezepturen werden nur Eigelbe verwendet, ich bevorzuge jedoch die etwas leichtere Variante mit jeweils einem Eigelb und einem Ei.

Einfache Mayonnaise

ERGIBT ETWA 600 ml
1 Eigelb • 1 Ei • 1 EL Senf • 2 EL Weißweinessig • Salz • Pfeffer • 500 ml Pflanzenöl • 50 ml Olivenöl
(alle Zutaten bei Zimmertemperatur)

¶ Eigelb und Ei in eine Schüssel geben und mit Senf, Weißweinessig, etwas Salz und Pfeffer verrühren. Unter ständigem Schlagen mit einem Schneebesen zuerst tropfenweise, dann in einem dünnen Strahl das Pflanzenöl und das Olivenöl einfließen lassen, bis die Mayonnaise Stand und Glanz hat.

Rouille (Knoblauch-Safran-Mayonnaise)

Ergibt etwa 400 ml

1 Ei • 1–2 EL Weißweinessig • 1 zerdrückte Knoblauchzehe • Salz • Pfeffer • einige Safranfäden • 200 ml Pflanzenöl • 50–100 ml feinstes Olivenöl (mild) • evtl. etwa 50 ml Tomatenwasser (Tomatenkerne auf einem Sieb abtropfen lassen)

(alle Zutaten bei Zimmertemperatur)

¶ Ei in ein schlankes, hohes Gefäß geben. Weißweinessig, Knoblauch, etwas Salz, Pfeffer und Safran zufügen. Mit einem Pürierstab mixen und zuerst langsam, dann in einem dünnen Strahl das Pflanzenöl und das Olivenöl einfließen lassen, bis die Mayonnaise Stand und Glanz hat. Nach Belieben – und falls vorhanden – etwas Tomatenwasser zufügen. Dieses gibt der Rouille eine angenehme Frische und Fruchtigkeit. Dann nachträglich evtl. etwas mehr Öl unter die Mayonnaise mixen, damit sie nicht zu dünn ist.

Remoulade

Ergibt etwa 750 ml

1 Eigelb • 1 Ei • 1 EL Estragonsenf • 2 EL Weißweinessig • Salz • Pfeffer • 450 ml Pflanzenöl • 50 ml Olivenöl

(alle Zutaten bei Zimmertemperatur)

2 hart gekochte Eier • 1 Essiggurke • 6 EL fein geschnittene Kräuter (Schnittlauch, Petersilie, Estragon, Kerbel, Dill)

¶ Eigelb und Ei in eine Schüssel geben und mit Senf, Weißweinessig, etwas Salz und Pfeffer verrühren. Unter ständigem Schlagen mit einem Schneebesen zuerst langsam, dann in einem dünnen Strahl das Pflanzenöl und das Olivenöl einfließen lassen, bis die Mayonnaise Stand und Glanz hat.

¶ Eier schälen. Gurke und Eier fein hacken, dann zusammen mit den Kräutern unter die Mayonnaise rühren. Die Remoulade mit Salz und Pfeffer abschmecken.

¶ Die Remoulade stets kühl stellen, nur zum Servieren aus dem Kühlschrank nehmen und nicht länger als 2 Tage aufbewahren.

Weiße Saucen

Weiße Saucen werden zu gekochtem oder pochiertem Fleisch, Geflügel, Fisch, Eiern und Gemüse gereicht. Ihre Bindung bekommt die Sauce in erster Linie durch eine helle Mehlschwitze, die dann mit einer dem Gericht entsprechenden Brühe, häufig mit dem Koch- oder Pochierfond, oder mit Milch (Béchamel-Sauce) aufgegossen wird. Eine klassische helle Sauce finden Sie zum Beispiel bei Königsberger Klopsen (→ S. 240).

§ 36 Durch längeres, leises Kochen der weißen Sauce lässt sich Mehlgeschmack vermeiden. Dabei sollten Sie jedoch darauf achten, dass die Sauce am Topfboden nicht ansetzt. §36

§ 37 Mehlklümpchen bilden sich nicht so leicht, wenn Sie eine heiße Mehlschwitze stets mit kalter Flüssigkeit auffüllen. Sollte es dennoch geschehen, mixen Sie die Sauce mit einem Pürierstab gut durch und passieren sie durch ein feines Sieb. §37

§ 38 Weiße Grundsaucen können beliebig variiert werden: mit Meerrettich oder Senf, mit Kräutern oder Gemüse, mit Sherry oder Portwein – immer werden daraus vorzügliche Begleiter zu Fleisch, Fisch, Gemüse oder auch Nudeln. §38

Eine weiße Sauce kann kurz vor dem Servieren durch Zugabe von Crème fraîche, Sahne, Eigelb oder Butterflöckchen geschmacklich abgerundet werden und weitere Bindung erhalten.

Weiße Sauce – klassische Herstellung

ERGIBT ETWA 1 l

40 g Butter • 40 g Mehl • 1300 ml kalte Fisch-, Geflügel- oder helle Kalbsbrühe • Salz • weißer Pfeffer • geriebene Muskatnuss • etwas Zitronensaft • evtl. Sahne, Crème fraîche oder Eigelb

¶ Butter in einem Topf schmelzen. Mehl mit einem Schneebesen darin glatt rühren und etwa 3–4 Minuten unter Rühren farblos anschwitzen.

¶ Nach und nach die Brühe mit dem Schneebesen einrühren, zum Kochen bringen und unter gelegentlichem Rühren etwa 30 Minuten leicht kochen lassen.

¶ Die fertige Sauce mit Salz, weißem Pfeffer, geriebener Muskatnuss und Zitronensaft abschmecken. Nach Belieben mit frischer Sahne, Crème fraîche oder einem mit etwas Sahne verquirlten Eigelb verfeinern. Nach Zugabe von Eigelb darf die Sauce nicht mehr kochen, da sie sonst gerinnen könnte.

Weiße Sauce – ohne Mehl

Das ist die Variante, die wir in meinem Restaurant benutzen und die durch ihre Leichtigkeit besticht.

1 l kalte Geflügelbrühe • 500 ml trockener Weißwein • 100 ml Noilly Prat (französischer Weißweinwermut) • 500 ml Sahne • 150 g Butter • Salz • Pfeffer aus der Mühle • Cayennepfeffer

¶ Brühe, Weißwein und Noilly Prat in einem Topf bis auf ein Minimum einkochen. Sahne und Butter hinzugeben und weitere 3 Minuten kochen. Kräftig durchrühren, mit Salz, Pfeffer und Cayennepfeffer abschmecken und durch ein Sieb passieren.

Sauce Hollandaise

Die Hollandaise ist eine luftige, gehaltvolle Sauce, die meist zu gekochtem Gemüse, zu pochiertem Fisch und hellem Fleisch serviert wird.
Das in der Hollandaise enthaltene Eigelb sorgt in zweifacher Weise für Bindung: Zum einen wird es über dem Wasserbad so lange warm aufgeschlagen, bis es andickt. Zum anderen geht es mit der flüssigen Butter eine Emulsion ein.

§39 **§ 39 Gerinnt die Hollandaise, wurde das Fett entweder zu schnell zugefügt oder die Temperatur war zu hoch.**

Mit folgendem Trick lässt sich das Malheur aber schnell beheben: Geben Sie ein wenig kaltes Wasser auf die Sauce und rühren Sie es mit einem Schneebesen auf eine kleine Stelle an der Oberfläche beschränkt unter. Sobald an dieser Stelle die Bindung wieder hergestellt ist, erweitern Sie die Kreise des Schneebesens langsam, bis die Sauce völlig glatt ist.

§40 **§ 40 Eine Hollandaise kann nicht lange warm gehalten werden, da sie schnell zusammenfällt. Darum immer erst kurz vor dem Servieren aufschlagen.**

Die Reduktion und das Klären der Butter hingegen können schon mehrere Stunden vor dem Servieren vorbereitet werden.
Übrigens: Die holländische Sauce stammt gar nicht aus Holland, sondern aus der französischen Normandie und hieß zunächst Sauce Isigny. Isigny-sur-mer war das Zentrum der französischen Butterherstellung. Im Ersten Weltkrieg kam die Produktion in Frankreich zum Erliegen, die Butter musste aus Holland eingeführt werden und die beliebte Sauce wurde umgetauft.

ERGIBT 350–400 ml

200–250 g Butter (je nach Größe der Eier) • 1 kleine Schalotte • 4 Pfefferkörner • 100 ml Weißwein • 4 Eigelb • Salz • 1 Spritzer Zitronensaft

¶ Butter in einem kleinen Topf schmelzen, zum Kochen bringen und bei mittlerer Temperatur so lange köcheln lassen, bis sich die Milchreste vom Butterfett trennen. Das Butterfett durch ein feines Sieb gießen, dabei darauf achten, dass der Bodensatz zurückbleibt.

¶ Während die Butter köchelt, Schalotte schälen, fein würfeln und die Pfefferkörner zerstoßen. Beides mit dem Weißwein in einen kleinen Topf geben, zum Kochen bringen und auf die Hälfte reduzieren.

¶ Die Reduktion durch ein feines Sieb in eine fürs Wasserbad geeignete Schüssel passieren, dabei die Schalotten gut ausdrücken. Die Flüssigkeit lauwarm abkühlen lassen. Dann die Eigelbe zufügen und mit einem Schneebesen oder den Schneebesen eines elektrischen Handrührgerätes verrühren.

¶ Die Schüssel auf ein nicht zu heißes Wasserbad stellen (nicht über 90 °C) und ständig mit dem Schneebesen schlagen, bis die Eigelbe durch die Wärmezufuhr allmählich binden und Stand erhalten. Dann die Schüssel vom Wasserbad nehmen. Die warme Butter zuerst tropfenweise, dann in einem dünnen Strahl unter ständigem Schlagen zufügen.

¶ Die Sauce mit etwas Salz und einem Spritzer Zitronensaft abschmecken und sofort servieren.

Montierte Buttersauce

Auch diese Sauce ist eine sogenannte Emulsion, bei der zwei Flüssigkeiten, die normalerweise nicht mischbar sind, fein ineinander verteilt werden (z. B. Wasser in Öl oder wie hier Butter in Brühe). Anders als bei einer Mayonnaise ist diese Bindung nicht lang anhaltend: Saucen dieser Art müssen immer kurz vor dem Servieren mit einem Pürierstab gemixt und dadurch stabilisiert werden. In diesem Zusammenhang spricht man davon, die Sauce zu »montieren«: Durch das Mixen wird Luft in die Sauce eingearbeitet. Diese Luft bleibt eine kurze Zeit als Schaum bestehen, die Sauce gewinnt dadurch an Volumen, steigt also auf. Gerade durch den Schaum wirken diese Saucen leicht – obwohl sie das im Hinblick auf ihren Kaloriengehalt nicht sind. Aber keine Bange: In der Regel werden nur kleine Mengen dieser Sauce zu den Gerichten gereicht.
Reduzierte Fonds oder Brühen, die nach Belieben mit Kräutern oder Gewürzen aromatisiert werden, bestimmen den Geschmack dieser Saucen. Nachdem man sie passiert und aufgekocht hat, mixt man kurz vor dem Servieren kalte Butterwürfel in den Fond.

§41 **§41 Montierte Saucen können auch schon 1–2 Tage im Voraus zubereitet und im Kühlschrank aufbewahrt werden. Während des Aufwärmens sollten sie mehrfach gemixt werden und dürfen nicht mehr kochen, da sich sonst die Butter von der Flüssigkeit trennt. Unmittelbar vor dem Servieren nochmals aufmixen, da der Schaum nur wenige Minuten hält.**

Beurre blanc, weiße Buttersauce, ist ein richtiger Klassiker, der auch heute noch nicht an Attraktivität verloren hat. Diese sehr einfach herzustellende Sauce passt zu fast allem – ob mit Kräutern verfeinert oder mit Gemüsen, sie ist einfach ein Alleskönner. (→ Jakobsmuscheln mit karamellisiertem Chicorée und Beurre blanc, S. 178)

§42 **§42 Eine gute Beurre blanc braucht immer eine gute Brühe als Basis und eine Menge kalter Butter.**

Kopfsalat-Sauce

Diese feine Sauce passt zu Krustentieren, aber auch zu pochiertem und gebratenem Fisch und hellem Fleisch.

ERGIBT ETWA 250 ml

1 Kopfsalatherz (etwa 250 g) • 1 Schalotte • 1 Knoblauchzehe • 1 kleine mehlig kochende Kartoffel (60 g) • 1 EL + 100 g kalte Butter • 50 ml Noilly Prat (französischer Weißweinwermut) • Fisch- oder Geflügelbrühe • Salz • 1 Spritzer Zitronensaft • Salz • Pfeffer

¶ Kopfsalatherz putzen, waschen, trocken schleudern und beiseite stellen.

¶ Schalotte, Knoblauch und Kartoffel schälen, fein würfeln und in 1 EL Butter farblos anschwitzen. Noilly Prat und Brühe zufügen und 10 Minuten köcheln. Topf vom Herd ziehen. Butter würfeln und mit einem Pürierstab in die Flüssigkeit mixen. Mit Salz, Pfeffer und etwas Zitronensaft abschmecken.

¶ Kurz vor dem Servieren die Sauce erhitzen, dabei soll sie aber nicht kochen. Kopfsalatblätter in feine Streifen schneiden und mit dem Pürierstab in die Sauce mixen. Sofort servieren.

Dunkle Fleischsauce

Dunkle Fleischsaucen sind in ihrer Herstellung stets zeitaufwendig und benötigen Zuwendung und Sorgfalt, doch der Aufwand lohnt sich: Keine andere Sauce verbindet wie sie Harmonie mit Charakter und Kraft.
Zu ihrer Herstellung werden Fleischabschnitte oder Fleischknochen scharf angebraten, dazu kommt das übliche Röstgemüse, meist werden sie mit Wein abgelöscht und mit einer entsprechenden Brühe aufgefüllt. Wer weder die passende Brühe noch die Knochen für die Herstellung einer solchen hat, kann den Saucenansatz auch mit einem dunklen Kalbsfond auffüllen.
Das Resultat nach mehreren Stunden sorgfältiger Arbeit und Beobachtung erscheint auf den ersten Blick enttäuschend, bleibt doch zu guter Letzt nur ein kleiner Rest im Topf zurück.

§43 **§43 Diese kräftige Sauce darf nur sparsam eingesetzt werden. Pro Portion verwendet man in der Regel nur 30–50 ml, die es aber in sich haben.**

Dunkle Fleischsaucen können durch Zugabe von Aromaten (Kräuter, Gewürze, Früchte und Konfitüren mit einer herben Note) beliebig abgewandelt werden.
Fertig gekochte dunkle Saucen sind im abgekühlten Zustand durch ihren hohen Gelatinegehalt meist sehr fest und im Kühlschrank aufbewahrt 1–2 Wochen haltbar.

Für eine dunkle Hirschsauce: *2 EL Pflanzenöl • 500–800 g Hirschabschnitte • 1 Karotte • 1 Zwiebel • 1 Stück Knollensellerie, etwa 150 g • 2 Knoblauchzehen • 1 Lorbeerblatt • 1 EL Mehl • 3 Petersilienstiele • 200 ml roter Portwein • 750 ml kräftiger Rotwein • 1,5 l dunkler Hirsch- oder Wildfond • 1 Nelke • 5 Wacholderbeeren • 10 Pfefferkörner*
Außerdem: *25 g kalte Butter*

¶ Für die Sauce Pflanzenöl in einem Bräter oder breiten Topf erhitzen und darin die Fleischabschnitte von allen Seiten scharf anbraten. Karotte, Zwiebel und Knollensellerie schälen, in feine Scheiben oder Würfel schneiden und mit anbraten, bis das Gemüse Farbe angenommen hat.
¶ Knoblauchzehen schälen, leicht andrücken und mit dem Lorbeerblatt zufügen. Das Mehl darüberstäuben und kurz mitrösten. Petersilienstiele zufügen und das Ganze mit Portwein ablöschen. Den Portwein bei mittlerer Temperatur unter gelegentlichem Umrühren fast vollständig einkochen, dann ein Drittel des Rotweins zugießen, ebenfalls fast vollständig reduzieren und diesen Vorgang zweimal wiederholen. Dabei soll die Sauce nur leise kochen.
¶ So viel Fond zugießen, dass der Saucenansatz nur knapp bedeckt ist. Die Sauce wieder unter gelegentlichem Umrühren leise kochen lassen. Immer dann, wenn die Flüssigkeit nur noch 2–3 cm hoch den Topfboden bedeckt, erneut Fond zugießen. Zuletzt den Saucenansatz mit etwas Wasser auffüllen, alles durch ein feines Sieb passieren und mit einer Kelle gut ausdrücken. Flüssigkeit evtl. nochmals durch ein (noch feineres) Sieb passieren. Nun die Sauce in einen kleinen Topf füllen und bei mittlerer Temperatur zur gewünschten Dichte reduzieren. Es sollten etwa 300 ml übrig bleiben.
¶ Kurz vor dem Servieren die Sauce aufkochen, vom Herd ziehen und mit einem Löffel oder einem kleinen Schneebesen das Butterstück in die Sauce montieren. Dafür die Sauce stets in eine Richtung rühren, bis die Butter vollständig geschmolzen und gleichmäßig darin verteilt ist. Die Butter soll sich nicht als Fettfilm an der Oberfläche absetzen.

Natursauerteig

Sauerteig wird schon seit Jahrtausenden von den Menschen zur Brotherstellung verwendet. Die darin enthaltenen Milchsäurebakterien und Hefepilze verbessern das Aroma, den Geschmack und die Haltbarkeit der Backwaren und sorgen dafür, dass der Teig aufgeht. Milchsäurebakterien wirken darüber hinaus regulierend auf unser Verdauungssystem. Sie kleiden die Darmwände aus und sorgen für eine gute Verdaulichkeit der Nahrung. Probieren Sie mal Sauerteig selbst herzustellen. Sie müssen dabei keine Angst vor Salmonellen oder sonstigen schädlichen Bakterien haben: Sie sind schlichtweg nicht vorhanden!

§ 44 **Sauerteig wird hergestellt, indem man die gleiche Menge (Roggen)mehl und Wasser miteinander verrührt und zugedeckt etwa 2 Tage bei Zimmertemperatur stehen lässt.** §44

Riecht der Teig dann angenehm säuerlich, haben sich die Milchsäurebakterien durchgesetzt und er kann dann nach Rezept verarbeitet werden. Aber auch hier gilt: Wem das zu kompliziert ist, der kauft den Grundteig in einem gut sortierten Bioladen oder Reformhaus.

Roggen-Weizenbrot

500 g Roggenmehl • 500 g Weizenvollkornmehl • 42 g Hefe • 1 EL Honig • ca. 450 ml lauwarmes Wasser • 1 Natursauerteig aus dem Reformhaus (meist in 150 g Päckchen erhältlich) • etwa 3 TL (15 g) Salz • 150 ml dunkles Bier • Mehl für die Arbeitsfläche

¶ Die beiden Mehlsorten in eine Schüssel geben, in die Mitte eine Mulde drücken. Hefe mit dem Honig und 3 EL Wasser in einer kleinen Schüssel verrühren und in die Mulde geben. Schüssel mit einem Tuch abdecken und den Vorteig an einem warmen Ort 15 Minuten gehen lassen.

¶ Natursauerteig und Salz zufügen und unter langsamem Kneten mit dem Handrührgerät das restliche Wasser und das Bier in den Teig arbeiten. Teig erneut abgedeckt an einem warmen, zuggeschützten Ort gehen lassen, bis sich sein Volumen in etwa verdoppelt hat (etwa 50 Minuten).

¶ Den Teig mit den Händen zusammenschlagen und auf einer bemehlten Arbeitsfläche gut durchkneten. Den Teig in zwei etwa gleichgroße Portionen teilen. Diese entweder zu runden Laiben formen und auf ein gefettetes, mit Mehl bestäubtes Backblech setzen oder die beiden Portionen zu gleichmäßigen Rollen formen und in gefettete, mit Mehl bestäubte Kastenformen geben. Die Brote weitere 30 Minuten zugedeckt gehen lassen.

¶ Brote in den auf 240 °C vorgeheizten Backofen schieben. Etwa 150 ml Wasser auf den Ofenboden gießen, damit sich Dampf entwickeln und das Brot besser aufgehen kann. Ofentür so schnell wie möglich schließen. Vorsicht, dass Sie sich an dem entstehenden Wasserdampf nicht verbrennen! Nach 10 Minuten Ofentür öffnen und den Dampf entweichen lassen. Temperatur auf 180 °C herunterschalten. Nach 20 Minuten die Temperatur auf 120 °C reduzieren und die Brote 20–25 Minuten trocknen lassen.

¶ Die Brote auf einem Gitter auskühlen lassen. Am besten schmecken sie frisch am Backtag.

Hefeteig

Hefeteig ist im Unterschied zu Blätter- und Brandteig ein Teig, bei dem ein Triebmittel – nämlich Hefe – zugesetzt wird. Nur deswegen kann er sein Volumen beim Backen stark vergrößern. Hefeteig ist sehr vielseitig: Je nach Verwendung erhöht man den Butter-/Fettanteil von fast Null (bei Pizza und Baguette, Weißbrot und Ciabatta) auf etwas über 10 Prozent (bei Rosinenbrötchen, Zöpfen oder Teigen für Früchtekuchen) und noch mehr in Verbindung mit Zucker (bei Butterkuchen, Dampfnudeln und Brioche).

§45 Hefe ist lebendig (ein Pilz) und beginnt bei einer Temperatur von 25 °C bis 30 °C zu wachsen. Beim Gehen mag Hefeteig weder große Temperaturunterschiede noch Zugluft. §45

Brioches

Brioches stammen aus Frankreich und passen wunderbar zu Gänseleber, Käse und Marmelade. Sie sind sehr gehaltvoll und sollten vor dem Servieren stets leicht erwärmt werden.

ERGIBT CA. 20 STÜCK

250 g Mehl • 20 g Zucker • knapp ½ TL (2 g) Salz • 20 g Hefe • 40 ml lauwarme Milch • 3 Eier • 125 g weiche Butter • 1 Eigelb

Außerdem: *kleine Briocheförmchen oder eine kleine Kastenform • Butter zum Fetten der Förmchen*

¶ Mehl in eine Schüssel sieben, Zucker und Salz zufügen und mit den Knethaken des Handrührgerätes mischen.

¶ Hefe in der Milch auflösen, Eier in eine Schüssel schlagen. Unter ständigem Kneten langsam die aufgelöste Hefe zu dem Mehl gießen. Eier zugeben, dann die Butter in kleinen Portionen nach und nach in den Teig einarbeiten. Es soll ein geschmeidiger, elastischer Teig entstehen. Den Teig in einer Schüssel abgedeckt an einem warmen Ort gehen lassen, bis sich sein Volumen verdoppelt hat (40–60 Minuten). Währenddessen die Briocheförmchen mit Butter gut einfetten.

¶ Den Teig mit den Händen zusammenschlagen und auf einer bemehlten Arbeitsfläche erneut durchkneten, dann zu einer länglichen Rolle formen und diese in etwa 30–40 g schwere Portionen teilen. Jede Portion zu einer Kugel formen und in ein vorbereitetes Förmchen setzen. Die Förmchen auf ein Backblech stellen und mit einem Tuch abdecken, bis sich das Teig-Volumen fast verdoppelt hat.

¶ Eigelb mit 1 EL Wasser verrühren und mit einem Pinsel vorsichtig auf die Teigkugeln streichen.

¶ Das Backblech in den auf 180 °C vorgeheizten Ofen schieben, dabei die Ofentüre einen Spalt geöffnet lassen. Nach 3 Minuten die Ofentüre schließen und die Brioches 8–12 Minuten goldbraun backen.

¶ Backblech aus dem Ofen nehmen, die Brioches vorsichtig aus den Förmchen stürzen und auf einem Gitter auskühlen lassen. Die Brioches halten sich im Kühlschrank etwa 1 Woche, lassen sich aber auch hervorragend einfrieren.

Kastanienbrötchen

Esskastanien – veredelt nennt man sie Maronen – sind im Herbst eine köstliche Bereicherung der Küche: einfach nur geröstet, als Püree oder als Suppe schmecken sie hervorragend. Ich liebe aber auch die Brötchenvariante! Dafür wird Kastanienmehl mit Weizenmehl vermengt (Kastanienmehl hat nur einen geringen Kleberanteil und würde alleine nicht halten). Diese Mischung ergibt wunderbar duftende Brötchen, die z. B. sehr gut zu Käse schmecken. Um Kastanienmehl herzustellen, werden die Kastanien zuerst getrocknet, geschält, geröstet und dann gemahlen. Sie können es aber auch ganz einfach in guten Bioläden oder Reformhäusern kaufen.

Noch ein Wort zu »Mehl«: Leider wird Mehl bei uns sehr »stiefmütterlich« behandelt! Wir kümmern uns wenig bis gar nicht um die Typisierung, also den Mineralstoffgehalt, oder um den Mahlgrad des Mehles. Also, wenn schon nicht darum, dann aber bitte um die Lagerung!

§46 **§46 Mehl immer trocken, dunkel und kühl (unter 20 °C) lagern.**

ERGIBT 25–30 STÜCK

400 g Weizenmehl + Mehl für die Arbeitsfläche
• 150 g Kastanienmehl • etwa 3 TL (15 g) Salz
• 25 g Hefe • 330–370 ml lauwarmes Wasser
• Backpapier

¶ Weizen- und Kastanienmehl in eine Schüssel sieben und Salz zufügen.

¶ Hefe in 50 ml lauwarmem Wasser auflösen und langsam unter ständigem Rühren mit den Knethaken des elektrischen Handrührgerätes einarbeiten. Nach und nach weitere 280–320 ml lauwarme Flüssigkeit zugießen, bis der Teig eine elastische, weiche Konsistenz hat. Die Schüssel mit einem sauberen Küchentuch abdecken und an einem zuggeschützten, warmen Ort in der Küche gehen lassen, bis sich das Teig-Volumen in etwa verdoppelt hat (40–60 Minuten).

¶ Den Teig mit den Händen zusammenschlagen und auf einer leicht bemehlten Arbeitsfläche gut durchkneten. Den Teig zu einer Rolle formen und in etwa 30–40 g schwere Portionen teilen. Die Portionen mit den Händen zu Kugeln formen, mit Mehl bestäuben und mit der bemehlten Oberfläche nach oben nebeneinander auf ein mit Backpapier ausgelegtes Backblech setzen. Die Oberfläche der Brötchen mit einer kleinen, sauberen Schere mehrfach leicht einschneiden. Erneut gehen lassen, bis sich das Volumen der Brötchen um etwa ein Drittel vergrößert hat. Durch die Triebkraft der Hefe stellen sich die Einschnitte stachelartig auf und die Brötchen gleichen den vom Baum gefallenen Kastanien. Selbstverständlich können die Brötchen aber auch ohne Stacheln gebacken werden.

¶ Das Backblech in den auf 180 °C vorgeheizten Backofen schieben und im letzten Moment, bevor die Ofentür geschlossen wird, etwas Wasser auf den Boden des Backofens gießen (→ §50). Die Brötchen 15–20 Minuten backen, bis sie eine dunkelbraune Farbe annehmen, ansonsten sind sie im Inneren zu feucht und noch nicht richtig durchgebacken.

Pizzateig

Bei der Pizzaherstellung scheiden sich die Geister: Die Einen lieben den dünnen, krossen Teig und die Anderen den dicken, saftigen, der sich vollsaugt mit herrlicher Tomatensauce. Wie dem auch sei: Beiden gemeinsam ist die Grundlage aus würziger Tomatensauce und beim Belag zählt: weniger ist mehr! Und ab in den Holzofen!

§47 **Für das Pizza-Backen zu Hause gilt: Blech auf der untersten Schiene des Backofens einschieben und die Pizza am besten bei starker Unterhitze backen. Ist diese Einstellung nicht möglich, Ober-/Unterhitze (220 °C) wählen. Einige Backöfen haben auch eine spezielle Pizzastufe.** (→ Hefeteig, S. 65) §47

Ich liebe diese kleinen Pizzen – frisch aus dem Ofen als Fingerfood zum Aperitif oder als kleiner Snack an einem lockeren Abend mit Freunden. Aber auch kalt beim Picknick schmecken sie einfach köstlich. Ich belege die Pizzen meist unterschiedlich, sodass für jeden etwas dabei ist: 1 EL Tomatensauce als Unterlage und dann ganz beliebig mit schwarzen Oliven, Sardellen, Parmesan oder Mozzarella. Hervorragend ist aber auch die Kombination aus Roquefort, Trauben und Walnüssen – dann dürfen jedoch Trauben und Walnüsse erst 2–3 Minuten vor Ende der Backzeit zugefügt werden, weil die Trauben sonst wässern und die Walnüsse verbrennen.

ERGIBT 10–15 PIZZEN
250 g Mehl • Salz • 3 EL Olivenöl • 21 g frische Hefe (½ Pckg.) • 100 ml lauwarmes Wasser • Backpapier

¶ Mehl in eine Schüssel sieben, Salz und Olivenöl zufügen.

¶ Hefe im 50 ml lauwarmen Wasser auflösen und langsam unter ständigem Rühren mit den Knethaken des elektrischen Handrührgerätes einarbeiten. Dann langsam die restliche lauwarme Flüssigkeit zugießen, bis der Teig eine elastische, weiche Konsistenz hat. Die Schüssel mit einem sauberen Küchentuch abdecken und an einem zuggeschützten, warmen Ort in der Küche gehen lassen, bis sich das Teig-Volumen in etwa verdoppelt hat (40–60 Minuten).

¶ Den Teig mit den Händen zusammenschlagen und auf einer leicht bemehlten Arbeitsfläche gut durchkneten. Den Teig zu einer Rolle formen und in etwa 30 g schwere Portionen teilen. Die Portionen mit den Händen zu Kugeln formen, diese mit einem Nudelholz möglichst dünn ausrollen oder mit den Händen zu dünnen Fladen ziehen.

¶ Die Pizzen nebeneinander je nach Größe auf ein, zwei oder drei mit Backpapier ausgelegte Backbleche setzen und nach Belieben belegen. Die Pizzen weitere 15 Minuten gehen lassen. Die Backbleche nacheinander in den auf 220 °C vorgeheizten Backofen (Unterhitze) schieben und die Pizzen 12–15 Minuten backen.

Waffelteig

Wer liebt sie eigentlich nicht? Waffeln sind so verbunden mit leuchtenden Kinderaugen, dass es ein »Muss« ist, ein Waffeleisen zu Hause zu haben! Der Teig ist wirklich einfach und im Nu angerührt. Probieren Sie es mal aus – die glücklichen Gesichter der Kinder beim Helfen sind es einfach wert! Ich bevorzuge ein Rezept mit wenig Zucker und mit Milch anstatt Sahne, denn der Belag obendrauf ist in der Regel schon gehaltvoll genug.
Zum optimalen Gelingen sollte nur auf eines wirklich geachtet werden:

§48 **§48 Eischnee, der ja stets zur Lockerung eines Teiges oder einer Mousse zum Einsatz kommt, immer behutsam unterheben.** (→ §§ 54, 167)

Die fertigen Massen nicht zu viel und zu heftig rühren, denn damit schlägt man den Eischnee wieder kaputt und die erwünschte Lockerung wird vermindert.

250 g Mehl • 4 Eier • 350 ml Milch • Mark von 1 Vanilleschote • Abrieb einer Bio-Zitrone • 80 g flüssige Butter • knapp 1 TL (4 g) Salz • 50 g Zucker
***Außerdem:** geklärte Butter oder neutrales Pflanzenöl zum Einfetten*

¶ Mehl in eine Schüssel sieben. Eier trennen. Eigelbe, Vanillemark, Zitronenschale mit Milch und flüssiger Butter mischen und mit den Schneebesen des elektrischen Handrührgerätes auf niedriger Stufe unter das Mehl rühren.

¶ Eiweiße mit dem Salz steif schlagen, nach und nach den Zucker einrieseln lassen. Zuerst ein Drittel des Eischnees unter die Teigmasse heben, dann den Rest sorgfältig, ohne unnötig viel und heftig zu rühren, unterziehen.

¶ Waffeleisen vorheizen. Geklärte Butter auf Küchenpapier geben und damit das Eisen leicht einfetten.

¶ Einige Esslöffel Teig auf das geöffnete Eisen geben, grob verstreichen und das Eisen schließen. Die Waffeln nacheinander bei mittlerer Hitze goldbraun ausbacken. Waffeln auf einem Kuchengitter im leicht geheizten Backofen warm halten.

Mürbeteig

Mürbeteig ist ein wunderbarer Teig: schnell und einfach herzustellen, sowohl für süße als auch für salzige Kreationen perfekt geeignet.

§49 **§49 Beim Verkneten der Zutaten für Mürbeteig schnell arbeiten, damit der Teig beim Backen schön »mürbe« wird. Rührt oder knetet man ihn zu stark, wird er beim Ausrollen rissig: Das nennt man dann »brandig«. Vor dem Backen unbedingt kühl stellen.** (→ §§176, 177)

Meist wird für die Zubereitung von Mürbeteig kalte Butter empfohlen. Ich nehme lieber weiche, weil sich die Zutaten dann noch schneller verkneten lassen. Da der Teig anschließend kühl gestellt wird, macht das letztendlich keinen großen Unterschied.

Süßes Mürbeteiggebäck

250 g Mehl + etwas Mehl für die Arbeitsfläche • 1 TL Backpulver • 100 g Zucker • ½ Packung Bourbon-Vanillezucker • 125 g weiche, nicht zu warme Butter • 1 Ei • Schale von ½ unbehandelten Zitrone • nach Belieben Zimt und Zucker oder Puderzucker zum Wenden • Backpapier

¶ Mehl und Backpulver in eine Schüssel sieben, die restlichen Zutaten zufügen und mit den Händen alles rasch zu einem glatten Teig kneten. Den Teig zu einer Kugel formen, in Klarsichtfolie einschlagen und mindestens 40 Minuten kühl stellen.

¶ Den Teig aus der Kühlung nehmen und auf einer leicht bemehlten Arbeitsfläche dünn ausrollen (1–2 mm). Den Teig beliebig ausstechen und auf ein mit Backpapier ausgelegtes Backblech setzen. Teigreste zusammenkneten und erneut ausrollen.

¶ Das Backblech in den auf 200 °C vorgeheizten Backofen schieben und die Plätzchen etwa 10 Minuten backen. Das noch heiße Gebäck vorsichtig vom Blech heben und nach Belieben in Zimt und Zucker oder Puderzucker wenden. Auskühlen lassen und in luftdicht verschließbaren Dosen aufbewahren. Es hält sich etwa 4 Wochen.

Käsegebäck

250 g Mehl • 125 g weiche Butter • 125 g würziger, geriebener Bergkäse • ½ TL Salz • 1 Ei • nach Belieben Kümmel zum Bestreuen • Backpapier

¶ Mehl in eine Schüssel sieben, die restlichen Zutaten zufügen und mit den Händen rasch zu einem glatten Teig kneten. Den Teig zu einer Kugel formen, in Klarsichtfolie einschlagen und mindestens 40 Minuten kühl stellen.

¶ Den Teig aus der Kühlung nehmen und auf einer leicht bemehlten Arbeitsfläche dünn ausrollen (2–3 mm). Den Teig beliebig ausstechen und auf ein mit Backpapier ausgelegtes Backblech setzen. Teigreste zusammenkneten und erneut ausrollen.

¶ Das Ei in einer Schüssel verquirlen und mit einem Pinsel dünn auf das Gebäck streichen. Auf die Oberfläche jeweils ein wenig Kümmel streuen. Das Blech in den auf 180 °C vorgeheizten Backofen schieben und das Gebäck 10–15 Minuten backen.

¶ Käsegebäck vorsichtig auf ein Kuchengitter setzen und vollständig auskühlen lassen. In luftdichten Dosen aufbewahrt hält es sich 1–2 Wochen. (→ Bild gegenüberliegende Seite)

keks

Brandteig

Brandteig wird immer in zwei Schritten zubereitet: Zuerst erhitzt man die Flüssigkeit (Wasser oder Milch) zusammen mit Fett (Butter, Margarine oder Öl).
In diese kochende Mischung wird das Mehl geschüttet und so lange mit einem Holzlöffel gerührt, bis sich die Masse vom Topfboden löst. Das nennt man »abbrennen« ... womit sich der Name Brandteig erklärt. Nun kann man in den noch leicht warmen oder abgekühlten Teig (je nach Rezept) die weiteren Zutaten wie z. B. Ei, Zucker oder Gewürze geben. Anschließend wird der Teig entweder gebacken, frittiert oder gekocht.
Dieses Rezept lässt sich zur Herstellung sämtlicher Brandteig-Gebäcke verwenden – ob es sich nun um im Ofen gebackene Windbeutel, Eclairs, Profiteroles oder frittierte Krapfen und Backerbsen handelt.
Zum Backen wird der Teig mit Löffeln oder einem Spritzbeutel in gewünschter Form und Größe auf ein gefettetes, leicht bemehltes Blech gesetzt und im Backofen bei einer Temperatur zwischen 170 und 190 °C gebacken.

§50 **§ 50 Damit der Brandteig beim Backen gut aufgeht, gießt man im letzten Moment, bevor die Ofentür geschlossen wird, etwas Wasser auf den Boden des Backofens.**

Der dadurch entstehende Wasserdampf verhindert eine zu schnelle Krustenbildung des Gebäcks, der Brandteig kann seine typisch luftige Konsistenz entfalten, in der große Hohlräume entstehen, die sich toll zum Füllen eignen.

Einfacher Brandteig

125 ml Milch • 125 ml Wasser • 90 g Butter • Salz (je nach Gebäck 1 Prise bis knapp ½ TL) • 140 g Mehl • 5 Eier

¶ Milch, Wasser, Butter und Salz in einem Topf zum Kochen bringen. Mehl in eine Schüssel sieben und auf einmal in die kochende Flüssigkeit schütten. Topf vom Herd ziehen und die Zutaten kräftig mit einem Kochlöffel verrühren, bis sie sich zu einem festen Kloß verbinden.

¶ Den Topf zurück auf den Herd geben und unter ständigem Rühren den Teig erhitzen, bis er fester wird und sich am Topfboden ein weißlicher Belag bildet. Den Teigkloß in eine Schüssel geben und abkühlen lassen, dann die Eier nach und nach mit den Knethaken des elektrischen Handrührgerätes in den Teig einarbeiten. Der Teig soll schön glänzend sein, in der Konsistenz sollte er mit langen Teigspitzen von den Knethaken abreißen.

Backerbsen (Suppeneinlage)

300 g Brandteig • 0,5 l Frittierfett • Backpapier • etwas Öl zum Fetten des Backpapiers • Mehl zum Bestäuben

¶ Für die Backerbsen den Teig in einen Spritzbeutel mit kleiner Lochtülle füllen.

¶ Frittierfett in einem Topf auf etwa 170 °C erhitzen.

¶ Backpapier mit wenig Öl leicht einfetten und mit etwas Mehl bestäuben. Mit der Spritztülle kleine Häufchen auf das Backpapier setzen. Die Backerbsen dann portionsweise in das heiße Fett gleiten lassen und ausbacken, bis sie rundum knusprig sind. Sollten sie von außen schon goldbraun sein, innen aber noch etwas weich, können die Backerbsen im Backofen bei 100 °C getrocknet werden. (→ Bild Seite 75)

Blätterteig

Die Herstellung von Blätterteig ist sehr kompliziert und zeitaufwendig. Sie dauert, wenn man es richtig macht, mehrere Stunden! Blätterteig besteht im Idealfall nur aus Mehl, Salz, Wasser und Butter. Die Butter wird in einen Grundteig aus Mehl, Wasser und Salz eingeschlagen und dann »getourt«, d. h. immer wieder ausgerollt und gefaltet. Dabei wird der Teig bei jeder neuen Arbeitsrunde um 90 Grad gedreht. Zwischen dem »Touren« muss der Blätterteig immer wieder kalt gestellt werden, damit die Butter nicht schmilzt. Während des Backens geht der Teig locker und luftig auf, was durch den entstehenden Wasserdampf hervorgerufen wird. Die Butterschichten wirken dabei wie eine Sperre, die den Dampf nicht durchlässt, bis der Teig gebacken und damit stabil ist. Durch das »Touren« können bis zu 730 Schichten entstehen ... Sie merken, es ist wirklich kompliziert! Deswegen greifen Sie getrost auf fertigen Blätterteig zurück. Achten Sie aber darauf, dass er mit Butter und nicht mit industrieller, sogenannter Ziehmargarine hergestellt ist!
Schmecken tut's prima – ob süß oder salzig.

§ 51 **Blätterteig (das gilt auch für gekauften) lässt sich gekühlt am besten verarbeiten.** §51

§ 52 **Während des Backens die Ofentüre nicht öffnen, da der Blätterteig sonst in sich zusammenfallen könnte.** §52

Süßes Blätterteiggebäck

Blätterteig ist aufgrund seines hohen Buttergehalts reichhaltig und einfach nur köstlich! Darum liebe ich pure Zubereitungsarten, die diesen buttrigen Geschmack unterstreichen. Ein Beispiel dafür ist folgendes Rezept, bei welchem der Blätterteig vor dem Backen dicht an dicht eingestochen wird. Dadurch kann die warme Luft, die sich während des Backens zwischen den einzelnen Schichten bildet, entweichen: Der Blätterteig verliert seine Triebkraft und backt daher gleichmäßig flach. Seine vielen Schichten bleiben jedoch bestehen, was dazu führt, dass das Gebäck einzigartig knusprig wird. Das Gebäck passt wunderbar zu Vanille-Eis, karamellisierten Früchten (→ S. 289) oder zu Mousse au chocolat (→ S. 303).

ERGIBT 30–40 STÜCK

30 g Salzbutter • Mark von ½ Vanilleschote • 3 Platten TK-Blätterteig • Puderzucker für die Arbeitsplatte und zum Bestäuben • Backpapier

¶ Salzbutter in einem kleinen Topf schmelzen, Vanillemark zufügen und bei niedriger Temperatur 10 Minuten ziehen lassen.

¶ Blätterteigplatten auf einer mit Puderzucker bestäubten Arbeitsplatte nebeneinander ausbreiten und jeweils mit einer Gabel vielfach einstechen. Die Vanille-Salzbutter mit einem Pinsel auf die Platten streichen und dick Puderzucker darüberstäuben. Die Platten mit einem scharfen Messer in gleichmäßige Quadrate oder Rechtecke schneiden. Dabei eignen sich große Messer, die den Blätterteig mit einer von oben nach unten drückenden Bewegung durchtrennen, besser als kürzere, die ihn mit einer schneidenden Bewegung eher zerreißen.

¶ Die Quadrate auf ein mit Backpapier ausgelegtes Backblech setzen und für etwa 13 Minuten in den auf 200 °C vorgeheizten Backofen (Ober-/Unterhitze) geben. Das Gebäck ist fertig, sobald der Zucker zu karamellisieren beginnt. Es ist schwer, alle Quadrate gleichmäßig zu karamellisieren, da die

meisten Backöfen unterschiedliche Hitzezonen aufweisen. Um ein wirklich perfektes Ergebnis zu bekommen, müssen die Quadrate evtl. zu unterschiedlichen Zeitpunkten vorsichtig mit einer Palette aus dem Ofen entnommen werden.

¶ Eine andere Methode, die optisch exakter ist, jedoch auch ein großes, scharfes Messer und gleichmäßiges Einstechen voraussetzt, ist folgende: Die vorbereiteten Blätterteigplatten im Ganzen backen und noch warm in Quadrate schneiden. In diesem Fall ist es entscheidend, dass das Messer wie eine Guillotine den Teig durchtrennt, ansonsten zerbricht er und zerfällt in viele Krümel.

(→ Bild gegenüberliegende Seite links)

Salzige Blätterteigschnecken

Dieses Gebäck passt wunderbar zu einem Aperitif und sollte unbedingt warm serviert werden. Nur dann erhält es diese einmalige Kombination aus Luftigkeit und perfekt abgerundetem, aromatischem Geschmack, die den Blätterteig von allen anderen Teigarten unterscheidet. Dies gilt übrigens für jedes hoch gebackene Blätterteiggebäck (im Gegensatz zu den auf Seite 77 beschriebenen flach gebackenen Gebäckstücken, die auch im abgekühlten Zustand sehr gut schmecken). Der ungebacken aufgerollte Blätterteig lässt sich problemlos einfrieren.

ERGIBT CA. 50 STÜCK

3 Platten TK-Blätterteig • 9 in Olivenöl eingelegte Sardellen (→ Sardellen-Crostini, S. 194) • 12 getrocknete Tomatenfilets (→ S. 130) • Backpapier

¶ Blätterteigplatten nebeneinander ausbreiten, auftauen lassen und evtl. mit einem Nudelholz auf die angegebenen Maße bringen.

¶ Jeweils eine Seite der Blätterteigplatten mit den getrockneten Tomatenfilets und diese wiederum mit den Sardellen belegen. Die Blätterteigplatten schneckenartig von der mit Tomaten und Sardellen belegten Seite her einrollen. Die aufgerollten Teigplatten in Klarsichtfolie wickeln und mindestens 30 Minuten tiefkühlen.

¶ Kurz vor dem Backen die Rollen aus der Folie wickeln und mit einem sehr scharfen Messer in etwa 0,5 cm dünne Scheiben schneiden. Diese Schnecken nebeneinander auf ein mit Backpapier ausgelegtes Backblech setzen und etwa 13 Minuten im auf 200 °C vorgeheizten Backofen (Ober-/Unterhitze) backen. Die goldgelben Blätterteigschnecken zum Entfetten kurz auf Küchenpapier setzen und möglichst sofort servieren.

(→ Bild gegenüberliegende Seite rechts)

Biskuit

Biskuit ist ein leichtes Gebäck, das aus Eischnee, Eigelb, Zucker und wenig Mehl oder Stärke besteht. Seine Triebkraft und die daraus resultierende Lockerheit erhält Biskuit durch die im Eischnee eingeschlossenen Luftblasen, die sich beim Backen durch die Wärme ausdehnen. In manchen Rezepten wird der Grundmasse zum Schluss etwas flüssige Butter zugefügt, was das Ergebnis saftiger und runder macht.

§53 **§ 53 Backformen oder Backbleche vor dem Befüllen mit dem Teig mit Backpapier auslegen, da der fertig gebackene Biskuit sonst am Boden kleben bleibt.**

§54 **§ 54 Eiweiß von topfrischen Eiern lässt sich weniger gut schlagen als solches von mehrere Tage alten Eiern. Im Gegensatz zu Eigelb kann Eiweiß sogar eingefroren werden, wodurch es nach dem Auftauen sogar noch besser geschlagen werden kann.** (→ §§ 48, 167)

§55 **§ 55 Biskuit für Rouladen im warmen Zustand mithilfe eines sauberen Küchentuchs rollen. Nach dem Abkühlen den Biskuit wieder ausbreiten, befüllen und erneut einrollen.**

Französischer Orangenbiskuit

FÜR EINEN KUCHEN VON 24 cm Ø

Butter zum Fetten • 40 g Mandelblättchen • 4 Eier • 1 Prise Salz • 180 g Zucker • 75 g Mehl • 25 g Speisestärke • ½ TL Backpulver • Schale von 1 Bio-Orange • 80 g flüssige Butter • 250 ml frisch gepresster Orangensaft • Saft von 1 Zitrone • 1 EL Zucker

***Außerdem:** 1 Springform (24 cm Ø) • Backpapier • Puderzucker zum Bestäuben*

¶ Den Boden der Springform mit Backpapier auslegen. Das Backpapier mit Butter fetten und gleichmäßig mit Mandelblättchen bestreuen.

¶ Eier trennen. Eiweiße und 1 Prise Salz in einer Rührschüssel mit den Schneebesen des Handrührgerätes auf hoher Stufe schaumig schlagen.

¶ Die Eigelbe in einer zweiten Rührschüssel mit den Schneebesen des Handrührgerätes auf höchster Stufe hell schaumig schlagen und dabei den Zucker zufügen.

¶ Mehl, Speisestärke und Backpulver mischen und durch ein Sieb auf das Eigelb geben. Die Orangenschale und die lauwarme flüssige Butter zufügen und alles auf niedrigster Stufe unterziehen.

¶ Ein Drittel der Eigelbmasse mit einem Spatel oder einer Schaumkelle behutsam unter den Eischnee ziehen, dann die restliche Eigelbmasse unterheben und alles zu einer gleichmäßigen Masse vermengen. Dabei nicht zu viel und zu stark rühren – gerade so, dass die Masse gut vermischt ist.

¶ Die Biskuitmasse gleichmäßig in die Springform einfüllen und in den auf 175 °C vorgeheizten Ofen schieben. Den Biskuit 30–35 Minuten backen, aus dem Ofen nehmen und kurz abkühlen lassen. Den Rand mit einem kleinen, scharfen Messer von der Springform lösen und den Biskuit auf ein Kuchengitter stürzen. Den Springformboden abnehmen und das Backpapier vorsichtig abziehen.

¶ Die mit Mandeln bestreute Oberfläche vielfach mit einem Hölzstäbchen oder einer Gabel einstechen. Orangen- und Zitronensaft sowie 1 EL Zucker in einem Topf leicht erwärmen und die Flüssigkeit gleichmäßig auf der Oberfläche verteilen. Den Kuchen mindestens 1 Stunde ziehen lassen.

¶ Vor dem Servieren mit Puderzucker bestäuben und den Kuchen nach Belieben in Würfel, Streifen oder Kuchenstücke schneiden.

Rührteig

Der Rührteig ist wie der Mürbeteig ein Knetteig. Aber im Unterschied zu diesem ist beim Rührteig eben das »Rühren« wichtig! Das bringt Luft in den Teig und macht ihn leichter. Rührteige sind wirklich einfach herzustellen, backen schnell aus und lassen der geschmacklichen Fantasie großen Raum – wenn man Folgendes beachtet:

§56 Beim Rührteig müssen Butter und Eier sorgfältig zu einer gleichmäßigen, glatten Masse verarbeitet werden. §56

Unterschiedliche Ergebnisse erzielt man, wenn die Reihenfolge der Zutaten beim Zusammenrühren geändert wird. Der Kuchen wird luftig und steigt beim Backen hoch, wenn zuerst Eigelb und Zucker verrührt werden und dann die Butter dazukommt. Der Kuchen wird feinporig, zart und saftig, wenn zuerst Butter und Zucker verrührt werden und dann das Ei dazukommt.

Hamburger Apfelkuchen

Ergibt einen Kuchen von 28 cm Ø

Für den Mürbeteig: *200 g Mehl • 100 g weiche Butter • 50 g Zucker • 1 kleines Ei • Abrieb von ½ unbehandelten Zitrone*

Außerdem: *Butter zum Einfetten der Kuchenform*

Für den Rührteig: *110 g Marzipan • 40 g Zucker • 110 g weiche Butter • 2 große oder 3 kleine Eier (130 g) • 60 g Mehl*

Außerdem: *3–4 säuerliche Äpfel (z. B. Boskop oder Cox Orange) • 50 g flüssige Butter • Puderzucker zum Bestäuben*

¶ Für den Mürbeteig das Mehl in eine Schüssel sieben, die restlichen Zutaten zufügen und mit den Händen alles rasch zu einem glatten Teig kneten. Teig 30 Minuten kühl stellen.

¶ Kuchenform einfetten und den Teig mit den Händen möglichst dünn und gleichmäßig auf dem Boden und am Rand verteilen. Kuchenform kühl stellen.

¶ Für den Rührteig Marzipan, Zucker und Butter in einer Schüssel mit den Schneebesen des elektrischen Handrührgerätes schlagen, bis alle Zutaten gleichmäßig verteilt sind. Nach und nach die Eier zufügen, dabei jeweils so lange schlagen, bis das Ei vollständig in die Marzipan-Butter-Masse eingearbeitet ist. Das Mehl sieben und mit einem Spachtel unter den Teig ziehen. Den Rührteig auf den Mürbeteig geben und mit einer Palette glatt streichen.

¶ Äpfel schälen, vierteln, Kernhaus entfernen und das Fruchtfleisch an der Oberseite mit einem Messer mehrfach längs einschneiden. Die Äpfel gleichmäßig auf der Oberfläche des Kuchens verteilen und mit flüssiger Butter bepinseln. Die Oberfläche der Äpfel mit Puderzucker bestäuben und den Kuchen etwa 45 Minuten bei 180 °C backen.

¶ Kuchen aus dem Ofen nehmen, etwas abkühlen lassen und dann vorsichtig aus der Form nehmen. Dazu geschlagene Sahne servieren!

Rauchaal-Kartoffeln

Kartoffeln – des Deutschen liebstes Kind? Ob das so ist, sei mal dahingestellt, was aber unbestritten ist: Die Kartoffel ist eine sinnvolle und gesunde Ergänzung des Speiseplanes, sehr variantenreich und vielseitig einsetzbar. Es gibt schätzungsweise etwa 5000 Sorten (!), die in der Regel in drei Gruppen aufgeteilt werden:

§ 57 Festkochende Kartoffeln platzen beim Kochen nicht auf. Sie eignen sich für Bratkartoffeln, Kartoffelsalat, Gratins usw. Bekannte Sorten: Sieglinde, Hansa und Linda. §57

§ 58 Vorwiegend festkochende Kartoffeln springen nur wenig auf, lassen sich aber auch zerdrücken, eignen sich für Salz- oder Pellkartoffeln und gut zur Suppenherstellung. Bekannte Sorten: Bamberger Hörnchen, Gloria und Christa. §58

§ 59 Mehlig kochende Kartoffeln springen häufig nach dem Kochen auf und zerfallen leicht, eignen sich besonders für Püree und Kroketten. Bekannte Sorten: Bintje und Aula. §59

Lagern Sie Kartoffeln trocken, dunkel und kühl. Sollte Ihnen das nicht möglich sein, kaufen Sie nur die benötigte Menge. Und noch etwas:

§ 60 Kartoffeln und Äpfel vertragen sich nicht beim Lagern! Die Äpfel sondern einen Stoff ab (Ethylen), der die Kartoffeln sehr schnell keimen lässt. Dadurch entsteht Solanin, ein Stoff der im Verdacht steht, in größeren Mengen langfristig krebserregend zu sein! Solanin ist auch in grünen Stellen der Kartoffel enthalten. Die Verfärbungen und die Keimstellen sollten deshalb immer großzügig weggeschnitten werden. §60

Dieses kleine, einfache Gericht ist sehr gut als Appetizer geeignet und lässt sich auch gut vorbereiten. Aal eignet sich wegen seines hohen Fettgehaltes bestens zum Räuchern, aber auch hier gilt: Je frischer der Rauchaal, desto besser das Ergebnis!

ERGIBT 24 HALBIERTE KARTÖFFELCHEN

12 Drillinge (kleine Kartoffeln) • Meersalz • 120–150 g geräucherter Aal ohne Haut und Gräten • 80 g Semmelbrösel • 120 g flüssige Butter • Fleur de Sel • Pfeffer aus der Mühle • einige Thymianblättchen • Backpapier

¶ Die Kartoffeln gründlich waschen und in Salzwasser leise köchelnd weich kochen. Die Kartoffeln abgießen und ein wenig abkühlen lassen.

¶ Den Aal quer in etwa 5 g schwere Stückchen schneiden.

¶ Aus der Mitte der halbierten Kartoffeln mit einem Teelöffel ein wenig Kartoffelmasse herauskratzen und jeweils ein Aalstückchen hineinsetzen. Die Aalkartoffeln auf ein mit Backpapier belegtes Blech setzen. Den Aal mit jeweils 1 EL Semmelbrösel bestreuen. Die Butter mit einem Teelöffel gleichmäßig auf den Semmelbröseln verteilen und im Backofen bei 250 °C Oberhitze gratinieren, bis die Semmelbrösel goldbraun sind.

¶ Die Kartoffeln aus dem Ofen nehmen und mit Fleur de Sel, Pfeffer und Thymianblättchen bestreuen.

Kartoffelgnocchi mit Auberginen-Tomaten-Sauce

Gnocchi nennt man die italienische Abwandlung von Schupfnudeln und Kartoffelklößen. Sie unterscheiden sich nur durch ihre Form und Größe von ihren Verwandten.

§61 **§ 61 Kartoffeln nach dem Kochen aufbrechen und im warmen Backofen ausdampfen lassen, damit überflüssiges Wasser entweicht. Dadurch bekommen die Gnocchi Festigkeit, ohne dass man zu viel Mehl oder Stärke zufügen muss.**

Für die Gnocchi: *500 g mehlig kochende Kartoffeln • Meersalz • 140 g Mehl + Mehl für die Arbeitsfläche • 60 g Nudelgrieß (Hartweizengrieß) • 2 Eigelb • Pfeffer • etwas geriebene Muskatnuss • 3 EL Olivenöl • 60 g Butter • Backpapier*

Für die Auberginen-Tomatensauce: *3 Zwiebeln • 3 frische Knoblauchzehen • 1,5 kg aromatische Tomaten • 100 ml gutes Olivenöl • Salz • Pfeffer • 1 Lorbeerblatt • 1 Rosmarinzweig • 2 Thymianzweige • 1 TL Zucker • 2 Auberginen à etwa 300 g • einige Oreganoblättchen*

Außerdem: *frisch geriebener Parmesan*

¶ Die Kartoffeln in einem Topf mit Wasser bedecken, 1 EL Meersalz zufügen. Das Wasser zum Kochen bringen und die Kartoffeln simmernd weich kochen. Abgießen, pellen und ausdampfen lassen. Durch eine Kartoffelpresse drücken, mit Mehl, Grieß und Eigelb zu einer glatten Masse verkneten.

¶ Die Gnocchimasse mit Salz, Pfeffer und etwas geriebener Muskatnuss abschmecken.

¶ Auf einer bemehlten Arbeitsfläche die Kartoffelmasse zu gleichmäßigen Rollen formen. Die Rollen in etwa 5 g schwere Stücke schneiden und nach Belieben zu Bällchen formen, evtl. mit dem Rücken einer Gabel leicht andrücken, sodass das für Kartoffelgnocchi typische Muster entsteht. Die fertigen Gnocchi auf ein bemehltes Backpapier setzen.

¶ Reichlich Wasser mit etwas Salz zum Kochen bringen. Die Gnocchi in das kochende Wasser gleiten lassen und im simmernden Wasser etwa 4 Minuten garen. Sie sind fertig, wenn sie an der Wasseroberfläche schwimmen. Die Gnocchi aus dem Wasser heben, abtropfen lassen und auf einer Platte ausbreiten. Das Olivenöl darübergeben, mit den Händen verteilen und bis zur späteren Verwendung beiseite stellen.

¶ Für die Sauce Zwiebeln und Knoblauch schälen und in feine Streifen schneiden. Die Tomaten waschen und grob würfeln.

¶ 3 EL Olivenöl in einem Topf erhitzen und darin die Zwiebeln farblos anschwitzen. Dann Knoblauch und 1 Minute später Tomaten, Gewürze und gewaschene Kräuter zufügen.

¶ Das Ganze bei niedriger Temperatur leise köcheln lassen, bis die Sauce eine sämige Konsistenz erreicht hat.

¶ Währenddessen die Auberginen waschen, in grobe Würfel schneiden, salzen und 15 Minuten ziehen lassen.

¶ Das restliche Olivenöl in einer großen Pfanne oder einem breiten Topf erhitzen. Die Auberginenwürfel mit Küchenpapier trocken tupfen und im heißen Olivenöl bei mittlerer Temperatur braten, bis die Auberginen weich sind und Farbe angenommen haben. Die Auberginen zum Entfetten auf Küchenpapier setzen.

¶ Die Tomatensauce mit einem Pürierstab leicht anmixen und durch ein feines Sieb streichen. Sollte sie zu wässrig sein, evtl. in einem Topf noch etwas einkochen.

¶ Die Auberginen und die Oreganoblättchen in die Tomatensauce geben und mit Salz, Pfeffer und Zucker abschmecken.

¶ Die Butter für die Kartoffelgnocchi in einer großen Pfanne aufschäumen. Gnocchi zufügen und solange braten, bis sie Farbe annehmen.

¶ Sauce und Gnocchi auf Teller verteilen, mit Parmesan bestreuen und mit Oregano garnieren.

Country Potatoes

... sind eine gelungene Abwechslung zu Pommes frites und Konsorten – wenn man sie selbst herstellt. Das ist sehr einfach und schnell gemacht.

§ 62 Ofenkartoffeln können sowohl mit als auch ohne Schale zubereitet werden. Bleibt die Schale dran, sollte es sich um junge und gut gebürstete Kartoffeln handeln. §62

Die hier beschriebene Gewürzmischung ist beliebig veränderbar: Geben Sie z. B. etwas Curry oder gemahlenen Kreuzkümmel zu, und schon bekommen die Kartoffeln einen »exotischen Touch«.

Für die Gewürzmischung: *1 EL Cayennepfeffer • 1 EL Paprikapulver • 1 TL getrockneter Oregano • 1 TL getrockneter Thymian • 1 TL Salz • 1 TL schwarzer Pfeffer aus der Mühle • 1 TL weißer Pfeffer aus der Mühle*
Für die Kartoffeln: *1,5 kg festkochende Kartoffeln • Saft von ½ Zitrone • 4 EL Olivenöl • 2 EL der Gewürzmischung (s. oben)*

¶ Für die Gewürzmischung alle Gewürze mischen und in einem luftdichten Behältnis aufbewahren.

¶ Die Kartoffeln gründlich waschen, evtl. die Schale mit einer Bürste oder einem Schwamm schrubben. Die Kartoffeln längs in Achtel schneiden und diese in einer Schüssel mit dem Zitronensaft mischen. Olivenöl darübergeben und mit den Händen gut mischen.

¶ Die Kartoffelspalten auf einem Backblech verteilen und das Blech für 15–20 Minuten in den auf 200 °C vorgeheizten Backofen schieben. Die Kartoffeln mit einem Spatel wenden, sobald sie an der Oberfläche Farbe angenommen haben. Sind die Kartoffeln nach der angegebenen Zeit außen knusprig und innen weich, die Gewürze über die Kartoffeln geben und wenden, bis die Gewürzmischung möglichst überall an den Kartoffeln haftet.

¶ Das Blech für weitere 3 Minuten in den Ofen schieben, die Country Potatoes dann sofort servieren.

¶ Dazu passen Ketchup (→ Gegrillte Kalbskoteletts, S. 245), gegrilltes und gebratenes Fleisch (z. B. → Gegrillte Lammkoteletts, S. 252).

Kartoffelküchlein

Diese Küchlein erinnern an eine Mischung aus Kartoffelpüree und Pfannkuchen. Sie sind im Inneren ganz weich und eine ideale Beilage zu Schmorgerichten mit viel Sauce, da sie diese ideal aufnehmen können.
Der Geschmack der Kartoffelküchlein wird sehr von dem Fett geprägt, in welchem sie ausgebacken werden. Herrlich sind sie bei mittlerer Temperatur in Butter ausgebacken. Ganz wunderbar schmecken die Küchlein auch, wenn man sie in ausgelassenem grünem Speck goldbraun brät. Grüner Speck heißt der frische, unbehandelte Rückenspeck vom Schwein. Mit ihm bardiert (umwickelt) oder spickt man mageres Fleisch, damit es beim Garen nicht austrocknet. Nach Belieben kann den Küchlein auch frisch geriebener Parmesan zugefügt werden, dann empfehle ich, sie in Olivenöl auszubacken.

§63 **§63 Der Stärkegehalt der Kartoffeln bestimmt wesentlich deren Feuchtigkeit. Die Zugabe der Mehlmenge kann daher variieren.**

ERGIBT CA. 15 STÜCK
500 g mehlig kochende Kartoffeln • Salz • etwa 50 g Mehl (je nach Feuchtigkeit der Kartoffeln) • 3 Eier • 50 g flüssige Butter • Pfeffer • etwas geriebene Muskatnuss
Zum Ausbacken der Küchlein: *100 g Butter oder 150 g grüner Speck*

¶ Die Kartoffeln waschen und in Salzwasser leise kochend garen. Die Kartoffeln abgießen, schälen und kurz ausdampfen lassen (→ Kartoffelgnocchi, S. 86). Anschließend durch ein Passiersieb streichen oder durch eine Kartoffelpresse drücken. Die Masse lauwarm abkühlen lassen, dann mit Mehl und den Eiern glatt verrühren. Die flüssige Butter unter die Masse rühren und mit Salz, Pfeffer und Muskatnuss abschmecken.

¶ Zum Ausbacken einen Teil der Butter in einer großen Pfanne erhitzen und mit einem Esslöffel den Teig als kleine Häufchen hineinsetzen. Die Teighäufchen glatt streichen und bei mittlerer Temperatur von beiden Seiten jeweils etwa 3–4 Minuten ausbacken.

¶ Alternative Zubereitung: 150 g grünen Speck in feine Würfel schneiden und in einer Pfanne bei mittlerer Temperatur auslassen, bis die Würfelchen ganz klein, goldbraun und knusprig sind. Das Fett durch ein Sieb passieren und die knusprigen Speckwürfelchen, auch Grieben genannt, beiseite stellen. In dem Fett portionsweise die Kartoffelküchlein ausbacken, zum Schluss die Grieben und nach Belieben etwas grob zerstoßenen Kümmel zufügen.

Saures Kartoffelgemüse mit Kochwurst

Dieses »Arme-Leute-Essen« kommt ursprünglich aus Schwaben, ein einfaches, schnell gemachtes Mittagessen, das aufgrund des Essigs sehr erfrischend schmeckt. Es erinnert an eine Mischung aus warmem Kartoffelsalat und Kartoffelpüree. Man kann anstatt der Würstchen oder auch zusätzlich als Einlage klein geschnittenes Suppenfleisch, aus dem man zuvor die für dieses Gericht benötigte Rinderbrühe bereitet hat, zufügen.

§64 **§ 64 Alle Kartoffelgerichte, die ziehen müssen, »schlucken« Salz und Gewürze, auch Essig, regelrecht. Ein gut abgeschmecktes Kartoffelgericht kann 2 Stunden später fade schmecken. Deshalb kurz vor dem Servieren nochmals abschmecken.**

1 kg vorwiegend festkochende Kartoffeln (→ § 58) • Salz • 70 g Butter • 70 g Mehl • 1 l Rinderbrühe • 300 ml Sahne • Pfeffer • etwa 6 EL Weißweinessig • 4–6 Kochwürstchen, ersatzweise Wienerwürstchen • evtl. etwas Zucker • ½ Bund Petersilie

¶ Die Kartoffeln schälen, waschen und in etwa 1 cm dicke Scheiben schneiden.

¶ Die Kartoffeln in einem Topf mit Wasser bedecken und mit wenig Salz leise köchelnd al dente kochen.

¶ Währenddessen die Butter in einem Topf schmelzen, das Mehl zufügen und bei mittlerer Temperatur unter häufigem Rühren eine helle Mehlschwitze erstellen. Nach und nach die (wenn möglich kalte) Rinderbrühe zur Mehlschwitze geben, dabei ständig mit dem Schneebesen rühren, damit sich keine Klümpchen bilden. Die Flüssigkeit auf etwa zwei Drittel einkochen. Dann die Sahne zufügen und die Sauce zum Kochen bringen. Die weich gekochten Kartoffeln vorsichtig abgießen und mit den Kochwürstchen in diese vorbereitete Velouté (dt. »Samtsauce«) geben. Das Ganze weitere 10 Minuten köcheln lassen, dabei darauf achten, dass das Gericht nicht am Topfboden ansetzt. Die Würstchen aus dem Topf heben und in Scheiben schneiden. Zum Schluss das Kartoffelgemüse mit einem Schneebesen kräftig durchrühren und deutlich säuerlich mit Essig, frisch gemahlenem Pfeffer und evtl. etwas Zucker abschmecken.

¶ Petersilie waschen, trocken schleudern, die Blättchen von den Stielen zupfen und fein hacken. Einen Teil der Petersilie und die Würstchen zu den Kartoffeln geben, das saure Kartoffelgemüse auf Teller verteilen und mit der restlichen Petersilie bestreuen.

Ziegenkäse-Spinat-Ravioli

§65 **§ 65 Kein Salz in den Nudelteig geben, denn die Nudeln werden dadurch schnell brüchig.**

Das Salz nehmen die Nudeln ohnehin durch das Kochwasser auf. Und außerdem gilt noch: Unterschiedliche Nudeln, unterschiedliche Rezepturen: für gefüllte Nudeln feines Mehl, für Bandnudeln, die Biss haben sollten, etwas Grieß in den Teig geben.

§66 **§ 66 Je dünner der Nudelteig, desto schmackhafter die Ravioli.**

ERGIBT 20 STÜCK À 40 G

Für den Nudelteig: *250–270 g Mehl • 2 Eier • 4 Eigelb • 1 EL Olivenöl*

Für die Füllung: *600 g frischer Spinat • 2 Schalotten • 2 frische Knoblauchzehen • 50 g Butter • 300 g frischer Ziegenkäse (z. B. Picandou) • Salz • Pfeffer*

Außerdem: *1 aromatische Tomate • 1 frische Knoblauchzehe • 1 Rosmarinzweig • 6 EL Olivenöl • evtl. geriebener Parmesan*

¶ Für den Nudelteig das Mehl in eine Schüssel sieben und mit der Hand eine tiefe Mulde in die Mitte drücken. 3 Eier trennen (Eiweiß zum Bestreichen beiseite stellen). Eigelbe mit den beiden ganzen Eiern und dem Öl in die Mulde geben, mit einer Gabel verquirlen und nach und nach mit kreisender Bewegung Mehl vom Innenrand der Mulde mit den Eiern vermengen, bis eine zähe Masse entsteht. Anschließend mit den Händen das gesamte Mehl einarbeiten, den Teig auf eine Arbeitsfläche geben und nochmals kräftig mit den Händen durchkneten, insbesondere mit den Handballen. Evtl. noch ein wenig Wasser zufügen. Der Teig soll sehr fest und gleichmäßig sein. Den fertigen Nudelteig stramm in Klarsichtfolie wickeln und im Kühlschrank mindestens 1 Stunde, besser noch über Nacht, ruhen lassen.

¶ Für die Füllung die Spinatblätter von den Stielen streifen und gründlich mehrmals waschen, bis kein Sand mehr am Beckenboden bleibt.

¶ Schalotte und Knoblauch schälen und beides sehr fein würfeln. Butter in einem breiten Topf erhitzen, darin die Schalotten- und Knoblauchwürfel anschwitzen, Spinat zufügen und unter Rühren dünsten, bis der Spinat zusammengefallen ist. Auf einem Sieb abkühlen lassen.

¶ Den Spinat mit den Händen ausdrücken und fein hacken, dann mit dem Ziegenkäse mischen. Diese Masse mit Salz und Pfeffer abschmecken.

¶ Den Nudelteig halbieren, eine Hälfte stramm in Klarsichtfolie wickeln und für eine spätere Zubereitung einfrieren.

¶ Die andere Hälfte auf einer bemehlten Arbeitsfläche flach drücken und mit einer Nudelmaschine so dünn wie möglich und 8–10 cm breit ausrollen. Den ausgerollten Nudelteig in zwei gleich große Stücke schneiden. Auf eine Hälfte jeweils 1 gehäuften EL der Füllung in Abständen von 8–10 cm als Häufchen auf den Teig setzen und ringsum mit verquirltem Eiweiß bestreichen. Die zweite Nudelplatte darauflegen und um die Füllung herum fest auf die untere Platte drücken. Mit einem Nudelrad oder einem Messer die Ravioli schneiden, evtl. mit einer Gabel den Rand nochmals fest andrücken.

¶ Die Tomate blanchieren (→ S. 11), häuten und vierteln. Die Kerne entfernen und die Tomatenfilets halbieren. Knoblauch schälen und in feine Streifen schneiden. Thymian waschen und die Nadeln abzupfen.

¶ Die Nudeln 2–3 Minuten in leise kochendem Salzwasser garen.

¶ Währenddessen das Olivenöl erhitzen, Knoblauch darin anschwitzen, Tomatenstücke und Rosmarin zufügen und kurz anschwitzen.

¶ Ravioli abgießen und im Olivenöl schwenken. Mit geriebenem Parmesan servieren.

Fenchelangelotti mit Paprika-Sugo

Angelotti sind nur eine weitere Variante des unendlichen Themas »Ravioli«.

§67 Nach dem Kochen dürfen Nudeln niemals kalt abgeschreckt werden, da sie sonst die Fähigkeit verlieren, die Sauce aufzunehmen. §67

ERGIBT ETWA 80 ANGELOTTI

Für den Nudelteig: *140 g Mehl • 1 Ei • 2 Eigelb (Eiweiß zum Bestreichen verwenden) • 1 TL Olivenöl*

Für die Angelotti-Füllung: *2 große Fenchelknollen • ½ Bio-Zitrone • 3 EL Olivenöl • Salz • Pfeffer • 4 Thymianzweige • 400 ml Gemüse- oder Hühnerfond • 50 g Parmesan • 100 g Ricotta • 1 Ei • 4 EL Semmelbrösel*

Für den Paprika-Sugo: *je 1 gelbe und rote Paprika • 1 Schalotte • 3 frische Knoblauchzehen • 3 EL sehr gutes Olivenöl • Salz • Pfeffer • 1 EL schwarze Oliven (in Öl und ohne Stein) • 1 EL Kapern*

Außerdem: *3 EL sehr gutes Olivenöl • einige Basilikumblättchen*

¶ Für den Nudelteig alle Zutaten zubereiten (→ S. 94) und den Teig mindestens 1 Stunde in Klarsichtfolie gewickelt kühl stellen.

¶ Für die Füllung die Fenchelknollen putzen, waschen und in grobe Würfel schneiden. Zitrone waschen, Schale abreiben und den Saft auspressen. Die Fenchelwürfel mit Zitronensaft mischen. Olivenöl in einem Topf erhitzen, darin die Fenchelwürfel farblos anschwitzen und mit Salz und Pfeffer würzen. Thymian waschen und die Blättchen von den Stielen zupfen. Thymianblättchen und den Fond zum Fenchel geben und bei mittlerer Temperatur und halb geöffnetem Deckel weich kochen.

¶ Fenchel abgießen, den Kochfond zur späteren Verwendung beiseite stellen. Fenchel mit einem Pürierstab nicht zu fein mixen und abkühlen lassen. Parmesan fein reiben und mit dem Ricotta, dem Ei und den Semmelbröseln unter die Fenchelmasse heben. Mit Salz, Pfeffer und Zitronenschale abschmecken.

¶ Nudelteig ausrollen. Dafür den Nudelteig zuerst mit den Händen auf einer bemehlten Arbeitsfläche flach drücken, dann auf einer Nudelmaschine so dünn wie möglich ausrollen. Es sollte eine Bahn von etwa 12 cm Breite entstehen. Diese Bahn halbieren und die entstandenen Bahnen an den Oberseiten mit verquirltem Eiweiß bestreichen. Jeweils einen Streifen der Fenchelmasse mit einem Spritzbeutel mit großer runder Tülle auf die unteren Drittel der beiden Teigbahnen spritzen. Den Nudelteig über die gefüllte Seite einschlagen und nicht zu stramm zusammenklappen. Mit einem dünnen Löffelstiel den Teig im Abstand von jeweils etwa 2 cm eindrücken. Mit einem Nudelrad oder einem Messer die Angelotti in den Markierungen durchschneiden. Die Angelotti auf ein mit Mehl bestäubtes Blech setzen und mit einem Küchentuch abdecken. Die zweite Nudelteighälfte genauso verarbeiten. Die Nudeln bis kurz vor dem Servieren kühl stellen.

¶ Für den Sugo die Paprikaschoten schälen, halbieren, Kerne und innere Scheidewände entfernen und das Fruchtfleisch in etwa 5 mm kleine Würfel schneiden. Schalotte und Knoblauch schälen und beides sehr fein würfeln. Olivenöl in einem Topf erhitzen und darin die Schalottenwürfel farblos anschwitzen. Nach etwa 1 Minute die Knoblauchwürfel zufügen, 1 Minute später die Paprikawürfel zufügen und alles kurz anschwitzen. Den Fenchelsud zugießen und den Sugo 20 Minuten mit halb geschlossenem Deckel leise köcheln lassen.

¶ Oliven und Kapern sehr fein hacken, zum Sugo geben, diesen mit Salz und Pfeffer abschmecken.

¶ Kurz vor dem Servieren in einem großen Topf reichlich Wasser mit Salz zum Kochen bringen und darin die Angelotti 2–3 Minuten kochen.

¶ Die Angelotti abgießen, in den Topf zurückgeben und in dem sehr guten Olivenöl schwenken.

¶ Den heißen Paprika-Sugo auf Teller verteilen, darauf die Angelotti setzen und alles mit frischen Basilikumblättchen bestreuen.

Linguine mit Limette, Minze und Erbsen

Der Vorteil dieses Gerichtes liegt auf der Hand: Während die Nudeln kochen, kann man ohne in Stress zu kommen die Sauce zubereiten. Sie erfordert keine Vorbereitung (es sei denn, man verwendet frische Erbsen, die gepalt werden müssen). Das Gericht ist erfrischend und bietet sich als leichte Vorspeise in einem Menü an, aber auch als Hauptgang an einem warmen Sommerabend. Dazu passen übrigens auch hervorragend frisch gebratene Doradenfilets oder Wildfang-Garnelen.

§68 **§ 68 Zu aggressive oder dominante Säure wird durch ein Stück Butter abgemildert. Sie macht die Sauce rund und harmonisch.**

400–500 g Linguine • Salz • 50 ml Olivenöl • 70–100 g Butter • Saft von 2 Limetten • 1 TL Zucker • 10 Minzezweige • 12 Kirschtomaten • 150 g junge Erbsen (TK) oder gepalte blanchierte Erbsen • Pfeffer
Außerdem: *gehobelter oder geriebener mittelalter Parmesan*

¶ Linguine in sprudelnd kochendem Salzwasser nach Packungsangabe kochen.

¶ Olivenöl, Butter, Limettensaft und Zucker in einem Topf zum Kochen bringen.

¶ Minze und Kirschtomaten waschen. Minzeblättchen von den Stielen zupfen und in feine Streifen schneiden. Die Kirschtomaten halbieren oder vierteln.

¶ Die Nudeln mit Biss »al dente« kochen. Etwa 200 ml Nudelwasser zum Olivenöl und Limettensaft geben, die Nudeln abgießen und zufügen. Erbsen, Tomaten und Minze zufügen, das Ganze 1 weitere Minute kochen lassen und mit Salz, Pfeffer und evtl. etwas Limettensaft abschmecken. Die Sauce soll säuerlich frisch schmecken.

¶ Die Nudeln auf vier Teller verteilen und mit gehobeltem Parmesan bestreuen.

Oricchiette mit Blumenkohl

§ 69 Zum Kochen von Nudeln rechnet man etwa 1 l Wasser und 1 TL Meersalz pro 100 g Nudeln. §69

§ 70 Vom Nudelwasser beim Abgießen immer etwas auffangen, um damit eventuell zu dick geratene Saucen zu verlängern. §70

Die Nudeln am besten nach dem Abgießen 1–3 Minuten in der fertigen Sauce köcheln, damit sie Geschmack, Aromen und Sauce aufnehmen können.
Probieren Sie diese Variante mit Semmelbröseln, Zitrone und Thymian, die ursprünglich aus Sizilien kommt und den Parmesan ersetzt, auch mal zu Fisch oder zartem Hühnerfleisch aus!

800 g Blumenkohl • Salz • 400–500 g Oricchiette oder andere kurze Nudeln • 2–3 frische Knoblauchzehen • ½ rote Chilischote • 4 EL getrocknete Tomaten in Öl • 3 EL schwarze Oliven in Öl, ohne Stein • 5 EL sehr gutes Olivenöl • Saft von 1 Zitrone • 4–6 Sardellen von sehr guter Qualität • 200–300 ml Hühner- oder Gemüsefond • ½ Bund Petersilie • 2 EL Kapern (Nonpareilles) • Pfeffer • evtl. etwas Zucker • 1 EL Butter
Für die Brösel: *2 Brötchen vom Vortag • 4 Thymianzweige • 50 ml Olivenöl • 1 Bio-Zitrone*

¶ Den Blumenkohl in Röschen teilen und diese in sprudelnd kochendem Salzwasser bissfest blanchieren. Abgießen, in kaltem Wasser abschrecken und auf einem Sieb abtropfen lassen.
¶ Für die Brösel die Brötchen vom Vortag in einem Universal-Zerkleinerer oder mit einer Raspel fein reiben. Thymian waschen, trocken schleudern und die Blättchen abzupfen. Bio-Zitrone waschen, trocken tupfen und die Schale abreiben. Die 50 ml Olivenöl in einer Pfanne mit den Bröseln mischen, Thymianblättchen und Zitronenschale zufügen und das Ganze unter gelegentlichem Wenden bei mittlerer Temperatur goldbraun rösten.
¶ Für die Oricchiette in einem großen Topf reichlich Wasser zum Kochen bringen und darin die Nudeln nach Packungsangabe kochen.
¶ Währenddessen die Knoblauchzehen schälen und in feine Scheiben schneiden.
¶ Chilischote waschen, Stiel, Kerne und innere Scheidewände entfernen und das Fruchtfleisch in dünne Streifen schneiden. Getrocknete Tomaten und Oliven grob hacken.
¶ Das sehr gute Olivenöl in einem Topf erhitzen, Knoblauch und Chili darin kurz bei mittlerer Temperatur anschwitzen und die Blumenkohlröschen, Zitronensaft, Sardellen und getrocknete Tomaten zufügen. Hühnerfond zugießen und das Ganze etwa 3 Minuten köcheln lassen.
¶ Petersilie waschen, die Blättchen von den Stielen zupfen und fein hacken. Petersilie, Kapern und Oliven zufügen (Kapern in Salz vorher wässern). Den Blumenkohl mit Salz, Pfeffer und evtl. Zitronensaft abschmecken. Butter zufügen.
¶ Die bissfest gekochten Oricchiette abgießen, dabei etwas Nudelwasser auffangen. Die Nudeln zum Blumenkohl geben und das Ganze zusammen 1–2 Minuten leise köcheln lassen. Sollte zu wenig Sud vorhanden sein, evtl. noch etwas Nudelwasser zufügen.
¶ Die Blumenkohl-Oricchiette auf vier Teller verteilen, mit den warmen Bröseln bestreuen und sofort servieren.

Kokosreis mit Papaya und Thaispargel

§71 **§ 71 Damit der Reis nach dem Kochen nicht klebt, muss er vorher so lange abgespült werden, bis das Wasser klar ist. Außerdem sollte er während des Kochens möglichst nicht umgerührt werden.**

In diesem Rezept sorgt das Rühren allerdings für die spezifische Konsistenz (§ 163).
Verwenden Sie bei diesem Gericht anstelle von Papaya auch mal Ananas oder Mango, Hauptsache die Früchte sind schön reif! Dann eignet sich dieses Gericht als Vorspeise, Beilage zu Fleisch oder auch als vegetarisches Hauptgericht.

Für den Reis: *200 g Basmati-Reis • ½ TL Salz • 500 ml Kokosmilch • 3 Kaffir-Limettenblätter*
Für die Vinaigrette: *1 rote Chilischote • Saft von 1 ½ Limetten • Salz • Pfeffer • Zucker • 4 EL sehr gutes Olivenöl • 4 EL neutrales Pflanzenöl*
Außerdem: *250 g Thaispargel • Salz • 1 reife Papaya à etwa 400 g • ¼ frische Kokosnuss • 1 Bund Koriander*

¶ Den Basmati-Reis dreimal in einer Schüssel mit kaltem Wasser waschen und auf ein Sieb gießen. Reis mit Salz und Kokosmilch in einen Topf geben. Die Kaffir-Limettenblätter gründlich waschen und zufügen.

¶ Den Reis zum Kochen bringen, unter häufigem Rühren 15–20 Minuten bei niedriger Temperatur kochen, bis er weich ist.

¶ Währenddessen für die Vinaigrette die Chilischote waschen, Stiel, Kerne und innere Scheidewände entfernen und das Fruchtfleisch in feine Streifen schneiden.

¶ Chili, Limettensaft, Salz, Pfeffer und etwas Zucker verrühren und das Öl mit einem Löffel einarbeiten.

¶ Etwa 1 cm von den Enden des Thaispargels entfernen und den Spargel in sprudelnd kochendem Salzwasser bissfest blanchieren. Den Spargel in Eiswasser abschrecken, abtropfen lassen und zwischen Küchenpapier trocken tupfen.

¶ Papaya der Länge nach halbieren, mit einem Löffel die Kerne herausheben und die Schale mit einem Messer oder Sparschäler entfernen. Das Fruchtfleisch der Papaya nach Belieben in dünne Streifen oder Würfel schneiden.

¶ Die Kokosnuss aus der Schale brechen. Koriander waschen, trocken schleudern und mit den Stielen fein hacken.

¶ Zum Anrichten Reis, Papaya und Spargel auf vier Teller verteilen und mit Vinaigrette beträufeln. Die frische Kokosnuss mit einem Trüffelhobel direkt über das Gericht hobeln und das Ganze mit gehacktem Koriander bestreuen.

Topinambur-Risotto

Ein Risotto ist leicht und schnell gemacht, aber er erfordert immer eine gute Brühe. Achtung, er zieht nach der Fertigstellung nochmals richtig an: Lassen Sie einen Risotto deshalb nie warten – auf den Tisch und sofort genießen!

§72 **§72 Für Risotto keinen Rundkornreis (Milchreis), sondern immer einen Mittelkornreis verwenden (zum Beispiel Arborio oder Carnaroli)!**

Risotto sollte nach der Fertigstellung cremig, fließend und mit leichtem Biss sein. Die Körner dürfen innen auf keinen Fall hart sein. Die Bindung entsteht durch den Reis, die Butter und den Parmesan.
Topinambur, auch Erdartischocke genannt, kennen Sie fast alle: Diese Pflanze steht in vielen Gärten und ähnelt einer Sonnenblume, nur die Blüten sind etwas kleiner. Gegessen wird die Wurzel. Ob gebraten, geschmort, gekocht oder als Suppe – sie schmeckt hervorragend und erinnert mit ihrem erdigen Geschmack an Kartoffeln und Artischocken.

1–1,4 l Geflügelbrühe • 1 Zwiebel • 5 EL Olivenöl • 350 g Risotto-Reis • 70 ml Weißwein • 400 g Topinambur • einige Petersilienstiele • 80 g geriebener Parmesan • 30–60 g Butter • etwas Zitronensaft • Salz • Pfeffer • evtl. 70 ml geschlagene Sahne • evtl. geriebener oder gehobelter Parmesan zum Bestreuen

¶ Für den Risotto die Brühe in einem Topf zum Kochen bringen. Die Zwiebel schälen und fein würfeln.

¶ 2 EL Olivenöl in einem zweiten Topf erhitzen. Zwiebelwürfelchen zufügen und farblos anschwitzen. Reis zugeben und ebenfalls farblos anschwitzen. Den Risotto mit Weißwein ablöschen und fast vollständig einkochen lassen.

¶ Nach und nach die kochend heiße Brühe in den Risotto gießen, sodass der Reis eben von Flüssigkeit bedeckt ist, dabei häufig (aber nicht ständig) umrühren.

¶ Den Risotto so lange garen, bis der Reis bissfest weich ist. Der Risotto soll dabei recht flüssig sein.

¶ Während der Risotto gart, die Topinamburwurzeln mit einem kleinen Messer oder einem Sparschäler schälen und in 1–2 cm große Würfel schneiden. Petersilie waschen, trocken schleudern und hacken.

¶ In einer passenden Pfanne das restliche Olivenöl erhitzen und die Topinamburwürfel bei mittlerer Temperatur von allen Seiten kräftig anbraten.

¶ Die Hälfte der gebratenen Topinamburwürfel, Petersilie, Parmesan und Butter unter den fertig gegarten Reis rühren und den Risotto mit etwas Zitronensaft, Salz und Pfeffer abschmecken. Der Risotto soll unbedingt cremig und fließend sein, gegebenenfalls etwas Hühnerbrühe zufügen. Einen schönen, runden Geschmack und eine schöne Farbe erhält er auch, wenn Sie im letzten Moment geschlagene Sahne unterziehen.

¶ Den Risotto auf vier Teller verteilen und darüber die restlichen Topinamburwürfel geben. Nach Belieben mit geriebenem oder gehobeltem Parmesan bestreuen.

Cremige Polenta mit Gorgonzola und Birne

Bei Polenta handelt es sich um Maisgrieß, den es in unterschiedlicher Größe und mit unterschiedlichen Bezeichnungen zu kaufen gibt. Feiner Maisgrieß (Polenta fioretta) benötigt nur eine sehr kurze Kochzeit von 5 Minuten. Die grobe Sorte (Polenta bramata oder Kukuruz) benötigt wesentlich mehr Zeit, hat dafür aber mehr Geschmack. Auch gefällt mir die gröbere Konsistenz für herzhafte Gerichte besser. Prinzipiell sollten Sie die Packungsangaben beachten.

§73 Die grobe Polenta benötigt mindestens dreißig Minuten zum Garen, wobei sie bei niedriger Temperatur nur quellen und nicht kochen soll. Währenddessen wird sie mehrfach mit einem Schneebesen umgerührt und eventuell Flüssigkeit zugegeben. §73

Traditionell wird Polenta in Italien sogar mehrere Stunden geköchelt bis der Mais richtig karamelisiert.

1 kleine Zwiebel • 2 Knoblauchzehen • 3 EL Olivenöl • 1–1,5 l Hühnerbrühe • 2 Lorbeerblätter • 170 g Polenta Bramata • Salz • Pfeffer • 30 g geriebener Parmesan • 1 kleiner Radicchio Trevisiano (ersatzweise anderer Radicchio) • 2 reife, feste Birnen • 2 Rosmarinzweige • 40 g Butter • 2 EL Zucker • Salz • Pfeffer • 100–150 g Gorgonzola (bei Zimmertemperatur)

¶ Für die Polenta die Zwiebel und den Knoblauch schälen und fein würfeln. Das Olivenöl in einem Topf erhitzen und die Würfel darin bei mittlerer Temperatur farblos anschwitzen.

¶ Hühnerbrühe und Lorbeerblätter zufügen und alles zum Kochen bringen. Den Polentagrieß unter ständigem Rühren mit einem Schneebesen langsam in die kochend heiße Flüssigkeit einrieseln lassen, alles gut verrühren und einmal aufkochen lassen. Die Temperatur verringern, sodass die Polenta knapp unter dem Siedepunkt bleibt und nur gelegentlich Blasen wirft. Die Polenta mit Salz und Pfeffer würzen, Deckel aufsetzen und unter gelegentlichem Umrühren 30–45 Minuten quellen lassen. Evtl. noch etwas Hühnerbrühe oder Wasser angießen. Die Polenta soll eine weiche, cremig-flüssige Konsistenz erhalten.

¶ Währenddessen den Radicchio Trevisiano in einzelne Blätter teilen, waschen und trocken schleudern. Große Blätter halbieren.

¶ Die Birnen waschen und längs in Sechstel oder Achtel schneiden. Nach Belieben Kerngehäuse entfernen.

¶ Rosmarin waschen und trocken schleudern. Butter, Zucker und Rosmarin in eine Pfanne geben und erhitzen. Die Birnenspalten zufügen und bei mittlerer Temperatur anbraten, bis sie rundherum Farbe annehmen und der Zucker leicht karamellisiert.

¶ Unmittelbar vor dem Servieren den geriebenen Parmesan unter die Polenta rühren, evtl. noch etwas Flüssigkeit zugießen.

¶ Trevisiano-Blätter zu den Birnen in die Pfanne geben, alles einmal kurz bei hoher Temperatur durchschwenken und mit Salz und Pfeffer abschmecken.

¶ Die Polenta auf vier Teller verteilen, jeweils einen großzügigen Klacks Gorgonzola in die Mitte setzen, Birnenspalten und Trevisiano-Blätter ringsum verteilen.

Gebackene römische Polenta

Wie schon beschrieben, gibt es viele Möglichkeiten der Polentazubereitung. Sie wird entweder cremig gekocht und dann süß oder pikant abgeschmeckt gegessen. Oder sie wird erkaltet und gestockt nochmals gebraten bzw. gebacken. Diese zweite Variante ist natürlich auch eine tolle Resteverwertung, die mich als ursprünglich „Nicht-Polentaliebhaber" doch von diesem Produkt überzeugt hat.

Ergibt etwa 15 runde Polentaschnitten à etwa 6 cm ⌀

Für die Polenta: *1 kleine Zwiebel • 2 Knoblauchzehen • 3 EL Olivenöl • 1–1,5 l Hühnerbrühe • 2 Lorbeerblätter • 170 g Polenta Bramata • Salz • Pfeffer • 30 g geriebener Parmesan*

Für die Tomatensauce: *3 EL Olivenöl • 1 Zwiebel, geschält und in feine Würfel geschnitten • 2 Knoblauchzehen (möglichst frisch), geschält und fein gehackt • 800 g geschälte Tomaten aus der Dose • 1 Lorbeerblatt • 1 kleine Chilischote • 2 Zweige Thymian • 1 Zweig Rosmarin • 2 Zweige Oregano • Salz • Pfeffer • etwas Zucker*

Außerdem: *4–6 EL Olivenöl • etwa 70 g Parmesan • 4 Knoblauchzehen • 10 Thymianzweige*

¶ Für die Polenta Zwiebel und Knoblauch schälen und fein würfeln. Das Olivenöl in einem Topf erhitzen und darin bei mittlerer Temperatur die Würfel farblos anschwitzen. Hühnerbrühe und Lorbeerblätter zufügen und alles zum Kochen bringen. Den Polentagrieß unter ständigem Rühren mit einem Schneebesen langsam in die kochend heiße Flüssigkeit einrieseln lassen, alles gut verrühren und einmal aufkochen lassen. Die Temperatur verringern, sodass die Polenta knapp unter dem Siedepunkt bleibt und nur gelegentlich Blasen wirft. Die Polenta mit Salz und Pfeffer würzen, einen Deckel aufsetzen und unter gelegentlichem Umrühren 30–45 Minuten ziehen lassen. Evtl. noch etwas Hühnerbrühe oder Wasser zugießen. Die Polenta soll weich und fließend sein. Die Lorbeerblätter entfernen und den Maisgrießbrei auf ein passendes Holzbrett, ersatzweise auf ein mit Klarsichtfolie ausgelegtes Backblech gießen und vollständig erkalten lassen.

¶ Für die Tomatensauce Olivenöl in einem Topf erhitzen, Zwiebeln und Knoblauch farblos darin anschwitzen, Tomaten, Lorbeer und Chilischote zufügen und alles mit einem Schneebesen kräftig verrühren. Die Tomatensauce bei mittlerer Temperatur leise köcheln lassen.

¶ Kräuter waschen, trocken schleudern, Blättchen von den Stielen entfernen und hacken (Rosmarin besonders fein hacken). Kräuter nach 40 Minuten zur Sauce geben und alles weitere 10 bis 30 Minuten köcheln lassen – so lange, bis die Sauce eine recht feste und nicht fließende Konsistenz erhalten hat. Währenddessen gelegentlich mit dem Schneebesen rühren und darauf achten, dass die Sauce am Topfboden nicht ansetzt. Die Sauce mit Salz, Pfeffer und etwas Zucker abschmecken.

¶ Die Polenta nach Belieben rund ausstechen oder in Rauten schneiden (was den Vorteil hat, dass so gut wie kein Verschnitt zustande kommt).

¶ Das Olivenöl portionsweise in einer breiten ofenfesten Pfanne erhitzen und die Polentastücke nebeneinander hineinsetzen. Die Polenta etwa 3 Minuten anbraten, dann wenden und vom Herd ziehen. Die Polenta mit jeweils 1 EL Tomatensauce belegen und mit Parmesan bestreuen.

¶ Knoblauchzehen schälen, leicht andrücken und mit den gewaschenen Thymianzweigen in die Pfanne geben. Die Pfanne in den auf 220 °C (Ober-/Unterhitze) vorgeheizten Backofen geben und die Polenta gleichmäßig gratinieren.

¶ Die überbackenen Polentaschnitten passen hervorragend als Beilage zu gebratenem Fleisch, aber sie schmecken auch einfach nur mit einem frischen Salat köstlich.

Taboulé

... ist ein Salat, der ursprünglich aus der libanesischen Küche stammt und meistens als Vorspeise oder Zwischengericht auf den Tisch kommt. Durch die Zugabe von viel Petersilie, Minze, Zitrone und Tomate eignet er sich wunderbar als Sommergericht, z. B. bei einem Picknick.

§74

§74 Couscous wird nur gedämpft bzw. gequollen, nicht gekocht.

Couscous wird aus Weizengrieß hergestellt. Er ist Hauptbestandteil zahlreicher orientalischer Gerichte und wird gerne mit Harissa und Raz el-Hanout gewürzt.
Raz el Hanout ist eine Gewürzmischung aus bis zu 25 verschiedenen Zutaten. Ihr Geschmack vereint süße, scharfe und bittere Aromen.
Harissa ist eine in Nordafrika beheimatete, scharfe Gewürzpaste, die dort und auch im Orient in kaum einem Gericht fehlen darf.
Sie können Harissa fertig in kleinen Dosen kaufen oder auch selbst herstellen:
Dazu werden Chilischoten, Knoblauch, Koriander, Kümmel, Kreuzkümmel, Minze, Zitronensaft und Olivenöl im Mörser oder mit dem Pürierstab fein zerkleinert und gut vermengt.

ca. 20 (ca. 170 g) getrocknete Aprikosen • 150 g Couscous • Salz • Pfeffer • ½ TL Raz el Hanout, ersatzweise gemahlener Kreuzkümmel • 300 ml Hühnerfond • Saft von je 1 Zitrone und Orange • 3 aromatische Tomaten • 1 Stück Bio-Gurke, etwa 300 g • 1 großes Bund Minze • 1 großes Bund Petersilie • 3 EL sehr gutes Olivenöl • evtl. ½ TL Zucker

***Außerdem:** 60–80 g Pinienkerne • 2 EL sehr gutes Olivenöl • einige Minze- und/oder Petersilienblätter zum Garnieren*

¶ Die getrockneten Aprikosen fein hacken. Couscous, Aprikosen, Salz, Pfeffer und Raz el Hanout in einer Schüssel mischen. Die Hühnerbrühe zum Kochen bringen und mit dem Zitronen- und Orangensaft mit einem Schneebesen in den Couscous rühren. Den Couscous unter gelegentlichem Umrühren und Auflockern mit dem Schneebesen etwa 30 Minuten quellen lassen.

¶ Währenddessen Tomaten und Gurke waschen. Tomaten und Gurke vierteln und die Kerne entfernen. Die Tomatenfilets und die Gurke in kleine Würfel schneiden.

¶ Minze und Petersilie waschen, trocken schleudern und fein hacken.

¶ Tomaten- und Gurkenwürfel, Olivenöl und die gehackten Kräuter unter den Couscous heben und das Ganze weitere 20 Minuten ziehen lassen. Die Taboulé mit Salz und Pfeffer abschmecken, evtl. noch etwas Zitronensaft oder Zucker zufügen.

¶ Die Pinienkerne in dem sehr guten Olivenöl bei mittlerer Temperatur goldgelb rösten und abkühlen lassen.

¶ Zum Servieren die Taboulé in eine Schüssel füllen und zum Schluss mit Pinienkernen sowie Minze- und/oder Petersilienblättern bestreuen.

Hirsebällchen mit Harissa-Tomatensauce

Hirse und deren Verarbeitungsprodukte sind eine hervorragende Grundlage der Vollwertküche. Kein anderes Getreide ist so universell einsetzbar. Ob pikant oder als Süßspeise, ob als Bratling oder im Müsli, Hirse ist ein sehr gesunder und nahrhafter Begleiter bzw. Hauptakteur.
In weiten Teilen Afrikas und im Orient stellt Hirse immer noch einen Hauptbestandteil der Nahrung dar. Deshalb sind Gewürze und Aromen des Orients wunderbare Geschmacksgeber für Hirse. Probieren Sie es mal aus.

§75 **§75 Hirse immer heiß im Sieb unter fließendem Wasser waschen, damit die gesundheitsschädlichen Saponine ausgewaschen werden. Erst wenn das Wasser klar und nicht mehr weißlich ist, kann die Hirse weiterverarbeitet werden.**

ERGIBT 20–25 BÄLLCHEN
125 g Hirse • Salz • 80 g Rosinen • 50 g Pistazien • ½ TL Currypulver • ¼ TL gemahlener Zimt • 1 Ei • Semmelbrösel zum Panieren
Für die Tomaten-Harissa-Sauce: *3 Zwiebeln • 3 frische Knoblauchzehen • 1,5 kg aromatische Tomaten • 2 Thymianzweige • 3 EL gutes Olivenöl • 2 EL Harissa* (→ S. 110) *• Salz • schwarzer Pfeffer aus der Mühle • 1 Lorbeerblatt • 1 TL Zucker*
Außerdem: *750 ml Frittieröl*

¶ Für die Hirsebällchen die Hirse in heißem Wasser waschen und mit 300 ml Wasser und etwas Salz nach Packungsangabe kochen. Die Rosinen und die Pistazien hacken, dann mit Curry- und Zimtpulver unter die Hirse mischen. Die Masse mit Salz abschmecken.
¶ Für die Tomatensauce Zwiebeln und Knoblauch schälen und in feine Streifen schneiden. Tomaten waschen und grob würfeln. Thymian waschen und trocken schleudern.
¶ Olivenöl in einem Topf erhitzen und darin die Zwiebeln farblos anschwitzen. Dann Knoblauch und Harissa, 1 Minute später Tomaten, Gewürze und Kräuter zufügen.
¶ Das Ganze bei niedriger Temperatur leise köcheln lassen, bis die Sauce eine sämige Konsistenz erreicht hat.
¶ Die Tomatensauce durch ein feines Sieb streichen. Sollte sie zu wässrig sein, evtl. in einem Topf noch etwas einkochen.
¶ Eier in einem tiefen Teller mit einer Gabel verquirlen. Aus der Hirsemasse mit leicht angefeuchteten Händen 20–25 kleine Bällchen formen. Die Hirsebällchen zuerst durch das Ei ziehen und anschließend in den Semmelbröseln wenden. Die Semmelbrösel fest andrücken.
¶ Frittieröl auf 160–180 °C erhitzen und darin die Hirsebällchen portionsweise goldbraun ausbacken. Die Hirsebällchen zum Entfetten auf Küchenpapier setzen und warm mit der Tomaten-Harissa-Sauce servieren.

Quinoa mit Linsen

Im Vergleich zu unseren Getreidesorten enthalten die hirseähnlichen Quinoakörner besonders viel hochwertiges Eiweiß und essentielle Aminosäuren, viel Eisen, Magnesium und Vitamin E. Und da sie darüber hinaus auch noch glutenfrei sind, eignen sie sich besonders für Menschen, die kein Gluten vertragen. Waschen Sie Quinoa sehr heiß ab oder, noch besser, weichen Sie die Samen wie Hülsenfrüchte über Nacht ein, bevor sie verarbeitet werden.

§76 **Für Quinoa gilt, wie auch für Hirse: Schädliche Saponine mit heißem Wasser auswaschen.** (→ S. 112) §76

150 g Quinoa • Salz • 1 EL Butter
Für die Linsen: *200 g Linsen, vorzugsweise »Le Puy-Linsen« aus Frankreich • 200 g Fetakäse (aus Schafsmilch) • 1–2 Chilischoten • 2 Rosmarinzweige • 6 EL sehr gutes Olivenöl • 3 aromatische Tomaten • 2 Schalotten • 3 frische Knoblauchzehen • 2 EL gutes Olivenöl • 400 ml Hühnerbrühe • Salz • Pfeffer • ½–1 TL gemahlener Kreuzkümmel • 2–3 EL Apfelessig • 1 Bund Petersilie • 1–2 EL Butter*

¶ Quinoa in kaltem Wasser über Nacht einweichen. Am nächsten Tag abgießen und mit 300 ml Wasser und etwas Salz in einem Topf zum Kochen bringen. Quinoa nach Packungsangabe kochen und anschließend 5 Minuten mit geschlossenem Deckel quellen lassen.

¶ Die Linsen in einem Topf mit kochendem Wasser (→ §93) etwa 5 Minuten blanchieren, auf ein Sieb gießen und klar abspülen. Fetakäse in grobe Würfel brechen und in eine Schüssel geben. Chilischoten waschen, Stiel, Kerne und innere Scheidewände entfernen und das Fruchtfleisch in feine Streifen schneiden.

¶ Rosmarin waschen und trocken schleudern. Die Nadeln von den Stielen zupfen und fein hacken. Sehr gutes Olivenöl mit Chili und Rosmarin mischen und über den Schafskäse verteilen.

¶ Die Tomaten blanchieren (→ S. 11) und grob würfeln. Schalotten und Knoblauch schälen, fein würfeln und in 2 EL gutem Olivenöl farblos anschwitzen.

¶ Die Tomaten zufügen und etwa 2 Minuten mit anschwitzen. Linsen und Hühnerbrühe zugeben und das Ganze so lange kochen, bis die Linsen vollständig weich sind und die Flüssigkeit deutlich reduziert ist. Die Linsen dürfen auf keinen Fall »al dente« sein, auch sollten sie nicht trocken sein, also evtl. noch etwas Hühnerbrühe oder Wasser angießen.

¶ Die fertig gekochten Linsen mit Salz, Pfeffer und Kreuzkümmel würzen und mit Apfelessig säuerlich abschmecken. Petersilie waschen, trocken schleudern und die Blättchen von den Stielen zupfen. Blättchen fein hacken und mit der Butter, die das Linsengemüse leicht bindet, unterrühren.

¶ Quinoa und Linsen auf Teller verteilen, mit dem marinierten Fetakäse bestreuen und sofort servieren.

Eingelegte Wachteleier

Wachteleier genießen einen fast schon mystischen Ruf; sie sollen heilende Wirkung bei vielen Krankheiten haben, vor allem bei Allergien und einen hohen Anteil an Vitaminen. Wie dem auch sei: Sie schmecken einfach hervorragend und sehen toll aus!

§77 **§77 Wachteleier können wachsweich oder auch hart gekocht werden. Sie sollten aber nicht länger als 5 Minuten garen, sonst zersetzen sich die Vitamine und die Eier färben sich zudem grau, was nicht so appetitlich aussieht.**

ERGIBT EIN GLAS VON 500 ml

24 Wachteleier • ½ rote Zwiebel, etwa 40 g • 100 ml Weißweinessig • 1 Estragonzweig • 2 EL Senfsaat • 1 TL Pfefferkörner • 2 Lorbeerblätter • 1 TL Meersalz • 100 ml sehr gutes Olivenöl

¶ Die Wachteleier in einem Topf mit kochendem Wasser 4 Minuten hart kochen und in kaltem Wasser abschrecken.

¶ Die Zwiebel schälen und in feine Streifen schneiden. Estragon waschen.

¶ Weißweinessig mit 100 ml Wasser in einem Topf zum Kochen bringen, Zwiebeln, Estragon, Senfsaat, Pfeffer, Lorbeer und Salz zufügen und einmal aufkochen. Sud abkühlen lassen, dann mit Olivenöl verrühren.

¶ Wachteleier pellen, in ein Weckglas geben und mit der Vinaigrette bedecken. Die Eier im Kühlschrank 1–4 Tage ziehen lassen, dabei das fest verschlossene Glas nach der Hälfte der Zeit auf den Kopf stellen.

¶ Die Eier schmecken am besten mit dem Gewürzsud zu Weißbrot und zu Salat, der vielleicht noch mit Gemüsen, Huhn oder Fisch angereichert wurde.

Pochiertes Ei mit Löwenzahn und Sauerteig-Krumen

Das Pochieren von Eiern ist vielleicht die am wenigsten gebräuchliche Art der Eierzubereitung, aber mit Sicherheit eine der leckersten. Mit etwas Übung gelingen die »verlorenen Eier« – wie sie auch genannt werden – bald perfekt und verleihen vielen Gerichten eine interessante Note.

§ 78 **Um Eier richtig zu pochieren, fügen Sie dem Kochwasser immer einen Schuss Essig hinzu und salzen es nicht. Der Essig bewirkt, dass das Eiweiß schneller stockt und nicht auslaufen kann.** §78

Am besten gelingt das Pochieren mit absolut frischen Eiern.
Trauen Sie sich im Frühjahr mal, den jungen Löwenzahn auf Wiesen selbst zu stechen. Sie werden angenehm überrascht sein von dessen feiner, herber Note, die sehr gut zu dem kräftigen Geschmack der Sauerteig-Krumen passt.

Für die Sauerteig-Krumen: *200 g Sauerteigbrot • 80 ml Olivenöl • Backpapier*
Für den Löwenzahnsalat: *etwa 200 g Löwenzahn • 4 EL Weißweinessig • 1 EL Estragonsenf • Salz • Pfeffer • 1 Prise Zucker • 8 EL Traubenkernöl • 3 EL gehackte Petersilie*
Für die pochierten Eier: *4 topfrische Eier • 3 EL Weißweinessig • Salz*

¶ Für die Sauerteig-Krumen das Brot in einem Universal-Zerkleinerer, ersatzweise mit den Händen, grob zerkleinern und mit dem Olivenöl in einer Schüssel mischen.

¶ Die Brotstücke nebeneinander auf einem mit Backpapier ausgelegten Backblech verteilen und im auf 180 °C vorgeheizten Backofen je nach Größe der Brotstücke 10–18 Minuten rösten. Die Brotkrumen aus dem Ofen nehmen und auf einem Teller warm stellen.

¶ Für den Salat den Löwenzahn putzen, dabei die extrem langen Stiele kürzen. Löwenzahn waschen und trocken schleudern.

¶ Für die Vinaigrette Weißweinessig, Estragonsenf, Salz, Pfeffer und Zucker verrühren und langsam das Öl einrühren. Zuletzt die Petersilie unterziehen.

¶ Für die Eier einen Topf mit reichlich Wasser und dem Weißweinessig zum Kochen bringen. Die Eier nacheinander pochieren, indem man jeweils ein Ei behutsam aufschlägt und in eine Schöpfkelle gleiten lässt. Dabei darf das Eigelb nicht beschädigt werden.

¶ Das kochende Wasser vom Herd ziehen und mit einem Schneebesen kräftig in eine Richtung rühren, sodass ein Strudel entsteht. Das Ei in die Mitte des Strudels hineingleiten lassen. Das Ei etwa 2 Minuten pochieren, dann vorsichtig mit einer Schaumkelle aus dem Wasser heben. Abstehende Eiweißpartikel vorsichtig entfernen. Die Eier zum Warmhalten in eine Schüssel mit gut warmem, gesalzenem Wasser geben. Sobald alle Eier pochiert sind, den Löwenzahnsalat mit der Vinaigrette anmachen und auf Teller verteilen. Die Eier aus dem Wasser heben und vorsichtig kurz trocken tupfen. Jeweils ein Ei in die Mitte setzen, mit Sauerteig-Krumen bestreuen und sofort servieren.

Apfelpfannkuchen mit Speck

Pfannkuchen sind eigentlich sehr vielseitig einsetzbar: süß oder salzig, als Crêpe, mit Früchten belegt oder mit Speck und/oder Gemüse gefüllt: Also alles mal ausprobieren!

§79 **§ 79 Pfannkuchen werden besonders locker, wenn man eine Prise Backpulver unter das Mehl rührt, die Hälfte der Milch durch Mineralwasser ersetzt oder Eiweiß und Eigelb getrennt aufschlägt, um sie dann wieder zusammenzurühren.**

ERGIBT 4 GROSSE ODER 8 KLEINERE PFANNKUCHEN

150 g Mehl • 1 Prise Backpulver • 4 Eier • 100 ml Milch • 1 Prise Salz • 1–2 säuerliche Äpfel • 40–60 g Butter • etwas Zucker

¶ Für die Pfannkuchen das Mehl und das Backpulver mischen und in eine Schüssel sieben. Eier und Milch mit einem Pürierstab mixen und mit dem Mehl zu einem glatten Teig rühren. Den Teig mit etwas Salz würzen und etwa 30 Minuten ruhen lassen. Sollten im Teig kleine Klümpchen sein, die Masse durch ein feines Sieb passieren.

¶ Die Äpfel waschen und das Kernhaus mit einem Apfelausstecher entfernen. Früchte in etwa 5 mm dünne Scheiben schneiden.

¶ In einer kleinen Pfanne etwas Butter zum Schmelzen bringen und eine Apfelscheibe hineinlegen. Die Apfelscheibe mit Pfannkuchenteig bedecken und etwa 1 Minute bei mittlerer Temperatur braten. Den Pfannkuchen vorsichtig wenden und den Apfel dünn mit Zucker bestreuen. Den Pfannkuchen nochmals wenden, sobald er auf der Unterseite Farbe angenommen hat. Den Apfel in der Pfanne karamellisieren lassen, Pfannkuchen wenden und mit dem Apfel nach oben sofort servieren.

¶ Dazu passen hervorragend kross ausgebratene Speckscheiben.

Omelett

Pfannkuchen, Crêpe und Omelett sind unmittelbar verwandt und unterscheiden sich nur geringfügig in der Herstellung. Die Ergebnisse sind natürlich komplett verschieden: hauchdünne Crêpes, gehaltvolle, teils knusprige Pfannkuchen und leichte, lockere Omeletts.

§80 **Für Omelett – außer Schaumomelett – werden die Eier nur grob mit der Gabel zerschlagen, damit ihre Struktur noch erkennbar bleibt. Die Eierkuchen werden nur von einer Seite gebacken und sollten innen stets noch weich sein.** §80

Omeletts kann man beliebig füllen, z. B. wie in diesem Rezept mit Pilzen, aber auch mit Schinken, frischen Tomaten, Käse und vielem mehr (→ Apfelpfannkuchen mit Speck, S. 120).

Für ein Omelett: *3 Eier • etwa 40 ml Milch oder Sahne • Salz • Pfeffer • 15 g Butter*
Für die Füllung: *100 g Pfifferlinge oder andere Pilze • ½ Schalotte • ½ Knoblauchzehe • 1 EL Butter • 1 EL gehackte Petersilie • Salz • Pfeffer*
Außerdem: *20 g Bergkäse in dünnen Scheiben*

¶ Eier und Milch oder Sahne in einer Schüssel mit einer Gabel nur leicht verquirlen und mit Salz und Pfeffer würzen.

¶ Für die Füllung Pfifferlinge putzen, evtl. waschen und zwischen Küchenpapier trocken tupfen. Schalotte und Knoblauch schälen, fein würfeln und zusammen mit den Pilzen in einer Pfanne mit der Butter anbraten. Petersilie zufügen und mit Salz und Pfeffer würzen. Pilze warm stellen.

¶ Butter in einer Teflonpfanne oder einer gut eingearbeiteten Gusspfanne mit einem Durchmesser von etwa 20 cm schmelzen. Die Eiermasse hineingießen und bei niedriger Hitze stocken lassen. Während des Stockens die Pfanne leicht vor und zurück bewegen. Das Omelett ist fertig, sobald es sich vom Pfannenboden löst, die Oberfläche sollte weich und cremig sein. Der Boden des Omeletts sollte keine starke Bräunung aufweisen.

¶ Das Omelett quer zum Pfannenstiel mittig mit Pilzen belegen. Die Pfanne leicht schräg nach unten halten und durch einen Schlag gegen den Pfannenstiel das Omelett umklappen, Vorgang wiederholen, evtl. mit einer Palette beim Zusammenklappen des Omeletts nachhelfen. Die Oberfläche mit dünnen Käsescheiben belegen und unter dem vorgeheizten Grill des Backofens zum Schmelzen bringen. Wenn Sie keine backofenfeste Pfanne verwendet haben, das Omelett vorher auf eine feuerfeste Platte oder Auflaufform gleiten lassen.

¶ Ob es nun gefüllt oder ungefüllt serviert wird, zum Omelett passt hervorragend ein leicht angemachter Salat.

Marmelade von roten Zwiebeln

Ja, Zwiebelmarmelade! Eigentlich kann man aus fast allem eine Marmelade herstellen. Probieren Sie dieses Rezept auch mal mit Pfifferlingen!
Und reichen Sie beides zu gebratenem Fleisch oder (Ziegen-)Käse oder einfach zu geröstetem Brot.

§ 81 **§ 81 Pikant Eingemachtes wird häufig mit Essig und Zucker zubereitet. Ist der Essig mild, braucht man weniger Zucker, ist er kräftig, verlangt das Rezept auch mehr Süße.**

Also in jedem Fall vor der Zubereitung den Geschmack des Essigs testen!

800 g rote Zwiebeln • 60 g Butter • 1 Prise Salz • 120 g Rohrzucker • 6 EL Balsamico-Essig • 3 EL Cassis-Likör

¶ Die Zwiebeln schälen, halbieren und in möglichst feine Streifen schneiden.

¶ Butter in einem Topf erhitzen, bis sie leicht bräunt und einen nussigen Duft verbreitet (»Nussbutter«).

¶ Zwiebeln eine Prise Salz zufügen und in der Butter weich dünsten. Rohrzucker und Balsamico-Essig zufügen und das Ganze kochen lassen, bis fast die ganze Flüssigkeit verdampft ist.

¶ Cassis-Likör zugeben, etwa 1 weitere Minute köcheln lassen. Die Zwiebelmarmelade in saubere Schraubverschlussgläser füllen, sofort verschließen und 5 Minuten auf den Kopf stellen.

¶ Zwiebelmarmelade abkühlen lassen und im Kühlschrank aufbewahren. Dort hält sie sich 2–3 Wochen.

Süß-sauer eingelegter Kürbis

Kürbis ist eines der variantenreichsten Gemüse: Es können wunderbare Suppen daraus hergestellt werden oder Ravioli, er kann gebraten, gekocht, gedünstet oder gemust werden, er schmeckt als Salat oder auch eingelegt. Bei diesem süß-sauer eingelegten Kürbis liebe ich diese leicht feurige Art, die zu kalt aufgeschnittenem Braten, mariniertem Fisch oder zu einem herzhaften Abendbrot passt.
(→ § 86)

§ 82 **§ 82 Der liebliche und häufig wenig geschmacksintensive Kürbis benötigt meist kräftige Partner. Entweder herzhaft durch Speck, Muskat und Bergkäse oder asiatisch mit Ingwer & Co.**

1,5 kg festfleischiger Kürbis, z. B. Muskatkürbis • 1 Schalotte • 1 Stück Ingwer, etwa 25 g • 1 Chilischote • 150 g Rohrzucker • 150 g Ahornsirup • 200 ml Weißweinessig • 2 Nelken • 3 Kardamomkapseln • ¼ TL Koriandersamen • 1 Prise Salz

¶ Den Kürbis schälen und die Kerne entfernen. Kürbisfleisch in etwa 3 cm große Würfel schneiden. Schalotte schälen und würfeln. Ingwer schälen und in dünne Scheiben schneiden.

¶ Den Rohrzucker in einem Topf erhitzen, bis er karamellisiert. Den Zucker mit Weißweinessig ablöschen (Vorsicht: kann spritzen!), Ahornsirup, Schalotte, Ingwer, Nelken, gewaschene Chili, Kardamom, Koriandersamen, Salz und Kürbis zufügen. Mit Wasser bedecken, zum Kochen bringen und bei mittlerer Temperatur etwa 10 Minuten simmern lassen. Kürbis mit Sud in saubere Weck- oder Schraubverschlussgläser füllen und diese sofort verschließen. Der Kürbis hält sich an einem dunklen Ort aufbewahrt etwa 1 Jahr.

In Salz eingelegte Zitronen

Legt man die Zitronen in Salz ein, erhält man eine wunderbare Würzzutat, die vor allem orientalischen Gerichten einen besonderen Akzent verleiht. Sie passen aber auch zu allem, bei dem die Frische der Zitrone gefordert ist. Probieren Sie diese Zitronen mal mit einer geschmorten Lammschulter oder als Zutat in Gemüsesalaten.
Im Gegensatz zu kandierten Zitronenschalen verwendet man die Salzzitronen für pikante Gerichte. Zur Verwendung schneiden oder hacken.

§83 **Sollen Zitronen als ganze Frucht verwendet werden, muss man unbedingt ungewachste und ungespritze Früchte kaufen, am besten ist Bio-Ware.** (→ Zitronenbutter, S. 44) §83

10 Bio-Zitronen (ungewachst und unbehandelt)
• 120 g Salz • 80 g Zucker • 3 Lorbeerblätter
• 1 EL Pfefferkörner • 1 EL Koriandersamen
• 1 EL Senfsamen

¶ Zitronen gründlich waschen, mit einem Messer der Länge nach achteln und in saubere Weck- oder Schraubverschlussgläser füllen.
¶ 60 g Salz, 40 g Zucker und die Gewürze mit 500 ml Wasser in einem Topf zum Kochen bringen, abkühlen lassen und damit die Zitronen übergießen. Die Zitronen müssen bedeckt sein – ansonsten noch etwas Salz-Wasser (1:1) zufügen. Die Gläser schließen und 2 Tage stehen lassen. Dann die Flüssigkeit abgießen, die Kräuter und die Zitronen im Glas lassen. Erneut eine Salz-Zucker-Wasserlösung kochen, abkühlen lassen und über die Zitronen gießen. Erneut die Gläser schließen, Zitronen mindestens 3 Wochen ziehen lassen. In dieser Zeit die Gläser zweimal wenden.
¶ Die Zitronen sind im Kühlschrank aufbewahrt etwa 6 Monate haltbar.

Getrocknete Ofentomaten

Es gibt zwei Arten die Tomaten zu trocknen: Einfach halbiert und dann im Ofen getrocknet haben sie ein intensives Tomatenaroma und sind sehr lecker. Alternativ können auch die Tomatenhäute und -kerne zuerst entfernt werden. Dann ist der Arbeitsaufwand zwar wesentlich höher, das Ergebnis ist geschmacklich aber noch besser: reines Tomatenaroma, das auf der Zunge »schmilzt«. Daher nennt man sie auch häufig »geschmolzene Tomaten«.

§84

§ 84 Durch das Entziehen von Wasser (Trocknen) lässt sich das Aroma von Obst und Gemüse hervorragend steigern.

Ob als Crostini-Belag oder im Salat, ob als Beilage zu Fisch oder Ergänzung zu Käse: Getrocknete Tomaten sorgen für den richtigen Pfiff.

FÜR 20 HALBE OFENTOMATEN:
10 aromatische Flaschentomaten • 5 g Salz • 5 g Pfeffer • 10 g Puderzucker • 3 EL gutes Olivenöl • 4 frische Knoblauchzehen
Außerdem: *Backpapier • Olivenöl zum Abdecken*

¶ Die Flaschentomaten waschen, der Länge nach halbieren und nebeneinander mit der Schnittfläche nach oben auf ein mit Backpapier ausgelegtes Backblech setzen.

¶ Die Tomaten mit Salz, Pfeffer und Puderzucker bestreuen, Olivenöl darüberträufeln und die Knoblauchzehen leicht andrücken. Knoblauch zwischen die Tomaten legen und das Blech für 3–4 Stunden in den auf 100 °C vorgeheizten Backofen geben.

¶ Die Tomaten zum Aufbewahren in ein sauberes, verschließbares Glas geben und mit Olivenöl auffüllen.

¶ Haltbarkeit etwa 2 Wochen.

FÜR 20 GESCHMOLZENE TOMATEN:
10 aromatische Eiertomaten • 2 Knoblauchzehen • 3 Thymianzweige • 1 Rosmarinzweig • 25 ml Olivenöl • Salz • Pfeffer aus der Mühle
Außerdem: *Olivenöl zum Abdecken*

¶ Die Tomaten an der Oberseite leicht einritzen, kurz in kochendem Salzwasser blanchieren und sofort in Eiswasser abschrecken. Haut abziehen, Tomaten halbieren, Kerne entfernen und die Tomatenhälften mit Küchenpapier trocknen tupfen. Kräuter waschen und trocken schleudern.

¶ Ein Backblech mit den halbierten Knoblauchzehen einreiben, die Tomaten mit den Kräutern auf dem Blech verteilen und mit Olivenöl beträufeln. Die Tomaten im Backofen bei 80 °C 3–4 Stunden trocknen, währenddessen einmal wenden.

¶ Die Tomaten zum Aufbewahren in ein sauberes, verschließbares Glas geben und mit Olivenöl abdecken. Haltbarkeit etwa 1–2 Wochen.

Eingelegte Paprika

Die heute als Gemüsepaprika bekannte Schote gibt es in dieser Form und vor allem mit dem milden, süßen Geschmack erst seit den 50er Jahren. Sie ist eine Züchtung und hatte nur die »Entschärfung« der ursprünglichen, kleinen »Chilis« zum Ziel. Am bekömmlichsten ist die Paprika ohne Haut. Sie zu enthäuten ist zwar etwas aufwendig, lohnt aber allemal die Mühe.

§85 **§85 Im Prinzip gibt es zwei Methoden zum Häuten von Paprika: einfach mit einem Sparschäler die geviertelten Paprika schälen oder im Backofen bei starker Hitze so lange backen, bis sich die Haut dunkel verfärbt und dann abgezogen werden kann.**

Probieren Sie mal diese eingelegten Paprika mit Oliven, Schafskäse und geröstetem Brot oder zu gebratenem Fisch und gegrilltem Fleisch!

6 Paprika (gelb, rot, grün oder orange) • 2 Rosmarinzweige • 2 Knoblauchzehen • genügend Olivenöl zum Abdecken • Backpapier

¶ Paprika waschen, halbieren, Kerne entfernen und die Paprikahälften mit der Schnittfläche nach unten auf ein mit Backpapier ausgelegtes Backblech setzen. Das Blech in den auf 250 °C (Ober-/Unterhitze) vorgeheizten Backofen schieben. Paprika so lange backen, bis sich die Haut schwarz färbt und Blasen wirft (10–15 Minuten). Das Blech aus dem Ofen nehmen, Paprika mit einem angefeuchteten Tuch bedecken (damit sich die Haut später leichter löst) und abkühlen lassen. Dann die Haut abziehen.

¶ Die Paprika zwischen Küchenpapier trocken tupfen. Rosmarin waschen, trocken schleudern und die Zweige in Stücke brechen. Knoblauch schälen und leicht andrücken. Paprika mit Rosmarin und Knoblauch in saubere, verschließbare Gläser füllen und mit Olivenöl bedecken. Im Kühlschrank aufbewahrt sind sie etwa 2 Wochen haltbar.

(→ Bild S. 133 links)

Sauer eingelegtes Zucchinigemüse

Keine Angst vor Marmeladen oder anderen selbst eingemachten Leckereien! Erlernen Sie wieder diese alten Techniken, die alle sehr einfach sind. Sie bereichern Ihren Speiseplan aufs Köstlichste.

§86 **§86 Einmachgläser müssen penibel sauber sein. Die Glasränder dürfen keine Kerben aufweisen, sonst schließt der Deckel nicht dicht. Nach dem Befüllen und Verschließen die Gläser für kurze Zeit auf den Kopf stellen, damit sich ein Vakuum bildet.**

Alles ist Voraussetzung dafür, dass die eingekochten Leckereien nicht so schnell verderben. Wer viele Zucchini im Garten hat und nicht weiß, wohin damit: Dieses eingemachte Gemüse ist köstlich, erfrischend und eine Bereicherung für jede Brotzeit.

3 kleine Zwiebeln • 250 g Karotten • 700 g Zucchini (gelb oder grün) • 500 g Paprika (gelb oder rot) • 1 TL Senfpulver • ½ TL Kurkuma • ½ EL (10 g) Salz • 1 EL Senfkörner • 1 EL Pfefferkörner • 150 g Zucker • 500 ml milder Weißweinessig • 150 ml Wasser

¶ Zwiebeln und Karotten schälen. Karotten, Zucchini und Paprika waschen.

¶ Die Zwiebeln halbieren und in 3–5 mm dünne Streifen schneiden, die Karotten in 2–3 mm dünne Ringe schneiden. Die Zucchini der Länge nach halbieren und in etwa 5 mm dünne Scheiben schneiden. Von den Paprikaschoten Stiel, Kerne und innere Scheidewände entfernen und das Fruchtfleisch in mundgerechte Würfel oder Streifen schneiden.

¶ Alle Zutaten in einem Topf mischen und zum Kochen bringen. Das Ganze 5 Minuten kochen lassen, dann sofort wie Marmelade heiß in saubere Schraubverschlussgläser füllen. Die Gläser auf den Kopf stellen und nach 5 Minuten wieder umdrehen.

¶ Das Gemüse hält sich so eingemacht 1 Jahr. Es sollte aber an einem dunklen Ort aufbewahrt werden. (→ Bild S. 133 rechts)

Mesclun-Salat mit Brandade

Dahinter steckt ein Sommersalat, der die ganze Vielfalt unserer heimischen Gartensalate und Kräuter widerspiegelt. Er besteht aus vielen unterschiedlichen Blattsalaten und frischen Kräutern, dabei werden die Blattsalate in mundgerechte Stücke und die Kräuter in einzelne Blättchen gezupft – und nicht gehackt, was den Effekt hat, dass jede Salatgabel neue Geschmacksmischungen mit sich bringt: So verbindet sich einmal Melisse mit Löwenzahn, danach Petersilie mit Radicchio usw. Dieser Salat bietet sich dann an, wenn man über einen reichhaltigen Kräutergarten verfügt oder eine große Menge Salat zubereitet, wo es sich lohnt, viele unterschiedliche Salatsorten und Kräuter zu besorgen. Man kann natürlich auch eine größere Menge Salat und Kräuter putzen, mischen und dann einen Teil davon in einem luftdichten Behältnis, das mit Küchenpapier ausgelegt ist, im Kühlschrank aufbewahren – der Salat hält sich etwa 3–4 Tage.

§ 87 **Salate, Kräuter und Gemüse immer nur kurz waschen, nie lange in Wasser liegen lassen und erst nach dem Säubern zerkleinern, damit möglichst viele Vitamine erhalten bleiben.** §87

Das Reizvolle an einem Mesclun ist seine Natürlichkeit: Die einzelnen Bestandteile kommen alle zur ihrer gebührenden Geltung. Die Vinaigrette dafür sollte die Geschmacksnuancen unterstreichen und nicht zu dominant sein. Ich verwende dazu neben Salz, Pfeffer und einer Prise Zucker ausschließlich Zitronensaft und bestes Olivenöl, evtl. mit etwas neutralem Traubenkernöl gemischt.
Zu einem Mesclun-Salat passt hervorragend frisch aufgebackenes Baguettebrot und Brandade, ein warmer, mediterraner Brotaufstrich aus Kartoffelpüree und in Knoblauchsud pochiertem Fisch (→ Rezept Seite 137). Traditionell wird für dieses südfranzösische Gericht Stockfisch, also getrockneter Kabeljau, verwendet. Ich bevorzuge jedoch die mildere Variante, wo der Stockfisch durch hellen Seefisch ersetzt wird.

400 g geputzte, gemischte Salate, z. B. Frisée, Eichblatt, Löwenzahn, Rucola, Radicchio, Lollo rosso, Kopfsalat, junger Spinat, zarte Blättchen von Staudensellerie und Mangold, Römersalat, Feldsalat … • 100 g von den Stielen gezupfte, gemischte Kräuterblättchen, z. B. glatte Petersilie, Minze, Sauerampfer, Kerbel, Estragon, Schnittlauch, Basilikum, Koriander, Zitronenmelisse • Saft von 1 ½ Zitronen • ½ TL Zucker • Salz • Pfeffer • 40 ml bestes Olivenöl • 30 ml Traubenkernöl

¶ Salate und Kräuter in kaltem Wasser waschen und trocken schleudern. Salate in etwa gleichgroße, mundgerechte Stücke zupfen und alles in eine Schüssel geben.

¶ Zitronensaft mit Zucker, Salz und Pfeffer verrühren und die beiden Öle langsam einrühren.

¶ Erst direkt vor dem Servieren den Salat mit der Vinaigrette anmachen, nochmals abschmecken, evtl. nachwürzen. (→ Bild Seite 136)

Brandade zu Mesclun-Salat

250 g Seefischfilet, ohne Haut und Gräten, z. B. Kabeljau oder Seelachs • 250 ml Fischfond • 5 frische Knoblauchzehen • 250 g Kartoffeln • 70 ml feinstes Olivenöl • Pfeffer • 1 Spritzer Zitronensaft

¶ Fisch waschen, trocken tupfen und in etwa 3 cm breite Streifen schneiden. Knoblauch schälen und fein hacken.

¶ Fischfond zum Kochen bringen, den Knoblauch zufügen und den Topf vom Herd ziehen. Den Topf mit einem Deckel schließen und 10 Minuten ziehen lassen. Danach den Fond durch ein Sieb passieren und erneut zum Kochen bringen. Den Fisch in den Fond geben, erneut den Topf vom Herd ziehen, mit einem Deckel schließen und den Fisch etwa 10 Minuten ziehen lassen. Den Fisch aus dem Knoblauch-Sud heben und das Fischfleisch mit den Fingern oder mit einer Gabel in die einzelnen Fasern zerpflücken.

¶ Kartoffeln schälen, waschen, vierteln und in leicht gesalzenem Wasser weich kochen. Die Kartoffeln abgießen, ausdampfen lassen und mit einem Kartoffelstampfer zermusen oder durch die Kartoffelpresse drücken.

¶ Pochierten Fisch und Olivenöl unter das Kartoffelpüree ziehen, evtl. ein wenig des Knoblauch-Fisch-Suds angießen und die Brandade mit Pfeffer und Zitronensaft abschmecken.

Zucchini-Staudensellerie-Salat

Grüner Sellerie, auch Staudensellerie genannt, ist bestens als Rohkost geeignet. Die Äußeren Stängel sollten geschält werden, die inneren sind die zartesten und können einfach so gegessen werden (z. B. mit einem sehr reifen Weichkäse).

Tapenade nennt man eine aus entsteinten Oliven, Anchovis und Kapern hergestellte Paste. Sie eignet sich zum Würzen oder auch pur als Brotaufstrich.

§88 Achten Sie beim Kauf von Zucchini auf möglichst kleine, feste, 10–15 cm große Früchte. Größere sind oft schwammig und schmecken bitter. §88

Für die Tapenaden-Vinaigrette: *4 Thymianzweige • 1 frische Knoblauchzehe • 40 g schwarze, entsteinte Oliven in Öl • 10 g Kapern • 2 eingelegte Sardellen (Anchovis) von guter Qualität • Schale von 1 Bio-Zitrone • 3–4 EL Balsamico-Essig • 80 ml Olivenöl*
Außerdem: *3–4 kleine Zucchini à etwa 70 g • 2 hellgelbe Stangen Staudensellerie aus der Staudenmitte*

¶ Für die Tapenade den Thymian waschen, trocken schleudern und die Blättchen abzupfen. Knoblauch schälen. Oliven, Kapern, Sardellen, Knoblauchzehe und Thymian fein hacken – je feiner, desto besser. Balsamico-Essig und Olivenöl einrühren und die Vinaigrette mit Salz, Pfeffer und evtl. einer Prise Zucker abschmecken.

¶ Zucchini und Staudensellerie waschen. Die Enden der Zucchini entfernen und das Gemüse in möglichst dünne Scheiben schneiden, dafür evtl. einen Gemüse- oder Trüffelhobel benutzen. Staudensellerie in feine Stifte schneiden. Die Zucchinischeiben auf Teller oder Platten ausbreiten, darauf die Staudenselleriestifte verteilen und das Ganze mit der Tapenaden-Vinaigrette bedecken.

¶ Den Salat etwa 10 Minuten ziehen lassen, dann servieren.

Weißkohlsalat mit gebratenen Garnelen

Weißkohl, Rotkohl und Spitzkohl eignen sich hervorragend als Rohkostsalat. Um sie bekömmlicher zu machen, sollten sie jedoch 5–15 Minuten mit den Händen oder der Küchenmaschine geknetet werden, damit sie bekömmlicher werden.
Mit den asiatischen Gewürzen bekommt dieser Salat Frische und Pep – und genau das braucht er, um wieder hinter dem Hausmannskost-Ofen hervorgeholt zu werden.

§89 **§89 Beim Kauf von Garnelen (auch Shrimps oder Gambas genannt) unbedingt darauf achten, dass es sich um Wildfang handelt! Andere Sorten sind sehr oft mit Antibiotika und Pestiziden belastet, sodass der Verzehr keine wirkliche Freude hinsichtlich des Geschmacks und der Gesundheit bedeutet. Es gilt hier wie so oft: Das bessere und damit auch teurere Produkt verspricht nicht nur, sondern hält auch den Mehrwert!**

700 g Weißkohl
***Für die Marinade:** 1 Stück Ingwer, etwa 30 g • 1 rote Chilischote • 4 EL geröstete Erdnüsse • 1 EL Zwiebelsaat (erhältlich in asiatischen Lebensmittelgeschäften) • 1 EL geröstete Sesamsamen • Saft von 1 Limette • 2 EL Mirin (süßer japanischer Reiswein) • 3 EL Sojasauce • 2 EL Fischsauce • 1 EL Sesamöl • 2 EL Pflanzenöl, z. B. Erdnuss- oder Traubenkernöl*
***Außerdem:** 8–12 Wildfang-Garnelen ohne Kopf • ½–1 Bund Koriander • 2 EL Pflanzenöl • Salz • Pfeffer*

¶ Vom Weißkohl die äußeren Blätter und den Strunk entfernen. Weißkohl in möglichst feine Streifen schneiden, evtl. mit einem Gemüsehobel.
¶ Für die Marinade Ingwer schälen und fein reiben. Die Chilischote waschen, Stiel, Kerne und innere Scheidewände entfernen und das Fruchtfleisch in feine Streifen schneiden. Erdnüsse im Mörser zerstoßen oder mit einem Messer hacken. Die so vorbereiteten Zutaten mit den restlichen Zutaten in einer Schüssel mischen und zum Weißkohl geben, alles mit den Händen ca. 7 Minuten durchkneten. Den Weißkohl mindestens 1 Stunde marinieren.
¶ Garnelenschwänze bis auf das letzte Panzerglied (aus optischen Gründen) schälen und an der Rückenseite entlang mit einem scharfen Messer leicht einschneiden. Den nun freigelegten Darm entfernen, Garnelen unter fließendem kaltem Wasser waschen, trocken tupfen und bis kurz vor dem Servieren kalt stellen.
¶ Koriander waschen, trocken schleudern und einige Blättchen zum Garnieren beiseite stellen, die restlichen Blätter mitsamt Stielen fein hacken.
¶ Kurz vor dem Servieren den gehackten Koriander unter den Weißkohl-Salat heben. Pflanzenöl in einer Pfanne erhitzen und darin bei hoher Temperatur die Garnelenschwänze von beiden Seiten jeweils etwa 1 Minute anbraten. Die Garnelen sollten innen leicht glasig sein.
¶ Zum Servieren Weißkohl auf Teller oder in Schüsselchen verteilen, mit Garnelen und Korianderblättchen belegen.

Avocado-Mozzarella-Salat mit Mango

Mozzarella ist ursprünglich ein italienischer Büffelkäse. Heute wird er auch aus Kuhmilch hergestellt und zwar nicht nur in Italien, denn der Name Mozzarella allein ist nicht geschützt. Sollten Sie aber die Möglichkeit haben, »Mozzarella di Bufala Campana DOP« zu ergattern, zögern Sie nicht, ihn zu kaufen. Er kostet zwar einiges, ist seinen Preis aber auch wert. Der Zusatz DOP (geschützte Ursprungsbezeichnung) garantiert, dass es sich um den echten Mozzarella aus Kampanien handelt. Probieren Sie mit diesem Produkt mal folgendes Gericht aus.

§ 90 Mit einem zehnminütigen Bad in warmem Wasser hilft man schlappem Rucola wieder auf die Beine. §90

40 g Pinienkerne • 150 g Büffel-Mozzarella • 1 große reife Mango • ½ Bund Rucola • 100 ml frisch gepresster Orangensaft • Salz • Pfeffer • evtl. etwas rote Chilischote in feinen Ringen • 3 EL feinstes Olivenöl • 1 EL Honig (vorzugsweise Akazienhonig) • 1 reife Avocado • Saft von ½ Limette

¶ Pinienkerne in einer Pfanne ohne Fett bei mittlerer Temperatur hellbraun rösten und beiseite stellen.

¶ Mozzarella in etwa 1 cm große Würfel schneiden. Mango schälen und das Fruchtfleisch rundherum vom Kern abschneiden, dann in 1 cm große Würfel schneiden.

¶ Rucola-Salat putzen, waschen und trocken schleudern.

¶ Orangensaft in einen Topf geben und auf die Hälfte einkochen. Dieses Konzentrat in eine Schüssel geben und mit Salz, Pfeffer, roter Chilischote, Olivenöl und Honig zu einer Vinaigrette verrühren.

¶ Avocado halbieren und den Kern entfernen. Die Hälften schälen und das Fruchtfleisch in 1 cm große Würfel schneiden. Sofort mit dem Limettensaft beträufeln, da es sich sonst braun verfärbt. Avocado mit Salz und Pfeffer würzen.

¶ Zum Anrichten einen Metallring von etwa 8 cm Durchmesser auf einen Teller setzen und jeweils eine Lage Avocado einfüllen. Darauf Mozzarella- und Mangowürfel geben. Das Ganze mit einem Löffel fest drücken und mit Orangenvinaigrette beträufeln. Ring abziehen und 3 weitere Teller auf diese Weise vorbereiten. Nun den Rucola-Salat mit der restlichen Vinaigrette in einer Schüssel anmachen und auf jedes Türmchen ein paar Rucola-Blätter setzen. Mit Pinienkernen bestreuen und sofort servieren.

¶ Wem die Arbeit mit den Ringen zu aufwendig erscheint, der kann Avocado-, Mango- und Mozzarellawürfel mit dem Rucola-Salat in einer Schüssel mischen, kurz vor dem Servieren mit der Vinaigrette anmachen und mit gerösteten Pinienkernen bestreuen.

Spargelsalat mit Dicken Bohnen und Parmesan

Spargel, der Deutschen wohl liebstes Gemüse – es ließe sich hier ein ganzer Roman darüber schreiben, was natürlich zu weit führen würde.
Deswegen nur zwei, drei wichtige Punkte:

§91 **§ 91 Weißen Spargel immer sorgfältig im Ganzen schälen, grünen Spargel nur an den Enden.**

Wenn der Spargel bitter ist, haben nicht Sie etwas falsch gemacht, sondern der Spargelbauer, denn dann wurde der Spargel zu dicht am Wurzelende abgestochen.

§92 **§ 92 In ein feuchtes Tuch gewickelt und im Kühlschrank aufbewahrt, hält sich Spargel ohne wesentlichen Qualitätsverlust 2–3 Tage.**

Das edle Gemüse kann übrigens auch roh gegessen oder gebraten werden.
Dicken Bohnen (Saubohnen, Pferdebohnen) sollte immer ihre lederartige Haut entfernt werden. Dies ist zwar eine ziemlich langwierige Arbeit, die dann aber durch den Genuss reichlich belohnt wird!

2 kg weißer Spargel (etwa 6 Stangen pro Person) • 300 g gepalte Dicke Bohnen, ersatzweise 250 g gepalte frische Erbsen • Saft von ½ Zitrone • Salz • 1 EL Zucker
***Für die Vinaigrette:** 1 Bund Kerbel • ½ Bund Estragon • 2 unbehandelte Zitronen • Salz • Pfeffer • etwas Zucker • 50 ml kochendes Wasser • 8 EL sehr gutes Olivenöl • 8 EL Traubenkernöl*
***Außerdem:** Parmesanspäne zum Bestreuen*

¶ Für die Vinaigrette Kerbel und Estragon waschen, trocken schleudern und beiseite stellen. Zitronen heiß waschen und trocken reiben. Die Schale abraspeln und die Frucht auspressen. Zitronenschale und -saft mit Salz, Pfeffer, Zucker und kochendem Wasser verrühren und langsam die beiden Öle einrühren.

¶ Spargel sorgfältig schälen und den holzigen Teil am Ende (1–2 cm) entfernen.

¶ Dicke Bohnen in einem Topf mit sprudelnd kochendem Salzwasser etwa 2 Minuten blanchieren, dann sofort in Eiswasser abschrecken und auf einem Sieb abtropfen lassen. Das dünne Häutchen der Dicken Bohnen mit den Fingern vorsichtig entfernen.

¶ Für den Spargel einen passenden Topf mit Wasser, Zitronensaft, etwas Salz und Zucker zum Kochen bringen, die Spargelstangen zufügen und 12–15 Minuten leise kochen lassen, bis der Spargel weich ist. Kerbel und Estragon fein hacken und unter die Vinaigrette mischen. Spargel aus dem Wasser heben, noch warm auf 8 Teller oder eine große Platte legen. Dicke Bohnen darauf verteilen. Den lauwarmen Salat mit der Vinaigrette beträufeln. Mit Parmesanspänen bestreuen, nach Belieben mit Estragon- und Kerbelblättchen garnieren und sofort servieren.

¶ Sie können den Salat nach Belieben auch kalt servieren, dann die Spargelstangen nach dem Kochen abkühlen lassen und mit der Vinaigrette 30 Minuten marinieren, erst kurz vor dem Servieren Dicke Bohnen und Parmesan darübergeben.

Kichererbsen-Salat mit Saté-Spießen

Dieses herrlich leichte und mineralstoffhaltige Gericht schmeckt nicht nur im Sommer.

§93 **§93 Alle getrockneten Hülsenfrüchte (außer Linsen) über Nacht in Wasser einweichen. Das Einweichwasser wegschütten und die Hülsenfrüchte dann ohne Zugabe von Salz kochen, damit sie weich werden.**

In den Kochfond nach Belieben Aromaten wie Knoblauch, Staudensellerie, Chili, Thymian, Rosmarin und Schalotten geben, was aber nicht zwingend ist! Hülsenfrüchte sollen nicht sprudelnd kochen, sondern langsam und leise köcheln, bis sie vollständig weich sind. Den Kochfond nur zum Aufbewahren behalten, nicht zum weiteren Kochen verwenden. Rohe Hülsenfrüchte enthalten einen Giftstoff, der im Kochwasser zurückbleibt.

(→ §95)

Für die Kichererbsen: *250 g getrocknete Kichererbsen • 2 Knoblauchzehen • 1 Chilischote • 1 Stange Staudensellerie • 30 ml Olivenöl*
Ersatzweise 700 g gekochte Kichererbsen (Abtropfgewicht)
Für die Saté-Spieße: *400 g Schweinefilet oder Rücken (ersatzweise Hühnchenfilet ohne Haut, Rinderfilet oder -rostbraten) • 200 ml Kokosmilch • 1 TL Palmzucker • Saft von ½ Zitrone • 4 TL Fischsauce • 6 TL Sojasauce • 4 EL Pflanzenöl*
Außerdem: *12 Holzspieße • evtl. Pflanzenöl zum Braten*
Für den Salat: *1 mittlere rote Zwiebel • 1 frische Knoblauchzehe • 1 Bund Petersilie • 1 rote Chilischote • Saft von 1–1 ½ Limetten • ½ TL gemahlener Kreuzkümmel • Salz • Pfeffer • 1 Prise Zucker • 8 EL Joghurt • 60 ml sehr gutes Olivenöl*

¶ Die Kichererbsen über Nacht in reichlich Wasser einweichen. Am nächsten Tag Knoblauch schälen, Chili waschen. Staudensellerie putzen, waschen und in Stücke schneiden. Kichererbsen unter fließend kaltem Wasser waschen und in einem Topf mit Knoblauch, Chilischote, Staudensellerie, Olivenöl und reichlich Wasser ohne Salz zum Kochen bringen. Die Kichererbsen leise köchelnd 30–60 Minuten vollständig weich kochen, dabei evtl. etwas Wasser nachgießen. Anschließend abgießen, abspülen und abtropfen lassen.

¶ Für die Saté-Spieße das Schweinefilet waschen, trocken tupfen und schräg in hauchdünne Streifen schneiden. Fleisch gleichmäßig wellenförmig auf 12 Holzspieße stecken und diese nebeneinander in ein passendes Gefäß legen.

¶ Für die Marinade Kokosmilch, Palmzucker, Zitronensaft, Fisch- und Sojasauce sowie das Öl verrühren und über die Spieße verteilen. Saté-Spieße mindestens 1 Stunde marinieren.

¶ Währenddessen für den Salat die rote Zwiebel und die Knoblauchzehe schälen und sehr fein würfeln. Petersilie waschen, trocken schleudern und die Blättchen fein hacken. Chilischote waschen, Stiel, Kerne und innere Scheidewände entfernen und das Fruchtfleisch fein hacken.

¶ Limettensaft mit Kreuzkümmel, Salz, Pfeffer, Zucker, Joghurt und Olivenöl verrühren. Kichererbsen, rote Zwiebel, Knoblauch, Chili und Petersilie mit der Vinaigrette verrühren und den Salat abschmecken. Den Salat 30 Minuten ziehen lassen.

¶ Die Spieße aus der Marinade heben, über einem aufgeheizten Holzkohlegrill, ersatzweise in einer gut vorgeheizten Grillpfanne oder einer anderen Pfanne in Pflanzenöl braten.

¶ Den Salat direkt vor dem Servieren nochmals abschmecken und mit den frisch gegrillten Spießen servieren.

Kartoffel-Bohnen-Salat

Dies ist kein herkömmlicher Kartoffel-Salat, sondern eine Mischung aus gekochtem und gebratenem Gemüse sowie Blattsalat, angemacht mit einer erfrischenden Vinaigrette. Der Salat eignet sich als sättigendes Mittagessen und kann beliebig aufgestockt werden, z. B. ganz einfach mit Thunfisch aus der Dose – dabei auf gute Qualität achten (am besten Ware aus nachhaltiger Fischerei mit MSC-Zertifikat kaufen). Der Salat lässt sich aber auch prima mit gebratenen Lammkoteletts, einem kross gebratenen Fischfilet, gebratenen Sardinen oder simpel mit hart gekochten Eiern, Oliven oder Kapern kombinieren.

Für den Salat: *8–12 kleine Kartoffeln • Meersalz • 200 g grüne Bohnen • 1 Friséesalat (nur die hellen Teile) • 12 Kirschtomaten • Pfeffer • 3 EL Olivenöl zum Anbraten • ½ TL Piment d'Espelette, ersatzweise ½ TL Cayennepfeffer*
Für die Vinaigrette: *1 frische Knoblauchzehe • Saft von 1 Zitrone • ½ TL Zucker • Salz • Pfeffer • 8 EL sehr gutes Olivenöl • etwa 10 Basilikumblätter*

¶ Die Kartoffeln gründlich waschen, dabei die Schale mit einem Schwamm sehr gut abbürsten. Die Kartoffeln mit Wasser bedecken, Meersalz zufügen und aufkochen. Dann leise kochen lassen, bis die Kartoffeln weich sind.

¶ Währenddessen die Bohnen putzen und in sprudelnd kochendem Salzwasser blanchieren, bis sie weich sind und dabei noch etwas Biss haben. Sie sollten auf keinen Fall unter den Zähnen quietschen! Die Bohnen in Eiswasser abschrecken, auf ein Sieb geben und abtropfen lassen.

¶ Die hellen Teile des Friséesalats putzen, in mundgerechte Stücke zupfen, waschen und trocken schleudern. Kirschtomaten waschen und halbieren.

¶ Die fertig gekochten Kartoffeln abgießen und etwas abkühlen lassen.

¶ Währenddessen die Vinaigrette zubereiten: Knoblauch schälen und sehr fein hacken oder durch eine Knoblauchpresse drücken. Knoblauch mit Zitronensaft, Zucker, Salz und Pfeffer verrühren, dann langsam das Olivenöl einrühren. Die Basilikumblätter waschen, trocken schleudern, fein hacken und unterrühren.

¶ Die Kartoffeln der Länge nach halbieren. In einer großen Pfanne das Olivenöl erhitzen und die Kartoffeln mit der Schnittfläche nach unten bei geringer Hitze goldbraun anbraten. Friséesalat, Bohnen und Kirschtomaten auf vier Teller verteilen.

¶ Kartoffeln wenden, mit Salz, Pfeffer und Piment d'Espelette würzen, aus der Pfanne nehmen und auf den Salaten verteilen. Das Ganze mit der Vinaigrette beträufeln und sofort servieren.

Rote-Bete-Salat mit Orangen und Walnüssen

Geliebt oder gehasst ... vermutlich halten sich Sympathie und Antipathie bei diesem Gemüse die Waage. Sollten Sie zur zweiten Gruppe tendieren, dann aber nur, weil Sie Rote Bete noch nie so zubereitet haben!

§ 94 Gart man Rote Bete in Alufolie oder in einer Kruste aus grobem Meersalz, behält sie ihr wunderbares Aroma und ihre unwiderstehliche Süße. §94

Normal in Wasser gekocht, schmeckt sie eigentlich nur noch labberig und ausgelutscht – dafür geht's aber wesentlich schneller.

Für die Rote Bete: *3 Rote-Bete-Knollen à etwa 300 g • 6 EL grobes Meersalz • 3 Sternanis • 1 EL Korianderkörner • 1 EL Pfeffer • 50 g Walnusshälften • 1 EL Kastanienhonig • 1 Prise Zimt • 2 Orangen*
Für die Vinaigrette: *150 ml frisch gepresster Orangensaft • 1 Sternanis • Salz • Pfeffer • 20 ml Nussöl • 30 ml Olivenöl*
Außerdem: *Aluminiumfolie • leicht geöltes Backpapier*

¶ Rote Bete waschen, jede Knolle mit 2 EL Meersalz, 1 Sternanis, etwas Koriander und Pfeffer in Aluminiumfolie einschlagen. Die Päckchen auf ein Backblech setzen und dieses für 2 Stunden in den auf 200 °C vorgeheizten Backofen schieben. Dann eine Knolle aus der Folie wickeln, mit einem spitzen Messer kontrollieren, ob sie vollständig weich ist, gegebenenfalls die Knollen noch weitere 30 Minuten im Ofen garen. Die fertig gegarten Rote-Bete-Knollen auskühlen lassen, dann die Haut mit einem kleinen Messer abziehen und die Knollen in Achtel schneiden.

¶ Walnüsse, Honig und eine Prise Zimt in eine kleine Pfanne geben und unter ständigem Rühren erhitzen, bis der Honig anfängt, zu karamellisieren (was man durch den dunklen Farbton des Honigs kaum erkennen kann. Machen Sie es nach Gefühl: Der Honig sollte dünnflüssig sein und beim Kochen kleine Blasen werfen.). Bis der Honig so weit ist, dauert es etwa 2 Minuten. Die Nüsse auf ein leicht geöltes Backpapier geben und mit einem Holzlöffel auseinanderziehen.

¶ Orangen filetieren. Den Saft dabei auffangen und für die Vinaigrette mit den 200 ml Orangensaft und einem Sternanis in einen Topf geben und auf die Hälfte einkochen.

¶ Reduktion mit Salz und Pfeffer würzen und langsam die beiden Öle einrühren.

¶ Rote Bete und Orangenfilets auf vier Teller verteilen, mit der Vinaigrette anmachen und mit den Walnusshälften bestreuen.

Linsensalat mit gebratenem Serrano-Schinken

Welche der vielen Linsensorten Sie bevorzugen, bleibt Ihnen natürlich überlassen. Ich liebe die kleinen Le Puy-Linsen aus Südfrankreich oder die sehr schnell garenden roten Linsen aus der Türkei.

§95 **§95 Linsen müssen nicht eingeweicht werden, sollten aber immer zuerst bissfest blanchiert und danach erst mit den Aromaten oder Gemüsen weich gekocht werden. Linsen nicht »al dente« servieren!** (→ §93)

200 g Linsen (z. B. Le Puy-Linsen oder Champagner-Linsen) • 2 Schalotten • 1 Knoblauchzehe • 1 mittlere Karotte • 1 Stange Staudensellerie • 2 EL gutes Olivenöl • 700 ml Geflügelbrühe • 1 Lorbeerblatt • 4–5 EL Balsamico-Essig • 1 EL Puderzucker • Salz • Pfeffer • 50 g Butter • ½ Bund glatte Petersilie • etwas Zitronensaft • 2 EL sehr gutes Olivenöl • 2–3 EL Olivenöl zum Anbraten • 8–12 Scheiben Serrano-Schinken • 4 EL sehr guten, alten Balsamico oder Balsamico-Reduktion (100 ml in einem Topf auf die Hälfte reduziert, → S. 49)

¶ Linsen in ungesalzenem Wasser bissfest blanchieren, abgießen und mit klarem Wasser abspülen. Schalotten, Knoblauch, Karotte und Staudensellerie schälen, Karotte und Staudensellerie waschen und alles in feine Würfel schneiden.

¶ Das gute Olivenöl in einem Topf erhitzen und darin die Gemüsewürfel farblos anschwitzen. Linsen zufügen, mit Geflügelbrühe auffüllen und Lorbeerblatt zufügen. Die Linsen weich kochen, sie sollten dann weder zu trocken noch zu flüssig sein, dementsprechend entweder etwas Hühnerbrühe zufügen oder etwas Kochfond abgießen. Die Linsen mit Balsamico-Essig, Puderzucker, Salz und Pfeffer abschmecken.

¶ Zuletzt die kalte, in Würfel geschnittene Butter einrühren, bis sie geschmolzen ist und die Linsen leicht bindet.

¶ Petersilie waschen, trocken schleudern und die Blättchen mit etwas Zitronensaft, sehr gutem Olivenöl, Salz und Pfeffer anmachen.

¶ Rest Olivenöl portionsweise in einer großen Pfanne erhitzen und darin die Serrano-Scheiben bei mittlerer Temperatur von beiden Seiten knusprig braten.

¶ Linsen auf vier Teller verteilen und darauf die Serrano-Scheiben und den Petersiliensalat setzen. Etwas sehr guten, alten Balsamico oder eine Balsamico-Reduktion um den Salat träufeln und sofort servieren.

Ofengemüse

Diese Gemüse-Zubereitung eignet sich gut als Beilage zu gebratenem Fleisch oder einfach nur so mit einem Dip oder einer Vinaigrette.

§96 **§ 96 Das Garen im Backofen verstärkt die Intensität des Geschmacks, deutlich tritt die Süße des Gemüses hervor. Geeignet sind wasserarme Gemüsesorten wie Kartoffeln, Knollensellerie, Rote Bete, Pastinaken, Petersilienwurzeln.**

Die Garzeit hängt von der Schnittgröße ab. Die Gemüsesorten sind mit vielen Gewürzen kombinierbar, schmecken aber auch pur, nur mit Salz und Pfeffer gewürzt wunderbar. Selbstverständlich können die Sorten auch alle einzeln und dann in größerer Menge gebacken werden, die Vielfalt soll nur veranschaulichen, wie man die Gemüsesorten miteinander und mit Gewürzen kombinieren kann.

½ Knollensellerie • 2 Rote-Bete-Knollen • 2–3 Karotten • 2–3 Pastinaken • 4 EL Olivenöl • Salz • schwarzer Pfeffer aus der Mühle • Gewürze wie Korianderkörner, Kümmel oder Kreuzkümmel, Zimtstangen, Lorbeerblätter

¶ Das gesamte Gemüse schälen, waschen und nach Belieben in nicht zu kleine Stücke schneiden. Alle Stücke sollten etwa die gleiche Größe haben.

¶ Die Gemüsesorten nacheinander in einer Schüssel mit jeweils 1 EL Olivenöl und etwas Salz und Pfeffer mischen, dabei die Rote Bete zuletzt mischen, da sie durch den stark färbenden Saft die anderen Gemüsesorten einfärben würde.

¶ Die Rote Bete benötigt etwa 8 Minuten mehr Garzeit im Backofen, daher die Rote Bete zuerst auf das Backblech geben und in den auf 200 °C vorgeheizten Backofen schieben. Nach 8–10 Minuten die restlichen Gemüsesorten daneben verteilen, nach Belieben jede Gemüsesorte mit einem der oben genannten Gewürze aromatisieren.

¶ Das Gemüse weitere 30–40 Minuten im Ofen backen, aus dem Ofen nehmen und sofort servieren.

Crostini mit Canellini-Bohnenpüree

Unter der Bezeichnung »Bohne« versteht man sowohl die Hülse als auch die Kerne, sprich die Samen.

§97 Alle Bohnensorten sind roh ungenießbar, denn sie besitzen eine gesundheitsschädliche Proteinmischung, die erst durch Hitze zerstört wird. Also Bohnen immer gar kochen – sowohl Einweichwasser als auch Kochwasser immer wegschütten! §97

Getrocknete Bohnen über Nacht einweichen, dann am besten abspülen und mit frischem Wasser kochen. Bohnen gibt es in vielen Farben, Formen und Größen – richtig zubereitet sind sie immer eine Delikatesse! Sie passen sowohl zu Fleisch als auch Fisch, können zu Suppe verarbeitet oder als Salat genossen werden. Also ran an die Bohne!
Wer das Püree ganz fein haben will, streicht es nach dem Pürieren mit dem Pürierstab durch ein feinmaschiges Sieb. Aber auch nur gestampft schmeckt es einfach toll.
Probieren Sie diese Crostini als Appetizer oder zu einer Suppe oder einem Braten ... köstlich!

ERGIBT ETWA 24 CROSTINI
200 g weiße Canellini-Bohnen (weich kochende italienische Bohnen) • 2 Knoblauchzehen • 1 Chilischote • 1 Stange Staudensellerie • 70 ml sehr gutes Olivenöl • Saft von ½ Zitrone • Salz • Pfeffer • 1 Prise Cayennepfeffer
***Für die Crostini:** 3 Knoblauchzehen • 4 Rosmarinzweige • 6 Thymianzweige • 7–9 EL gutes Olivenöl • 24 Scheiben Baguettebrot (etwa 1 cm dünn) • 12–24 hauchdünne Scheiben Lardo (italienischer Speck) • schwarzer Pfeffer aus der Mühle*

¶ Die Canellini-Bohnen über Nacht in reichlich Wasser einweichen. Am nächsten Tag Knoblauch schälen, Chili waschen. Staudensellerie putzen und waschen. Bohnen unter fließendem kaltem Wasser waschen, dann in einem Topf mit den leicht angedrückten Knoblauchzehen, der Chilischote, dem Staudensellerie und reichlich Wasser ohne Salz zum Kochen bringen.

¶ Temperatur verringern und die Bohnen leise köchelnd in etwa 1 Stunde vollständig weich kochen, dabei evtl. etwas Wasser nachgießen.

¶ Die fertig gekochten Bohnen abgießen und Knoblauchzehen, Chilischote und Staudensellerie entfernen. Olivenöl und Zitronensaft zufügen und die Bohnen mit einem Pürierstab pürieren, bis die Masse möglichst glatt ist. Das Püree nach Belieben durch ein feines Sieb streichen, dabei wird ein Teil der Bohnenhäutchen entfernt und das Püree wird noch feiner und gleichmäßiger. Das Püree mit Salz, Pfeffer und einem Hauch Cayennepfeffer abschmecken.

¶ Für die Crostini die Knoblauchzehen schälen und leicht andrücken, die Kräuter waschen, sehr gut trocken schleudern und in Stücke zupfen.

¶ Olivenöl in einer großen Pfanne erhitzen. Darin die Baguettebrotscheiben portionsweise mit dem Knoblauch und den Kräutern von beiden Seiten goldbraun anbraten. Währenddessen das Bohnenpüree erhitzen.

¶ Die Scheiben aus der Pfanne nehmen und zum Entfetten auf Küchenpapier setzen. Die warmen Scheiben mit 1 guten EL Bohnenpüree bestreichen, einige gebratene Kräuter darüber verteilen und mit ½–1 Scheibe Lardo belegen. Die Crostini mit frisch gemahlenem schwarzem Pfeffer bestreuen und sofort servieren.

Pak-Choi mit Tofu und Sesam-Vinaigrette

Ein einfaches, aber sehr geschmacksintensives Gericht, das auch noch ruck, zuck zubereitet ist. Die Zutaten sind in jedem Asiamarkt ohne Probleme zu bekommen.
Pak-Choi, zu Deutsch »Senfkohl«, ist ein naher Verwandter des Chinakohls und lässt sich genau wie frischer Spinat oder Mangold zubereiten.
Tofu wird aus weißem Sojabohnen-Teig hergestellt, der bei der Gerinnung von Sojamilch entsteht. Der »Quark«, der dabei übrig bleibt, wird zu Blöcken gepresst und dann geschnitten.
Mirin ist ein süßer Reiswein aus der japanischen Küche, der aber nicht zum Trinken (im Gegensatz zu seinem alkoholreicheren Bruder dem Sake) genutzt wird, sondern als Würzmittel dient.
Für Sojasauce gilt: Geben Sie lieber etwas mehr für eine qualitativ hochwertige Sojasauce aus, die wenig gesalzen ist und möglichst keine Zusatzstoffe hat.

§98 **§ 98 Tofu kann gebraten, gekocht oder mariniert werden. Zum Braten und Kochen nehmen Sie einen festen Tofu, zum roh Marinieren den weichen Seidentofu, der auf der Zunge zergeht.**

400 g Pak-Choi • 400 g Seidentofu • 3 Knoblauchzehen • evtl. 1 rote Chilischote • 1 EL Szechuanpfeffer • 3 EL neutrales Pflanzenöl • 4–6 EL Sojasauce • 100 ml Hühnerbrühe • Saft von ½ Limette • 3 EL Mirin • 2 EL reines Sesamöl

¶ Pak-Choi putzen, waschen, abtropfen lassen und halbieren, die einzelnen Blätter sollen am Strunk zusammenhalten.
¶ Den Tofu in mundgerechte Würfel schneiden.
¶ Den Knoblauch schälen und in dünne Scheiben schneiden. Die Chilischote waschen, Kerne und innere Scheidewände entfernen, und die Schote in dünne Streifen schneiden. Szechuanpfeffer mit einem Mörser zerstoßen.
¶ Das Öl in einer großen Pfanne erhitzen und darin den vorbereiteten Pak-Choi etwa 2 Minuten anbraten. Knoblauchscheiben zufügen und kurz mit anbraten. Chili und Szechuanpfeffer zufügen und das Ganze mit Sojasauce, Hühnerbrühe, Limettensaft und Mirin ablöschen. Sesamöl und Tofuwürfel zufügen und 1 Minute kochen lassen. Das Ganze abschmecken, evtl. noch etwas Limettensaft und Sojasauce zufügen und in Schälchen verteilen.

Stielmus

Diese westfälische Spezialität ist weitgehend in Vergessenheit geraten, obwohl sie eigentlich richtig lecker ist. Unter Stielmus – auch Rübstiel genannt – versteht man die Stiele und Blätter von Mairübchen. Um Stielmus zu ziehen, säen die Bauern die Samen der Mairübchen so eng, dass sich die Rübchen selbst nicht entwickeln können. Dafür wird dann nur das herb und kräftig schmeckende Blattgrün verwendet.
Wenn Sie kein Stielmus bekommen, weichen Sie auf das Grün von fertig entwickelten Mairübchen, Eiszapfen oder Rettich aus.

§ 99 Milch für Kartoffelpüree immer zum Kochen bringen, bevor sie in die Kartoffeln gegeben wird. Sonst besteht die Gefahr, dass die Milch während des Warmhaltens oder beim Aufbewahren sauer wird (→ §§ 18, 119). §99

Für das Kartoffel-Stielmus-Gemüse: *1 kg mehlig kochende Kartoffeln, z. B. »Laura« • 200 g Stielmus • 1 Zwiebel • 40 g Speck • 40–70 g Butter • 300 ml Milch • Salz • Pfeffer*
Außerdem: *2 Zwiebeln • 30 g Butter • etwa 16–20 kleine Bratwürstchen*

¶ Die Kartoffeln schälen, waschen und vierteln. Kartoffeln in einem Topf mit Wasser bedecken, leicht salzen, einmal aufkochen und bei mittlerer Temperatur weich kochen.

¶ Das Stielmus gründlich waschen und trocken schleudern. Die Stiele in etwa 4 cm lange Stücke schneiden.

¶ Die Zwiebel schälen und fein würfeln. Den Speck ebenfalls in feine Würfel schneiden.

¶ Die fertig gekochten Kartoffeln abgießen, Milch zufügen und einmal aufkochen. Die Hälfte der Butter zufügen und die Kartoffeln mit einem Kartoffelstampfer zerdrücken.

¶ In einem Topf die restliche Butter schmelzen und darin Zwiebel- und Speckwürfel bei mittlerer Temperatur anbraten, bis sie Farbe annehmen. Stielmus zufügen, etwa 3 Minuten mitanbraten, dann die gestampften Kartoffeln zufügen und alles mischen. Das Kartoffel-Stielmus-Gemüse mit Salz, Pfeffer und evtl. etwas Butter abschmecken.

¶ Dazu passen hervorragend Bratwürstchen und in Butter gebräunte Zwiebeln.

¶ Dafür die Zwiebeln schälen und in feine Ringe schneiden. Butter in einer Pfanne erhitzen, die Zwiebelringe bei mittlerer Temperatur darin bräunen und aus der Pfanne nehmen. Im verbleibenden Fett die Würstchen von beiden Seiten langsam braten.

Gestovter Lauch

Dicke, pampige Mehlsaucen sind eigentlich völlig out! Aber gut gemacht und bei einem fast vergessenen Klassiker wie diesem, der durch den hohen Lauchanteil geschmacklich sehr kräftig ist, passen sie schon hervorragend. Die Béchamelsauce dient hier nur zur Bindung, geschmacklich ordnet sie sich dem Lauch unter. Eine super Beilage zu kräftigen Gerichten mit dunklen Saucen, z. B. Schmorgerichten mit Lamm-, Kalb-, Rindfleisch oder Wildbret.
Der Begriff »gestovt« kommt übrigens aus dem Niederdeutschen und bezeichnet gedämpftes bzw. gedünstes Gemüse in einer Mehlschwitze. (→ Weiße Sauce, S. 53)

§100 **§ 100 Mit Mehlschwitze gebundene Saucen dienen – ungeachtet ihrer Konsistenz – zur Bindung sowohl von Saucen für Gemüsebeilagen oder Nudelgerichte wie Lasagne. Wichtig ist, dass der Mehlgeschmack nicht zu dominant ist.**

60 g Butter • ½ Zwiebel • 1 Knoblauchzehe • 50 g Mehl • 350 ml Milch • 150 ml Sahne • Salz • weißer Pfeffer aus der Mühle • etwas geriebene Muskatnuss • 4 Lauchstangen

¶ Für die Béchamelsauce Butter in einem Topf schmelzen. Zwiebel und Knoblauch schälen, fein würfeln und in der Butter bei mittlerer Hitze farblos anschwitzen. Mehl zufügen und mit einem Schneebesen glatt rühren, 3–4 Minuten unter Rühren farblos anschwitzen.

¶ Nach und nach die kalte Milch und die Sahne mit dem Schneebesen einrühren, zum Kochen bringen und unter gelegentlichem Rühren 20 Minuten leicht köcheln lassen.

¶ Die fertige Sauce mit Salz, frisch gemahlenem weißem Pfeffer und geriebener Muskatnuss abschmecken, durch ein Sieb abpassieren und abkühlen lassen.

¶ Den Lauch putzen, dafür die Wurzel, das äußerste Blatt und etwa 4 cm vom dunklen Ende entfernen. Lauchstangen halbieren und in kaltem Wasser gründlich waschen. Die Lauchstangen abtropfen lassen und in sehr feine Streifen schneiden.

¶ Lauchstreifen in sprudelnd kochendem Wasser blanchieren, der Lauch sollte noch etwas Biss haben. Lauch in kaltem Wasser abschrecken, auf ein Sieb geben, gut abtropfen lassen und zwischen Küchenpapier gut trocknen, dabei die Lauchstreifen fest ausdrücken.

¶ Zum Servieren den Lauch mit der Béchamelsauce in einem Topf verrühren und erhitzen, evtl. nochmals mit Salz und Pfeffer abschmecken.

Geschmorte Römersalatherzen

Geschmorte Gemüse, mit oder ohne Fleischbrühe angesetzt, sind hervorragende Begleiter zu allen Fleisch- oder Fischgerichten, eignen sich aber auch wunderbar als hochwertige vegetarische Gerichte.
Lassen Sie einfach den Speck weg und ersetzen Sie den Kalbsfond durch Gemüsebrühe. So zaubern Sie ein sehr schmackhaftes vegetarisches Essen, das mit warmem Brot serviert eine komplette kleine Mahlzeit ergibt.

§101 **§101 In anderen Kulturkreisen ist das Schmoren von Salat viel üblicher als bei uns. Es eignen sich besonders Salate mit leichten Bittertönen wie Rucola, Löwenzahn, Radicchio und Chicorée sowie die dunklen Blätter vom Frisée.**

2 Römersalatherzen • 50 g geräucherter durchwachsener Speck • 1 Schalotte • 1 Knoblauchzehe • 1 Karotte • 1 Stück Knollensellerie, etwa 100 g • ½ Bund Petersilie • 2 EL Pflanzenöl • 200 ml Kalbsfond • Salz • Pfeffer • 20 g Butter

¶ Die äußeren Blätter der Römersalatherzen entfernen. Die beiden Köpfe der Länge nach halbieren, behutsam waschen und vorsichtig trocken schleudern.

¶ Speck in feine Würfelchen schneiden.

¶ Schalotte, Knoblauch, Karotte und Knollensellerie schälen und alles in feine Würfelchen schneiden.

¶ Petersilie waschen, trocken schleudern und die Blättchen fein hacken.

¶ Pflanzenöl in einem Topf erhitzen und bei mittlerer Temperatur die Speckwürfel und das Gemüse anbraten, bis es rundum Farbe angenommen hat. Kalbsfond zufügen, alles zum Kochen bringen und die Würfelchen 2–5 Minuten weich kochen. Petersilie zufügen und das Gemüse mit wenig Salz und kräftig mit Pfeffer würzen.

¶ Butter in einem passenden Topf oder Bräter erhitzen und darin die Römersalatherzen auf der Schnittseite bei mittlerer Temperatur anbraten. Salat wenden und mit dem Gemüse und dem Kalbsfond übergießen. Das Ganze für 10–15 Minuten in den auf 180 °C vorgeheizten Backofen schieben. Die Salatherzen sollten am Strunk noch knackig sein. Salatherzen aus dem Ofen nehmen und mit der Sauce – wunderbar auch mit Kartoffelpüree zusammen – als Beilage servieren.

Gebratener Fenchel

Eine genial-schlichte Gemüsezubereitung, die voller Aroma steckt und ein tolles vegetarisches Gericht abgibt oder auch sehr gut zu gebratenem Fisch oder Fleisch passt.

§102 **§102 Die äußeren Blätter und die Stiele von Fenchel sind oft holzig und zum Verzehr nicht geeignet. Kochen Sie daraus einen Sud oder würzen Sie damit einen Schmorbraten.**
(→ Rinderschmorbraten, S. 267)

4 Fenchelknollen • 1 Zwiebel • 1 Karotte • 3–4 EL gutes Olivenöl • 1 EL Fenchelsamen • 2 frische Knoblauchzehen • 100 ml Weißwein • 3 EL Pernod • 1 Lorbeerblatt • Pfeffer • 12–16 Kirschtomaten • einige Rucolablättchen • 2–3 EL schwarze Oliven in Öl • Salz
***Außerdem:** Backpapier*

¶ Das untere Ende der Fenchelknollen etwa 1 cm breit entfernen, die äußeren Blätter sowie die oberen, grünen Stiele entfernen. Die Knollen und die Abschnitte waschen.

¶ Zwiebel und Karotte schälen, Karotte waschen und sowohl die Fenchelabschnitte als auch Zwiebel und Karotte in dünne Scheiben schneiden.

¶ 1 EL Olivenöl in einem Topf erhitzen, darin das geschnittene Gemüse farblos anschwitzen. Die Fenchelsamen und 1 leicht angedrückte Knoblauchzehe zufügen. 1 weitere Minute anschwitzen, das Ganze mit Weißwein und Pernod ablöschen. Fenchelknollen senkrecht nebeneinander in den Topf setzen, Lorbeer zufügen und das Ganze mit etwa 500 ml Wasser auffüllen. Die Fenchelknollen sollen gerade mit Flüssigkeit bedeckt sein. Fenchel mit Pfeffer würzen und den Topfinhalt mit einem zurechtgeschnittenen Stück Backpapier abdecken. Die Fenchelknollen 20–30 Minuten leicht kochen lassen. Dann mit einem spitzen Messer kontrollieren, ob sie gar sind.

¶ Den fertig gegarten Fenchel aus dem Sud heben und etwas abkühlen lassen. Den Fenchel-Sud durch ein Sieb passieren und für andere Zwecke, z. B. für ein Fenchel-Risotto oder als Ersatz für eine Gemüsebrühe verwenden.

¶ Den Fenchel der Länge nach halbieren, jede Hälfte in 4 Spalten schneiden, dabei halten die einzelnen Fenchelblätter durch den Strunk in der Mitte zusammen. Die Spalten zwischen zwei Lagen Küchenpapier trocken tupfen.

¶ Das restliche Olivenöl in einer großen Pfanne erhitzen und darin die Spalten von beiden Seiten bei mittlerer Temperatur braten, bis sie rundum Farbe annehmen.

¶ Den restlichen Knoblauch schälen, in feine Streifen schneiden und bei niedrigster Temperatur zum Fenchel geben. Tomaten und Rucolablättchen waschen, Rucola trocken schleudern und beides zusammen mit den Oliven zum Fenchel geben. Das Ganze kurz durchschwenken und mit Salz und Pfeffer würzen. Die Tomaten sollten nicht matschig werden, sondern nur leichte Risse bekommen und warm werden.

Gemüse-Kasserolle

Das Wort »Kasserolle« stammt aus dem Französischen und bedeutet »flacher Topf mit Stiel«. Der Begriff ist heute aber gleichbedeutend mit »in einem Topf zusammen geschmort« und die betreffenden Gerichte werden meistens auch in diesem serviert.

§ 103 Viele wichtige Nährstoffe sitzen direkt unter der Schale, daher Gemüse immer so dünn wie möglich schälen, holzige Stellen jedoch großzügig mit wegschneiden. §103

Die Schlichtheit dieses Gerichts ist sehr überzeugend, jedoch bedarf es etwas an Vorbereitung: Alle Gemüsesorten müssen geputzt und geschnitten werden. Wenn es dann aber ans eigentliche Kochen geht, hat man keine Arbeit mehr: Die einzelnen Zutaten werden zeitlich versetzt im Topf gebraten und zum Schluss geschmort.
Die Gemüse-Kasserolle kann beliebig durch andere Gemüsesorten erweitert oder ersetzt werden. Sie ist eine ideale Beilage zu hellem und dunklem Fleisch, kann aber auch als vollwertiges vegetarisches Gericht zubereitet werden. Zusätzlichen Pfiff bekommt sie, wenn man in der letzten Minute vor dem Servieren eine Handvoll gewaschener, grüner Weintrauben untermischt. Diese sollen leicht warm werden und nicht platzen.

3 große Artischocken • Saft von ½ Zitrone • 200 g kleine festkochende Kartoffeln, z. B. Charlotte • 1 Karotte • 4 Stangen weißer Spargel • 4 Stangen grüner Spargel • 200 g frischer Spinat • 3 Thymianzweige • 3 frische Knoblauchzehen • 3 EL gutes Olivenöl • Salz • Pfeffer • 1 Lorbeerblatt • Saft von 1 Orange

¶ Den Stiel der Artischocken mit einem Sägemesser knapp unter dem Boden und die äußeren Blätter direkt über dem Artischockenboden abschneiden. Dann mit dem Messer die äußeren Blätter um den Boden herum abschneiden, dabei nicht zu tief schneiden, damit der Boden erhalten bleibt. Den Boden mit einem kleinen scharfen Messer am Stielansatz von allen holzigen Stellen befreien. Artischockenböden achteln und das Heu aus dem Inneren der Artischocken herausschneiden. Die Artischockenstücke sofort in eine Schüssel mit kaltem Wasser und dem Zitronensaft geben.

¶ Kartoffeln gründlich waschen und vierteln. Karotte schälen und in etwa 1 cm dicke Scheiben schneiden. Weißen Spargel sorgfältig schälen, dafür den Sparschäler etwa 2 cm unterhalb des Kopfes ansetzen und zum Stielende hin schälen. Das holzige Stielende etwa 1 cm breit abschneiden. Die Stangen in 3 etwa gleich große Stücke schneiden. Die holzigen Enden des grünen Spargels etwa 3–4 cm breit abschneiden und die Stangen ebenfalls in drei Teile schneiden.

¶ Spinatblätter von den Stielen ziehen und sehr sorgfältig in kaltem Wasser waschen, bis der Boden des Spülbeckens sandfrei ist. Spinat trocken schleudern.

¶ Knoblauchzehen leicht andrücken, Thymian waschen und trocken schleudern.

¶ Etwa 20 Minuten vor dem Servieren die Artischocken aus dem Wasser nehmen und trocken tupfen. Olivenöl in einer breiten Kasserolle erhitzen, darin bei mittlerer Temperatur die Artischocken und Kartoffeln anbraten, mit Salz und Pfeffer würzen. Nach 3 Minuten die Karottenscheiben zufügen, 3 Minuten später Spargelstücke und Knoblauch zufügen. Sobald auch die Spargelstücke Farbe angenommen haben, Lorbeer, Thymian, Orangensaft und 100 ml Wasser zufügen. Einen Deckel leicht geöffnet auf die Kasserolle setzen und das Gemüse in etwa 10 Minuten fertig garen. Das Gemüse sollte gar sein, abgesehen von den Kartoffeln und den Artischocken einen leichten Biss haben und die Flüssigkeit sollte größtenteils verdampft sein.

¶ Spinat unter das Gemüse ziehen, das Ganze nochmals abschmecken und sofort servieren.

Gemüse-Tempura

Tempura – eine Spezialität der japanischen und thailändischen Küche – ist unseren durch Bier- oder Weinteig gezogenen und dann frittierten Speisen sehr ähnlich, wird jedoch ohne Ei und mit einer speziellen Mehlmischung hergestellt, dem Tempuramehl. Tempuramehl ist eine Mischung aus Weizenmehl, Reismehl und Backpulver.

§ 104 Beim Frittieren ist die Temperatur ausschlaggebend: Hat das Fett eine Temperatur unter 150 °C, dann saugt sich das Frittiergut voller Fett und bildet keine Kruste. Bei Temperaturen über 190 °C verbrennt das Frittiergut von außen, während es innen noch roh ist (→ § 138). §104

Anschließend wird das Frittierte mit allerlei Dips serviert, z. B. mit Mayonnaise, Sojasauce oder was Sie sonst noch so alles zaubern. Das gebackene Gemüse eignet sich als Hauptgang genauso gut wie als Beilage oder Snack. In Japan wird es traditionell zu Misosuppen (das sind Brühen auf der Basis von fermentierten Sojabohnen) gereicht.
Bei folgendem Rezept bestimmen Sie die Gemüsemengen und -sorten selbst!

150 g Tempuramehl (erhältlich in asiatischen Lebensmittelgeschäften) • 2 Süßkartoffeln • 1 Aubergine, etwa 350 g • 1 Bund grüner Spargel • 1 Stück weißer Rettich, etwa 100 g • 750 ml Frittieröl • Salz • Sojasauce von guter Qualität (→ S. 158)

¶ 200 ml Wasser in einer Schüssel für etwa 10 Minuten in die Tiefkühltruhe stellen. Tempuramehl in eine Schüssel geben und unter ständigem Rühren mit einem Schneebesen das eiskalte Wasser zufügen, bis der Teig gleichmäßig glatt ist.

¶ Süßkartoffeln schälen, waschen, trocken tupfen und mit einem Messer in etwa 3 cm breite Stifte schneiden.

¶ Aubergine waschen und in mundgerechte, unregelmäßige Stücke schneiden (keine Würfel, da diese zu dick wären).

¶ Spargel waschen, dann etwa 3 cm der Enden entfernen und die Stangen in der Mitte quer halbieren.

¶ Rettich schälen und fein reiben.

¶ Frittieröl in einem Topf auf etwa 170 °C erhitzen. Das vorbereitete Gemüse portionsweise durch den Tempurateig ziehen und im heißen Fett goldbraun und knusprig ausbacken. Sobald das Gemüse kross ist (nach etwa 1 Minute), mit einer Schaumkelle aus dem Öl heben, zum Entfetten auf Küchenpapier setzen und leicht salzen.

¶ Zum Dippen jeweils 1 EL geriebenen Rettich in 4 kleine Schälchen geben und mit Sojasauce aufgießen.

Blumenkohl polnisch

Ein nicht gerade kalorienarmes Gericht, aber wirklich köstlich! Und wenn Sie keine Scheu vor Knoblauch haben, geben Sie zu den Bröseln zusätzlich eine fein gehackte Knoblauchzehe und der Geschmack hebt sich nochmals enorm. Diese Zubereitung eignet sich sowohl als Beilage, z. B. zu Fleischgerichten, wie auch als Hauptgang für 3–4 Personen.

2 Eier • 1 Blumenkohl, etwa 800 g • Salz • 1 EL frischer Zitronensaft • ½ Bund Schnittlauch • 100 g Butter • 60 g Semmelbrösel • Salz • Pfeffer

¶ Die Eier 10 Minuten in kochendem Wasser hart kochen, abschrecken, pellen und mit einem Wiegemesser oder einem großen Messer hacken.

¶ Die äußeren Blätter des Blumenkohls entfernen und den Kohlkopf in Röschen teilen. Diese waschen, in einem Topf mit Wasser bedecken, etwas Salz und den Zitronensaft zufügen und den Blumenkohl weich kochen. Anschließend die Röschen auf ein Sieb gießen, abtropfen lassen und in eine ofenfeste Auflaufform geben.

¶ Schnittlauch waschen, trocken schleudern und in feine Röllchen schneiden.

¶ Die Butter schmelzen und darin bei mittlerer Temperatur die Semmelbrösel goldbraun rösten.

¶ Die Eier zufügen, alles verrühren und diese Mischung über den Blumenkohl verteilen. Die Auflaufform in den auf 180 °C vorgeheizten Backofen geben und den Blumenkohl 10 Minuten backen. Das Gericht mit reichlich Schnittlauch bestreuen und sofort servieren.

Glasierter Rosenkohl

Zu diesem Gemüse harmonieren auch wunderbar glasierte Esskastanien. Dafür die Schale der Kastanien ringsum mit einem scharfen Messer einritzen. Die Kastanien nebeneinander auf ein Backblech legen, ½ Tasse Wasser auf das Blech gießen und die Kastanien im Backofen bei 200 °C 15–20 Minuten rösten. Kastanien leicht abkühlen lassen, schälen und mit dem Sellerie dünsten, dabei die Wassermenge auf 100 ml erhöhen.

§ 105 Der unangenehme und sich hartnäckig haltende Kohlgeruch, der ganze Küchen und Treppenhäuser durchzieht, entsteht nur, wenn Kohl (alle Sorten!) zu lange gekocht wird. Also nicht länger als nötig garen! § 105

400 g Rosenkohl • Salz • 100 g mild geräucherter durchwachsener Speck • 300 g Knollensellerie • 40 g Butter • 1 TL Zucker • Pfeffer • geriebene Muskatnuss

¶ Den Rosenkohl putzen, indem man das Strunkende mit einem kleinen, scharfen Messer abschneidet und die äußeren Blätter entfernt. Den Strunk kreuzweise einschneiden und den so vorbereiteten Rosenkohl in sprudelnd kochendem Salzwasser je nach Größe 2–5 Minuten bissfest blanchieren. Rosenkohl abgießen, in Eiswasser abschrecken und auf einem Sieb abtropfen lassen.

¶ Speck in etwa 3 mm dicke Stifte schneiden und diese in ungesalzenem Wasser einmal kurz aufkochen. Speck auf ein Sieb gießen, abschrecken und zwischen Küchenpapier trocken tupfen. Butter in einem Topf erhitzen, darin die Speckstifte, »Lardons« genannt, bei mittlerer Temperatur goldbraun anbraten. Speck aus dem Topf heben und warm stellen.

¶ Knollensellerie schälen und in Würfel schneiden, die dem Rosenkohl in ihrer Größe etwa entsprechen.

¶ Knollensellerie in den Topf mit der Butter geben, etwa 50 ml Wasser zugießen, Zucker und etwas Salz zufügen und das Ganze etwa 5 Minuten dünsten, bis die Selleriewürfel bissfest sind. Rosenkohl zufügen und das Ganze weitere 5–10 Minuten bei halb aufgelegtem Deckel garen, bis der Rosenkohl vollständig weich, jedoch nicht überkocht ist. Den Deckel abnehmen, zwar sollte das Gemüse nicht vollständig trocken sein, jedoch sollte nur wenig Flüssigkeit im Topf verbleiben. Das Gemüse mit Salz, Pfeffer und etwas geriebener Muskatnuss abschmecken.

¶ Den Rosenkohl mit den Lardons bestreuen und zu Wildgerichten (→ z. B. Hirschragout, S. 271 oder Rehrücken, S. 268) servieren.

Miesmuscheln

Diese Muschelart ist wohl die am weitesten verbreitete überhaupt. Muscheln werden heute das ganze Jahr über gehandelt, wobei ich rate, sie nur in den Monaten von Oktober bis März zu verzehren. In dieser Zeit sind die Wasserqualitäten und -temperaturen so, dass die Muscheln nicht allzu viel Schadstoffe aufnehmen und sie in der Regel bedenkenlos gegessen werden können, wenn man Folgendes beachtet:

§106 **§ 106 Vor der Zubereitung müssen Muscheln noch leben. Das Gehäuse muss geschlossen sein bzw. sich sofort schließen, wenn darauf geklopft wird. Die, die geöffnet bleiben, müssen weggeworfen werden, aber auch beschädigte oder solche, die sich nach dem Kochen nicht öffnen.**

Muscheln dürfen aber auch nicht zu lange gegart werden, da sie sonst zäh und hart werden. Die Muscheln sind gar, sobald sich ihre Schalen während des Kochens öffnen. Der Sud ist köstlich und kann für Saucen, Marinaden, Vinaigrettes, Risotto usw. verwendet werden.

2 kg Miesmuscheln • 1 Zwiebel • 2 Stangen Staudensellerie • 2 EL Butter • 200 ml trockener Weißwein • 10 Pfefferkörner • 2 Blatt Lorbeer

¶ Miesmuscheln in kaltem Wasser gründlich waschen, Muschelbärte (Byssusfäden) entfernen.

¶ Zwiebel schälen und in feine Streifen schneiden. Staudensellerie waschen und in dünne Scheiben schneiden.

¶ Butter in einem großen Topf erhitzen, Zwiebel und Staudensellerie darin anschwitzen. Weißwein aufgießen und zum Kochen bringen. Muscheln, Pfeffer und Lorbeer zufügen und die Muscheln bei geschlossenem Topf ca. 6 Minuten garen, dabei gelegentlich umrühren. Dabei öffnen sich die Muscheln und können verzehrt werden. Muscheln, die geschlossen bleiben, wegwerfen. Die Muscheln möglichst sofort servieren. Der buttrige Muschelsud schmeckt wunderbar aromatisch – zum Auftunken frisch aufgebackenes Weißbrot servieren!

Jakobsmuscheln mit karamellisiertem Chicorée und Beurre blanc

Was gibt es Besseres als Jakobsmuscheln? Der nussige Geschmack, der bei gebratenen Muscheln genauso vorhanden ist wie bei rohen, schlägt für mich alles, was sonst noch aus dem Meer kommt. Aber frisch müssen sie sein!

§107 **§107 Frische Jakobsmuscheln sind immer denen in Lake vorzuziehen. Lieber nur eine qualitativ hochwertige Jakobsmuschel essen als vier oder fünf aus der Lake.**

Lassen Sie sich bei den frischen Jakobsmuscheln nicht von dem anfänglich vielleicht etwas strengen Geruch verunsichern. Erst nachdem die Muscheln ausgebrochen und gereinigt sind, kann man am Geruch deren Frische beurteilen: Sie duften nach einer frischen Meeresbrise.

FÜR 4 VORSPEISEN

gut 100 g Schalotten • 30 g Butter + 200 g kalte Butter • 200 ml trockener Weißwein • 350 ml Fischfond oder Geflügelbrühe • Salz • Pfeffer • evtl. etwas Himbeeressig • 4 frische Jakobsmuscheln in der Schale • 2 mittelgroße Chicoréestauden • 1 EL Pflanzenöl • 40 g Butter • 3 EL Zucker • Salz • Pfeffer

¶ Schalotten schälen, halbieren und der Länge nach in dünne Scheiben schneiden. 30 g Butter in einem Topf erhitzen und darin die Schalotten farblos anschwitzen.

¶ Nach etwa 5 Minuten den Weißwein zugießen, zum Kochen bringen und leise köchelnd fast vollständig einkochen.

¶ Fischfond angießen und auf die Hälfte einkochen. Den Fond durch ein feines Sieb passieren, dabei die Schalotten kräftig mit einer Kelle oder einem Löffel ausdrücken. Die kalte Butter in Würfel schneiden und nach und nach mit einem Pürierstab in den heißen Fond mixen. Die Sauce mit Salz, Pfeffer und evtl. etwas Himbeeressig abschmecken. Die Sauce beiseite oder warm stellen, sie sollte von nun an nicht mehr kochen.

¶ Jakobsmuscheln mit einer dünnen Palette öffnen, dabei die Palette vorsichtig an der flachen Schalenhälfte entlang in die Muschel schieben und das Muskelfleisch vorsichtig vom oberen Deckel lösen. Den Deckel entfernen, dann das Muskelfleisch mit der Palette von der gewölbten Schalenhälfte lösen. Das Muskelfleisch (Nüsschen) vom grauen Rand befreien, den orangefarbenen Rogen nach Geschmack aufbewahren oder entfernen. Nüsschen vorsichtig in kaltem Wasser abspülen, sie können sehr sandig sein. Die Nüsschen zwischen Küchenpapier trocken tupfen.

¶ Chicorée waschen, Strunk mit einem kleinen, spitzen Messer kegelförmig herausschneiden und die Stauden in etwa 1–2 Zentimeter breite Ringe schneiden.

¶ Kurz vor dem Servieren eine Pfanne mit 1 EL Pflanzenöl für die Jakobsmuscheln erhitzen. Butter und Zucker in einer anderen Pfanne zum Schmelzen bringen. Chicoréestreifen zufügen und durchschwenken. Jakobsmuscheln im heißen Öl von beiden Seiten jeweils 30–60 Sekunden stark anbraten, mit Salz und Pfeffer würzen. Sie sollen eine schöne karamellisierte Farbe bekommen und innen noch unbedingt glasig bleiben.

¶ Chicorée ebenfalls mit Salz und Pfeffer würzen, die Streifen sollen noch knackig bleiben.

¶ Chicorée auf vier Teller verteilen, jeweils eine Muschel daraufsetzen.

¶ Beurre blanc erwärmen, aber nicht mehr kochen lassen. Die Sauce mit einem Pürierstab schaumig aufmixen und um die Muscheln verteilen. Sie werden sicherlich nicht die ganze Sauce benötigen, den Rest können Sie im Kühlschrank etwa 4 Tage aufbewahren. Dabei setzt sich die Butter zwar oben ab, bei erneutem Erwärmen und Aufmixen verbindet sich diese jedoch wieder zu einer perfekten Beurre blanc (→ S. 58).

Gegrillter Hummer

Hummer – der König der Krustentiere! Teuer, aber auch jeden Cent wert, wenn er richtig zubereitet wird! Ich liebe auch hier die Grillvariante (der Geschmack von Freiheit und Abenteuer). Sie passt wunderbar zu diesem edlen Meeresbewohner.

§108 Hummer darf in Deutschland nur durch Kochen getötet werden. Dazu wird er kopfüber in einen großen Topf mit heftig sprudelndem Salzwasser gegeben. §108

Die Garzeit richtet sich dabei nach der Verwendung: Wird er sofort für Salat, Nudeln oder andere Gerichte verarbeitet, bei denen er nicht mehr erwärmt wird, rechnen Sie pro 100 Gramm etwa 1 Minute. Wird der Hummer hinterher nochmals gebraten, gegrillt oder sonstwie erwärmt, kochen Sie ihn bitte nur 30 Sekunden pro 100 Gramm.
Ins Kochwasser können Sie einen Schuss Essig oder Kümmel, Kräuter oder Gemüse geben.
Das Ausbrechen des Hummers ist gar nicht so kompliziert: Mit einem großen, scharfen Messer den Körper der Länge nach halbieren und mit dem schweren Griff des Messers die Gelenke knacken oder mit einer schweren Schere den Panzer aufschneiden und das Fleisch ausbrechen.

Für die Tomaten-Basilikum-Sauce: *3 Zwiebeln • 3 frische Knoblauchzehen • 1,5 kg aromatische Tomaten + 6 Tomaten • 1 Lorbeerblatt • 1 Rosmarinzweig • 2 Thymianzweige • 5 Basilikumzweige • 3 EL gutes Olivenöl • Salz • schwarzer Pfeffer aus der Mühle • 1 TL Zucker*
Für das Chili-Knoblauch-Öl: *2 frische Knoblauchzehen • 1 rote Chilischote • 150 ml sehr gutes Olivenöl*
Für den gegrillten Hummer: *2 Hummer • 4 Estragonzweige • 2 TL Meersalz • 2 EL Tafelessig*

¶ Für die Sauce Zwiebeln und Knoblauch schälen und in feine Streifen schneiden. 1,5 kg Tomaten waschen und grob würfeln. Kräuter waschen.
¶ Olivenöl in einem Topf erhitzen und die Zwiebeln farblos anschwitzen. Dann Knoblauch und 1 Minute später Tomaten, Gewürze, Kräuter (bis auf das Basilikum) und Zucker zufügen. Bei niedriger Temperatur leise köcheln lassen, bis die Sauce eine sämige Konsistenz hat.
¶ Die Tomaten in sprudelnd kochendem Salzwasser blanchieren (→ S. 11), häuten und entkernen. Die Tomatenfilets in Würfel (»Concassé«) schneiden. Die Kerne in die Tomatensauce geben.
¶ Nach etwa 40 Minuten die Sauce durch ein feines Sieb streichen und evtl. nochmals etwas einkochen.
¶ Knoblauchzehen schälen und sehr fein hacken. Chilischote waschen, Stiel, Kerne und innere Scheidewände entfernen und in sehr feine Würfelchen schneiden. Knoblauch, Chili und Öl verrühren.
¶ Für den Hummer in einem großen Topf mindestens 7 Liter Wasser zum Kochen bringen. Estragon, Meersalz und Tafelessig ins Wasser geben. Sobald das Wasser sprudelnd kocht, einen Hummer mit dem Kopf voran in den Topf geben. Deckel sofort schließen und den Hummer je nach Größe 2–3 Minuten kochen und herausnehmen. Warten, bis das Wasser wieder sprudelnd kocht, den zweiten Hummer kochen. Die Scheren und Gelenke vom Körper trennen und vorsichtig das Fleisch auslösen.
¶ Den Hummerschwanz mit dem Messer der Länge nach halbieren. Die Hummerhälften und die Scheren trocken tupfen, mit Öl bepinseln und mit der Fleischseite nach unten auf dem vorgeheizten Grill oder der vorgeheizte Grillpfanne max. 3 Minuten grillen. Hummer wenden und weitere 2 Minuten auf der Schale grillen.
¶ Basilikumblättchen von den Stielen zupfen und grob hacken. Sauce erwärmen, Tomaten-Concassé und Basilikum unterheben. Hummerhälften auf Teller verteilen, mit Chili-Knoblauch-Öl beträufeln und dazu die Tomaten-Basilikum-Sauce servieren.

Pulpo auf Tomaten-Feigen-Kompott

Der Pulpo, auch Oktopus genannt, gehört zu den achtarmigen Kraken. Im Handel wird er üblicherweise nur gereinigt angeboten – und auch nur in diesem Zustand empfehle ich ihn zu kaufen. Sein zartes Fleisch erinnert in der Konsistenz, sofern er richtig gekocht wurde, an Hühnchenfleisch. Ist der Pulpo zu kurz gekocht, schmeckt er gummiartig.

§109 **§ 109 Um Pulpo weich zu kochen, benötigt er Zeit. Er gart beim Auskühlen im Kochsud nach! Auf leichten Druck mit den Fingern sollte das Fleisch noch Widerstand aufweisen. Kann man ihn leicht zerdrücken, ist er zu lange gekocht.**

Viele Köche fügen ihm während des Kochens einen Weinkorken zu – was die Kochzeit angeblich verringern soll. Erwiesen ist dies bestimmt nicht, weich wird er auch ohne, und trotzdem folge auch ich diesem Brauch ...

Das Kochen des Pulpos ist etwas zeitaufwendig, danach ist er jedoch einfach in der Zubereitung. Er kann durchaus schon 1–3 Tage im Voraus zubereitet werden. Sobald er abgekühlt ist, wird er im Kochfond gut abgedeckt im Kühlschrank aufbewahrt.

Für das Tomaten-Feigen-Kompott verwende ich grüne Feigen, die im Aroma etwas blumiger und parfümierter sind als ihre blauen Verwandten. Sofern sich die Haut gut abziehen lässt, schäle ich die Feigen, ansonsten wasche ich sie nur gründlich.

Für den Pulpo: *1 Pulpo, etwa 800 g • ½ Fenchelknolle • 1 kleine Zwiebel • 5 Knoblauchzehen • 3 EL Olivenöl • 1 EL Fenchelsamen • 200 ml Weißwein • 1 Lorbeerblatt • 1 TL Pfefferkörner*

Für das Tomaten-Feigen-Kompott: *6 Strauchtomaten • 6 grüne Feigen • 1 EL grobes Meersalz • 3 EL Pinienkerne • 1 Zwiebel • 4 EL Olivenöl • 1 EL alter Balsamico • Salz • Pfeffer*

¶ Pulpo unter fließendem kaltem Wasser gründlich abwaschen und zum Abtropfen auf ein Sieb geben. Fenchel waschen, Zwiebel schälen und beides in Scheiben schneiden. Knoblauchzehen schälen und leicht andrücken.

¶ 1 EL Olivenöl in einem Topf erhitzen. Fenchel, Zwiebel und Fenchelsamen darin farblos anschwitzen. Pulpo und Knoblauch zufügen und weitere 5 Minuten anschwitzen.

¶ Weißwein zugießen und zum Kochen bringen. So viel Wasser zugießen, dass der Pulpo gerade mit Wasser bedeckt ist. Lorbeer und Pfeffer zufügen und erneut alles zum Kochen bringen. Den Pulpo 45–60 Minuten leise köcheln lassen und im Kochfond auskühlen lassen.

¶ Währenddessen Feigen waschen und mit einem kleinen Messer, sofern möglich, die Haut abziehen. Feigen vierteln, nebeneinander auf ein Blech setzen und mit dem Meersalz bestreuen.

¶ Tomaten blanchieren (→ S. 11), vierteln und entkernen, auf ein leicht geöltes Blech setzen und im auf 140 °C vorgeheizten Backofen 25 Minuten leicht antrocknen.

¶ Pinienkerne in einer Pfanne ohne Öl bei mittlerer Temperatur gleichmäßig goldbraun rösten.

¶ Zwiebel schälen und sehr fein würfeln. 4 EL Olivenöl erhitzen. Zwiebeln darin farblos anschwitzen. Tomaten und Feigen zufügen, salzen und pfeffern und 10–15 Minuten leise kochen lassen.

¶ Kurz vor dem Servieren den Pulpo aus dem Kochsud heben, abtropfen lassen und mit einem Messer die Arme vom Körper trennen. In beliebig große Stücke schneiden und gut trocken tupfen.

¶ 2 EL Olivenöl in einer Pfanne erhitzen und darin den Pulpo bei starker Hitze braten, bis er Farbe annimmt. Pulpo mit Pfeffer und wenig Salz würzen.

¶ Pinienkerne unter das Kompott heben und auf Teller verteilen. Pulpostücke daraufsetzen und sofort servieren.

Gefüllte Calamaretti

Calamaretti, so heißen die kleinen Tintenfische, die in den Mittelmeerländern so überaus beliebt sind. Machen Sie es den Italienern, Spaniern, Griechen einfach nach, scheuen Sie die Arbeit des Säuberns und Füllens nicht! – Das Ergebnis wird Sie belohnen und begeistern.

§ 110 Calamaretti werden ungefüllt nur sehr kurz und heiß gebraten; gefüllt am besten ebenfalls bei hoher Temperatur im Backofen garen. So bleiben sie zart, saftig und voller Meeresgeschmack. §110

16 Calamaretti • 16 Zahnstocher zum Verschließen
***Für die Füllung:** 2 Scheiben Toastbrot • 6 EL Olivenöl • ½ mittelgroße Fenchelknolle • 2 EL frischer Zitronensaft • 1 frische Knoblauchzehe • 20 g Pinienkerne • 10 g Rosinen • 2 Thymianzweige • Salz • schwarzer Pfeffer aus der Mühle*
***Außerdem:** 4 frische Knoblauchzehen • 12 kleine Tomaten • 4 Thymianzweige • Salz • Pfeffer • 4 EL sehr gutes Olivenöl*

¶ Calamaretti putzen, indem man den Kopf mit den Tentakeln aus dem Körperbeutel (auch Tube genannt) zieht. Mit einem Messer die Tentakel knapp über dem Auge so abschneiden, dass die Tentakel noch miteinander verbunden bleiben. Kauwerkzeuge in der Mitte der Tentakel herausdrücken. Vom Körperbeutel die Haut abziehen und das transparente Fischbein aus der Tube herausziehen. Tentakel und Körperbeutel sorgfältig waschen und trocken tupfen.

¶ Für die Füllung vom Toastbrot die Rinde abschneiden und die Scheiben in sehr feine Würfelchen schneiden. 4 EL Olivenöl in einer Pfanne erhitzen und darin die Brotwürfelchen von allen Seiten bei mittlerer Temperatur goldbraun rösten. Die Brotwürfel auf einen Teller geben und abkühlen lassen.

¶ Fenchel putzen, waschen, in sehr feine Würfelchen schneiden und mit dem Zitronensaft beträufeln. Knoblauch schälen und fein hacken. Pinienkerne in einer Pfanne ohne Fett goldbraun rösten, aus der Pfanne nehmen und fein hacken. Rosinen ebenfalls hacken. Thymian waschen, die Blättchen von den Stielen zupfen und hacken.

¶ Fenchelwürfelchen im restlichen Olivenöl anschwitzen, Knoblauch und Thymian zufügen und kurz durchschwenken. Alle Zutaten für die Füllung in einer Schüssel mischen und mit Salz und Pfeffer würzen. Die Füllung vorsichtig und nicht zu stramm in die Calamaretti-Tuben füllen; am besten eignet sich hierfür ein Spritzbeutel ohne Tülle. Die Tuben mit jeweils einem Zahnstocher schließen.

¶ Die Knoblauchzehen schälen und leicht andrücken. Tomaten waschen und halbieren. Thymian waschen und trocken schleudern. Die gefüllten Calamaretti-Tuben mit den Tentakeln, Tomaten, Knoblauchzehen und Thymianzweigen in eine Auflaufform geben oder nach Belieben die Zutaten auf vier Portionsförmchen verteilen. Alles mit Salz und Pfeffer würzen und das Öl darüberträufeln. Das Ganze in den auf 190 °C vorgeheizten Backofen geben und maximal 15 Minuten backen. Dazu passt frisch aufgebackenes Weißbrot.

Saibling auf Gurken-Radieschen-Gemüse

Saiblinge gibt es sowohl im Süß- als auch im Salzwasser. Sie gehören zu den Salmoniden (lachsartigen Fischen). Dieser Fisch stellt sehr hohe Ansprüche an die Wasserqualität, was ihn für uns zu einem hervorragenden Speisefisch werden lässt. Sehr beliebt ist auch Saiblingskaviar. Aber Achtung: Die Qualitäten sind sehr unterschiedlich, oft ist er zu sehr gefärbt und gesalzen. Also vor dem Kauf lieber probieren.

Für das temperaturempfindliche Fleisch des Fisches bietet sich ein ganz wunderbares Verfahren an:

§111 **§ 111 Eine sehr schonende Methode ist das Niedrigtemperaturgaren, bei dem das Gargut über eine längere Zeit bei sehr niedriger Temperatur gegart wird. Bei Fisch z. B. flockt das enthaltene Eiweiß nicht aus, dadurch bleibt er saftig und behält seine schöne Farbe.**

1 Saibling à 500–600 g oder 2 Saiblinge à 250–300 g • 2 EL Butter • Salz • weißer Pfeffer aus der Mühle • 1 kleiner Kohlrabi • 6 Radieschen • 1 Stück Bio-Gurke, etwa 200 g • ½ Bund Schnittlauch • 3 EL Weißweinessig • 2 EL sehr gutes Olivenöl • 1 Prise Zucker • 150 g Vollmilchjoghurt, natur • 4 EL Forellen- oder Saiblingskaviar • einige Blättchen Kerbel und Dill

¶ Saibling filetieren und die Gräten ziehen, Haut nicht entfernen. Die Saiblingsfilets waschen, trocken tupfen und jeweils quer halbieren, sodass vier etwa gleich schwere Portionen entstehen.

¶ Saiblingsfilets auf der Fleischseite mit Salz und Pfeffer würzen. Ein Backblech mit ½ EL Butter einfetten, darauf die Saiblinge mit der Hautseite nach oben setzen. Die Filets mit leicht gebutterter Alufolie abdecken und in den auf 50 °C vorgeheizten Ofen geben. Beim Garen verändert der Saibling seine Farbe kaum. Nach ca. 30 Minuten, wenn sich die Haut leicht vom Fischfilet ziehen lässt, ist der Saibling fertig.

¶ Kohlrabi schälen und in etwa 2–3 mm große Würfelchen schneiden. Radieschenblätter entfernen, Radieschen und Bio-Gurke waschen, Gurke vierteln und die Kerne entfernen. Beides wie den Kohlrabi in feine Würfelchen schneiden. Schnittlauch waschen, trocken schleudern und in feine Röllchen schneiden.

¶ Die Kohlrabiwürfelchen in 1 EL Butter farblos anschwitzen. Mit Weißweinessig ablöschen, 4 EL Wasser und Olivenöl zufügen und einmal aufkochen. Radieschen- und Gurkenwürfelchen zufügen, kurz mit anschwitzen, Schnittlauchröllchen zufügen und das Gemüse mit Salz, Pfeffer und etwas Zucker abschmecken.

¶ Das warme Gemüse auf vier Teller verteilen. Darauf die lauwarmen Saiblingsfilets mit der Hautseite nach oben setzen. Die Haut nun vorsichtig abziehen.

¶ Joghurt mit 2 EL Wasser verrühren, mit Salz, Pfeffer und Zucker würzen und mit dem Forellenkaviar um das Gemüse und den Fisch verteilen. Die Teller mit Kerbel- und Dillblättchen garnieren.

Geräucherte Forelle

Frisch aus dem Rauch, so heißt es ja oft auf irgendwelchen Werbeschildern; doch selten ist es wirklich so. Wenn Sie das Räuchern mal selbst ausprobieren und dann das noch warme Geräucherte genießen, werden Sie nie mehr Kompromisse machen. Sollten Sie den Fisch allerdings wirklich frisch geräuchert kaufen können, z. B. direkt von der Räucherkate, lohnt es sich zuzugreifen.

§ 112 Was benötigt man zum Räuchern? 1. Rauchmehl (z. B. aus Buchenholz; erhältlich beim Anglerbedarf); 2. einen großen Topf oder Bräter, besonders gut sind gusseiserne geeignet; 3. den passenden Deckel, ansonsten Alufolie; 4. einen passenden Dampfeinsatz oder auch (Kuchen-)Gitter sind geeignet §112

Kleine Temperaturunterschiede haben große Auswirkungen: Wenn ein Gargut angeräuchert, aber noch nicht gar ist, kann es in einer gebutterten Form in den vorgeheizten Backofen geschoben werden: Fisch bei 50–60 °C, Fleisch bei 120–140 °C, dabei das Gargut mit gebutterter Alufolie abdecken.

Am besten eignen sich relativ fetter Fisch und Geflügel zum Räuchern. Etwas ausgefallen, aber sehr lecker ist eine geräucherte Kartoffel.

1 Forelle • 1 EL Sternanis • 1 EL Wacholderbeeren • 1 EL Pfefferkörner • 2 Rosmarinzweige • 4 Thymianzweige • 4 Lorbeerblätter • 3 EL Buchenholzmehl • Butter zum Fetten • Salz • Alufolie

¶ Forelle filetieren, alle Gräten entfernen und die Filetränder sauber abschneiden. Filets kalt abspülen und trocken tupfen.

¶ Sternanis, Wacholderbeeren und Pfefferkörner im Mörser zerstoßen. Kräuter waschen und trocken schleudern, Lorbeer mit den Fingern in kleine Stücke bröseln bzw. zupfen. Buchenholzmehl, Wacholder, Pfeffer und Lorbeer mischen und auf dem Boden eines geeigneten Topfes oder Bräters verteilen.

¶ Ein passendes Gitter mit doppelt gelegter Alufolie belegen und die Folie mit Butter fetten. Mit einer Gabel mehrfach kleine Löcher in die Folie pieksen, Rosmarin und Thymian in kleine Stücke zupfen und diese auf der Folie verteilen. Forellenfilets mit der Hautseite nach oben auf die Folie setzen.

¶ Den Topf auf den Herd setzen und bei hoher Temperatur warten, bis das Rauchmehl leicht zu qualmen beginnt. Das Gitter mit dem Fisch in den Topf setzen, den Deckel aufsetzen und weitere 1–2 Minuten auf der Kochstelle lassen. Dann den Topf vom Herd ziehen und weitere 8–10 Minuten ziehen lassen. Den Deckel abnehmen und überprüfen, ob die Forellenfilets schon gar sind. Dies erkennt man daran, dass sich die Haut mit den Fingern leicht vom Schwanzende in Richtung Kopf vom Filet abziehen lässt. Sollte die Haut an den dicksten Stellen hängen bleiben, den Deckel rasch wieder schließen und die Filets eventuell weitere Minuten ziehen lassen. Ansonsten die Filets auf ein gebuttertes Blech setzen, mit Alufolie abdecken und im auf 60 °C vorgeheizten Ofen gar ziehen lassen. Genaue Zeitangaben können nicht gegeben werden, da die Temperaturentwicklung stark von der Starttemperatur und vom Material des Topfes abhängt.

¶ Die geräucherten Forellenfilets schmecken am allerbesten noch leicht warm, direkt aus dem Rauch, mit gebuttertem Graubrot. So kann man die feinen Geschmacksnuancen des zart geräucherten Fischs erschmecken.

Gebeizter Lachs mit Sternanis und Lorbeer

Ein Gericht, das sich Tage im Voraus zubereiten lässt und eine herrliche Vorspeise darstellt.

§113 **§113 Unter Beizen versteht man das Marinieren eines Lebensmittels. Es wird geschmacklich verändert und in der Regel durch Wasserentzug länger haltbar gemacht.**

Man unterscheidet noch zwischen »trockenem« und »nassem« Beizen. Die trockene Beize besteht hauptsächlich aus Salz und verschiedenen Gewürzen, die nasse Beize z. B. aus Buttermilch, ohne Salz, aber ebenfalls mit Gewürzen. Gebeizt wird meistens rohes Fleisch oder Fisch. Bei Letzterem eignen sich wegen ihres hohen Fettgehaltes besonders Lachs und Thunfisch. Noch ein Wort zu Sesamöl:

§114 **§114 Sesamöl muss sehr sparsam verwendet werden. Zu viel des sehr aromatischen und geschmacklich dominanten Öls vernichtet alle anderen Aromen und wirkt auch appetithemmend.**

Richtig eingesetzt ist es aber ein Genuss. Kaufen Sie immer nur eine kleine Einheit des Öls, da es sehr schnell ranzig wird.

Für den gebeizten Lachs: *1 topfrische Lachsseite, etwa 700 g • 5 g Pfefferkörner • 20 g Sternanis • 15 Lorbeerblätter • 100 g grobes Salz • 120 g Zucker*
Für den roh marinierten Spitzkohl: *1 kleiner Spitzkohl, etwa 500 g • 1 Stück frischer Ingwer, etwa 20 g • 1 rote Zwiebel • evtl. 1 rote Chilischote • 3 EL Weißweinessig • 3 EL Sojasauce • 1 TL Sesamöl • 3 EL sehr gutes Olivenöl • 1 Prise Zucker*

¶ Lachsseite schuppen und entgräten, dann kalt abspülen und trocken tupfen. Die geschuppte Hautseite mit einem scharfen Messer oder einer Rasierklinge leicht einritzen.

¶ Pfeffer, Sternanis und Lorbeer im Mörser oder in einem Universal-Zerkleinerer zerkleinern, dann mit dem Salz und dem Zucker mischen.

¶ Eine passende Form mit einem Drittel der Gewürzmischung bestreuen, darauf den Lachs mit der Hautseite nach unten legen. Die Fleischseite mit der restlichen Gewürzmischung bestreuen.

¶ Den Lachs mit einem Holzbrett oder einem anderen passenden Gegenstand beschweren und im Kühlschrank etwa 40 Stunden marinieren. Während dieser Zeit einmal wenden.

¶ Die Gewürzmischung vorsichtig mit einem Messer abschaben und die Lachsseite nach Belieben in dünne oder dicke Scheiben schneiden.

¶ Für den marinierten Spitzkohl die äußeren Blätter und den Strunk des Kohlkopfes entfernen, die restlichen Blätter einzeln lösen. Die Blätter waschen, trocken schleudern und nach Belieben in Streifen oder Quadrate schneiden.

¶ Ingwer und rote Zwiebel schälen. Ingwer fein reiben, Zwiebel in möglichst feine Würfelchen schneiden. Chilischote waschen, Stiel, Kerne und innere Scheidewände entfernen und das Fruchtfleisch in ganz feine Würfelchen schneiden. Alle Zutaten für den marinierten Spitzkohl mischen, dabei Chili nach und nach zufügen und die Menge vom eigenen Schärfeempfinden abhängig machen. Spitzkohl evtl. mit etwas Weißweinessig, Salz und einer Prise Zucker abschmecken.

¶ In Klarsichtfolie verpackt oder in Pflanzenöl eingelegt und im Kühlschrank aufbewahrt, ist der Lachs mindestens eine Woche haltbar.

¶ Dazu passt Teriyakisauce (→ S. 235).

Frittierte Lachsbällchen mit Avocado-Creme

Dieses Gericht dient als Beispiel dafür, wie eine Farce, egal ob Fisch oder Fleisch, herzustellen ist.

§ 115 Für eine Farce wird Fisch oder Fleisch mit Sahne, manchmal unter Zugabe von einem Ei bzw. Eiweiß, gemixt. Sie kann auch beliebig mit Kräutern oder sonstigen Aromaten gewürzt werden. Alle Zutaten müssen möglichst eiskalt verarbeitet werden. §115

Die Farce sollte nach dem Mixen am besten durch ein Sieb gestrichen und dann sofort verarbeitet werden. Reste können auch sehr gut eingefroren und danach wieder verwendet werden. Die entscheidende Frage ist natürlich: Was macht man damit? Sie ist zwar etwas aus der Mode gekommen, aber ich finde eine Farce ist sehr vielfältig einsetzbar: als Klößchen und Bällchen, als Frühlingsrollen- und Ravioli-Füllung, um Dinge zusammenzukleben oder zu gratinieren usw.

ERGIBT ETWA 40 BÄLLCHEN

Für die Lachsbällchen: *200 g topfrisches Lachsfilet ohne Haut • Salz • Pfeffer • 150 ml eiskalte Sahne • evtl. 1 Spritzer Zitronensaft • evtl. etwas Curry • 4 Blatt Frühlingsrollenteig • 750 ml Frittieröl*

Für die Avocado-Creme: *2 Avocados • Saft von ½ Zitrone • evtl. etwas frische Chilischote • 30 ml sehr gutes Olivenöl • Salz • Pfeffer*

¶ Für die Lachsbällchen eine Farce zubereiten: Dafür das Lachsfilet von Gräten befreien, kalt abspülen und trocken tupfen. Filet klein schneiden, mit Salz und Pfeffer würzen und 10 Minuten in die Tiefkühltruhe stellen. Das angefrorene Lachsfleisch in einem Universal-Zerkleinerer fein cuttern. Nach und nach die eiskalte Sahne zufügen und in die Lachsfarce einarbeiten. Die Farce soll gleichmäßig und glänzend sein. Von der fertigen Farce mit zwei Teelöffeln ein kleines Klößchen abstechen und in einen Topf mit kochendem Wasser geben. Den Topf vom Herd ziehen, Deckel aufsetzen und das Klößchen 10 Minuten ziehen lassen. Erst wenn das Klößchen fertig pochiert ist, erkennen Sie genau, ob die Farce die gewünschte Konsistenz hat oder ob sie evtl. doch geronnen ist. Die Farce evtl. nochmals mit Salz, Pfeffer, Zitronensaft und nach Belieben Curry abschmecken, dann kalt stellen.

¶ Für die Avocado-Creme die Avocados halbieren, Kerne entfernen, das Fruchtfleisch aus den Schalen löffeln und in eine Schüssel geben. Zitronensaft, etwas frische, gehackte Chilischote und Olivenöl zufügen, mit Salz und Pfeffer würzen und das Ganze mit einem Pürierstab mixen. Die Avocado-Creme beiseite stellen.

¶ Kurz vor dem Servieren den Frühlingsrollenteig in sehr feine Streifen schneiden und diese auf der Arbeitsfläche ausbreiten. Mit leicht angefeuchteten Händen aus der Farce nacheinander kleine Bällchen von etwa 3 cm Durchmesser formen und auf die Teigstreifen setzen, dann in den Teigstreifen wälzen und diese fest andrücken. Das Frittieröl in einem Topf auf etwa 160 °C erhitzen und darin die Bällchen portionsweise 4–5 Minuten ausbacken. Kontrollieren, ob die Bällchen auch innen gar sind. Ansonsten etwas länger frittieren.

¶ Bällchen zum Entfetten auf Küchenpapier setzen und noch warm mit der Avocado-Creme zum Dippen servieren.

Sardellen-Crostini

Crostini, diese herrlichen kleinen Snacks oder Vorspeisen, Haupt- oder Zwischengerichte, werden aus dünn aufgeschnittenem Brot hergestellt. Unerlässlich dabei: ein Hauch Knoblauch. Belegt werden können sie mit allem, was Ihnen einfällt. Wenn Sie diese kleinen Fische – wie im Rezept beschrieben – verwenden, sollten Sie Folgendes unbedingt beachten:

§116 **§116 Fisch muss generell sehr frisch sein; dies gilt vor allem für sehr kleine Fische wie Rotbarben, Sardinen und Sardellen, da sie besonders schnell verderben.**

Die Frische erkennt man an klaren, leicht hervorstehenden Augen, roten Kiemen, glänzender Haut, festem, elastischem Fleisch und eng anliegenden Schuppen. Frischer Fisch riecht nicht nach Fisch, sondern duftet angenehm nach Meer bzw. Quellwasser.

Eingelegte Sardellen gibt es in unterschiedlichen Qualitäten zu kaufen: Am besten sind die fleischigen, milderen Exemplare in Öl. Sie sind besser geeignet als die salzigen, kleineren Sardellen in Lake, die geschmacklich immer etwas fischiger und aufdringlicher sind. Sollten Sie jedoch nur Sardellen in Lake bekommen, empfehle ich, daraus eine Paste zu bereiten: Dafür die Sardellen unter fließendem kaltem Wasser abspülen, trocken tupfen, fein hacken und mit Olivenöl, gehackten schwarzen oder grünen Oliven, etwas fein abgeriebener Zitronenschale und frisch gemahlenem Pfeffer zu einer festen Paste verrühren. Auch Kräuter wie Petersilie, Basilikum oder Thymian machen sich in dieser Paste sehr gut.

16–20 topfrische Sardellen oder kleine Sardinen • 16–20 sehr dünne Scheiben Baguettebrot (evtl. halbiert, dann entsprechend weniger) • 2–3 frische Knoblauchzehen • 5–6 EL gutes Olivenöl • Salz • Pfeffer • einige Zitronenspalten zum Servieren

¶ Die Köpfe der Sardellen abtrennen und mit dem Finger die Bauchhöhle öffnen. Die Innereien herausnehmen und die einzelnen Sardellen an der Mittelgräte entlang zwischen Daumen und Zeigefinger leicht pressen. Dadurch löst sich das Sardellenfleisch von der Gräte und diese kann einfach mit den Fingern vom Kopf in Richtung Schwanzende herausgezogen werden. Die Sardellen innen und außen vorsichtig mit kaltem Wasser abspülen, aufklappen und zwischen zwei Lagen Küchenpapier trocken tupfen.

¶ Baguettebrotscheiben der Größe der Fische entsprechend zurechtschneiden. Knoblauchzehen schälen, halbieren und die Oberfläche der Brote damit leicht bestreichen. Die Sardellen mit der Fleischseite nach unten auf die Brote setzen und fest andrücken.

¶ Olivenöl in einer großen Pfanne erhitzen und die Sardellenbrote mit der Brotseite nach unten in die Pfanne setzen. Bei mittlerer Temperatur die Brote von unten knusprig rösten, dann ganz kurz wenden, damit die Sardellen auch von der Hautseite etwas Hitze bekommen und gleichmäßig garen. Die Brote nochmals wenden und zum Entfetten auf Küchenpapier setzen. Die Brote mit Salz und Pfeffer würzen und möglichst sofort mit Zitronenspalten servieren.

Sankt Petersfisch in Limetten-Koriander-Nage

Sankt Petersfisch, auch unter der französischen Bezeichnung »Saint Pierre« bekannt und an dem prägnanten schwarzen Punkt auf beiden Seiten erkennbar, gehört zu den teuersten und feinsten Speisefischen Europas. Sein Fleisch ist sehr kräftig. Er hat auf jeder Seite 3 Filets (2 größere und ein kleines) und sein Filetgewicht beträgt nur 30–40 Prozent des Gesamtgewichts! Vorsicht beim Filetieren: Die Stacheln sind lang und gefährlich. Ersatzweise kann auf dieselbe Weise Seezunge, Steinbutt, Glattbutt, Heilbutt oder Kabeljau zubereitet werden.

Eine Nage ist eine schöne Alternative zu Saucen oder Vinaigrettes und wie immer in allen Geschmacksrichtungen herzustellen. Man versteht darunter die Reduktion eines kurz gehaltenen Pochierfonds, die unmittelbar vor dem Servieren mit Butter montiert wird (→ Montierte Buttersauce, S. 58). Sie passt perfekt zum jeweiligen Fisch.

§ 117 Ein Fischfilet bleibt zart, saftig und aromatisch, wenn man es unterhalb des Siedepunktes in einem Fond gar ziehen lässt (pochiert). §117

1 Sankt Petersfisch, etwa 1,5 kg • 6 aromatische Tomaten
Für den Fischfond: *1 Zwiebel • 1 Karotte • 1 Lauchstange, nur die hellen Teile • 1 Stange Staudensellerie • 200 ml Weißwein • 2 Scheiben frischer oder eingelegter Ingwer • 1 Lorbeerblatt • 1 Petersilienstiel • 5 Pfefferkörner • Salz*
Außerdem: *1 Bio-Limette • 1 Bund Koriander • 100 g kalte Butter*

¶ Den Sankt Petersfisch vorsichtig filetieren und die Filets nacheinander mit einem scharfen, langen Messer von der Haut ziehen. Dabei die Filets mit der Hautseite nach unten auf die Arbeitsfläche legen, das Messer zwischen Haut und Fleisch schieben und leicht schräg nach unten drücken. Die Haut festhalten und das Messer mit möglichst wenig Bewegungen an der Haut entlang ziehen.

¶ Die Filets in die drei sichtbaren Unterteilungen trennen, diese sauber zurechtschneiden und so portionieren, dass Sie vier möglichst gleich große Portionen erhalten. Den Fisch mit Klarsichtfolie abgedeckt kalt stellen.

¶ Die Tomaten blanchieren (→ S. 11), häuten, vierteln und die Kerne für den Fischfond beiseite stellen. Tomatenfilets jeweils halbieren.

¶ Aus den Karkassen mit den übrigen Zutaten einen Fischfond zubereiten (→ S. 16), dabei die Tomatenkerne mit dem Weißwein zufügen.

¶ Den fertigen Fischfond passieren, davon 1 l abmessen und in einem Topf auf die Hälfte einkochen.

¶ Die Limette heiß abspülen und mit einem Zestenreißer oder einem scharfen Messer Streifen von der Schale abziehen. Anschließend die Limette auspressen. Koriander waschen, trocken schleudern und die Blättchen von den Stielen zupfen.

¶ 15 Minuten vor dem Servieren die reduzierte Brühe in einem breiten Topf aufkochen, die Fischfilets einlegen und den Topf vom Herd ziehen. Topf mit einem Deckel schließen und die Filets etwa 10 Minuten gar ziehen lassen. Machen Sie eine Probe, ob der Fisch gar ist, indem Sie mit den Fingern versuchen, vorsichtig durch das dickste Stück eines Filets zu kommen. Gelingt dies ohne großen Widerstand, ist der Fisch gar. Die Filets vorsichtig aus dem Topf heben, auf einen Teller setzen, mit Alufolie abdecken und im Backofen warm stellen.

¶ Den Fond stark kochend auf etwa 300 ml reduzieren, die kalte, in Würfel geschnittene Butter mit dem Pürierstab untermixen und die Sauce mit Salz, Pfeffer, Limettensaft und -schale abschmecken. Tomatenstücke und Koriander zufügen. Die Fischfilets auf vier Teller verteilen und mit der Sauce beträufeln.

Kabeljau im Lauch-Oliven-Sud

Der Kabeljau gehört zu den überfischten Sorten, also bitte ab und zu mal darauf verzichten und auf einen anderen Fisch ausweichen. Verzicht ist in solchen Fällen der beste Naturschutz (→ S. 213).

FÜR 2 PERSONEN

2 Lauchstangen, nur die hellen Teile • 1 Stange Staudensellerie • 1 rote Paprika • 1 Fenchelknolle • 6 frische Knoblauchzehen • 6 kleine Kartoffeln • 6 EL Olivenöl • 200 ml Weißwein • 1 Lorbeerblatt • 400 ml Fischfond • 4 Kabeljaufilets, à etwa 200 g (mit Haut, ohne Gräten) • 3–4 EL entsteinte schwarze Oliven (am besten in Öl) • Salz • Pfeffer

¶ Lauch und Staudensellerie putzen und waschen, dann beides in längliche Stücke schneiden. Paprika und Fenchel waschen, putzen und in mundgerechte Stücke schneiden. Knoblauchzehen schälen und halbieren. Kartoffeln sehr gründlich waschen und in feine Scheiben schneiden.

¶ Olivenöl in einem Topf erhitzen, darin Lauch, Staudensellerie, Paprika, Fenchel und Knoblauch farblos anschwitzen. Weißwein angießen, zum Kochen bringen und 10 Minuten reduzieren. Kartoffeln, Lorbeer und Fischfond zufügen und nochmals aufkochen.

¶ Die Kabeljaufilets in den Topf legen, der Fisch sollte mit Flüssigkeit bedeckt sein. Den Topf vom Herd ziehen und den Fisch bei geschlossenem Deckel etwa 8 Minuten gar ziehen lassen.

¶ Den Fisch vorsichtig aus dem Sud heben und behutsam die Haut von den Filets entfernen.

¶ Oliven in den Sud geben, den Sud nochmals zum Kochen bringen, mit Salz und Pfeffer abschmecken und in tiefe Teller verteilen. Die Fischstücke daraufsetzen und sofort servieren.

Wolfsbarsch im Pergament gegart

Garen im Pergament könnte man auch Garen unter Verschluss nennen. Wie bei einem Römertopf oder in Alufolie entsteht durch die erhitzte Flüssigkeit Dampf, der sich voller Aroma um das Gargut legt und es sehr schonend und gleichmäßig gart. Ganze oder portionierte Fische, dünn geschnittene, zarte Fleischstücke, Spargel, Pilze und Früchte wie Pfirsiche und Aprikosen, alles lässt sich so garen und mit unübertroffenem Duft versehen.

Die Flüssigkeitszugabe erfolgt in Form von wasserhaltigen Zutaten. Eine beliebte und für mich nach wie vor unübertroffene Zusammenstellung besteht aus halbierten Kirschtomaten, Vongole-Muscheln, frischem Knoblauch, Rosmarin und Thymian und einem großzügigen Schuss feinstem Olivenöl. Nach Belieben kann man auch leicht angekochte, dünn aufgeschnittene Kartoffeln zufügen. Die Zutaten geben beim Garen Saft ab und zusammen ergibt dies einen herrlich aromatischen Sud.

§118 **§118 Zu beachten ist, dass die Zutaten etwa zur gleichen Zeit gar sein sollten wie der Fisch. Bei einem portionierten Fisch ist die Garzeit sehr kurz, die anderen Aromaten garen unter Umständen etwas länger als das Fischfilet und sollten daher vorgegart werden. Dafür dünstet man sie in einer Pfanne knackig an, bevor man sie in das Pergament gibt.**

2 Orangen • 8 Frühlingszwiebeln • 1 Chicoréestaude • 7 EL sehr gutes Olivenöl • 1 EL frischer Zitronensaft • Salz • Pfeffer • 4 Estragonzweige • 4 portionierte Wolfsbarschfilets à etwa 120 g

¶ Orangen filetieren, den Saft dabei auffangen. Frühlingszwiebeln putzen, waschen und die dunkelgrünen Teile für einen anderen Verwendungszweck beiseite stellen.

¶ Vom Chicorée den Strunk mit einem kleinen, spitzen Messer herauslösen, evtl. die äußeren Blätter entfernen und die Stauden in einzelne Blätter teilen. Die Blätter waschen und auf einem Sieb abtropfen lassen.

¶ 3 EL Olivenöl erhitzen, Orangen- und Zitronensaft zufügen und darin die Frühlingszwiebeln etwa 30 Sekunden dünsten. Chicoréeblätter zufügen und etwa weitere 30 Sekunden mitdünsten. Das Ganze mit Salz und Pfeffer würzen und das Gemüse aus dem Sud heben. Den Sud auf etwa 80 ml einkochen lassen.

¶ Estragonzweige waschen und trocken schleudern.

¶ 4 Bögen Backpapier (30 × 30 cm) nebeneinander ausbreiten, darauf das angedünstete Gemüse, die Estragonzweige und die Orangenfilets verteilen. Wolfsbarschfilet mit Salz und Pfeffer würzen und jeweils ein Filet auf das Gemüse setzen. Die Backpapierbögen einschlagen und nacheinander die Päckchen fertig packen: Vorsichtig den reduzierten Sud angießen und die Filets mit dem restlichen Olivenöl beträufeln, dabei darauf achten, dass die Flüssigkeit nicht ausläuft. Das Papier fest zusammendrücken, sodass sich die Bögen beim Backen nicht öffnen (evtl. mit Metall-Büroklammern oder Tackern schließen).

¶ Vorsichtig die Päckchen nebeneinander auf ein Backblech setzen und für 10–15 Minuten in den auf 170 °C vorgeheizten Backofen schieben.

¶ Die Päckchen aus dem Ofen nehmen und auf große Teller setzen. Servieren Sie dieses Gericht im Pergamentpapier. Jeder sollte sein Päckchen selbst öffnen, damit möglichst alle Aromen bis zuletzt im Päckchen verbleiben.

Wolfsbarsch mit Kartoffel-Mousseline und Steinpilzen

Wolfsbarsch, auch unter der französischen Bezeichnung »Loup de mer« bekannt, gehört zu meinen Lieblingsfischen. Sein Fleisch ist muskulös und fest und er ist vielseitig einsetzbar. Es bietet sich an, ihn auf der Haut zu braten, denn diese wird schön knusprig und ist stets von bestem Geschmack. Eine knusprig gebratene Haut, egal ob von Fisch oder Fleisch, ist eine Delikatesse.

§119 **§119 Der Unterschied zwischen Kartoffelpüree und Kartoffel-Mousseline: Durch eine vermehrte Flüssigkeits- bzw. Fettzugabe wird aus dem Püree eine Mousseline, also ein etwas flüssigeres Püree, das durch das Sieb gestrichen und mit geschlagener Sahne verfeinert wurde (→ §§18, 99).**

§120 **§120 Beim Kauf von Steinpilzen einen Pilz (oder alle) der Länge nach aufschneiden lassen, um zu sehen, ob die Pilze verwurmt und von guter Qualität sind. Die Pilze müssen sich auf leichten Fingerdruck fest anfühlen, dürfen also nicht nachgeben.**

1 Wolfsbarsch, etwa 1,3–1,5 kg, ausgenommen und geschuppt • Salz • Pfeffer • 2 Knoblauchzehen • 4 Thymianzweige • 3 EL Olivenöl

Für die Kartoffel-Mousseline: *500 g mehlig kochende Kartoffeln • Salz • 150–250 ml Milch • 50–150 g Butter • Pfeffer • etwas geriebene Muskatnuss • evtl. 2 EL geschlagene Sahne*

Für die Steinpilze: *250 g schöne, feste Steinpilze • 3 EL sehr gutes Olivenöl • 1 EL Butter • ½ Bund Schnittlauch • Salz • Pfeffer*

¶ Wolfsbarsch filetieren und die Gräten mit einer Grätenpinzette entfernen. Die Filets kalt abspülen, trocken tupfen und in 4 Portionen teilen.

¶ Mit einem scharfen Messer oder einer Rasierklinge die Haut ziselieren, d. h. dünn einschneiden, ohne das Fleisch zu verletzen. Dadurch zieht sich die Haut beim Braten nicht zusammen und wird schön kross. Die Filets bis kurz vor dem Servieren mit Klarsichtfolie abdecken und kalt stellen.

¶ Für die Mousseline die Kartoffeln schälen, waschen, vierteln und in leicht gesalzenem Wasser weich kochen. Das Wasser abgießen, die Kartoffeln kurz ausdampfen lassen und durch ein feines Passiersieb streichen oder durch eine Kartoffelpresse drücken oder zerstampfen. Milch zum Kochen bringen und mit der Butter unter das Kartoffelpüree rühren. Die Mousseline kann sehr viel Butter vertragen; reduzieren Sie entsprechend die Milchmenge. Mit Salz, Pfeffer und etwas geriebener Muskatnuss abschmecken und warm stellen.

¶ Den Stiel der Steinpilze mit einem scharfen Messer reinigen, dabei möglichst wenig abschneiden. Die Pilzkappen mit einem feuchten Tuch vorsichtig säubern. Die Pilze halbieren oder vierteln.

¶ Kurz vor dem Servieren Knoblauchzehen schälen und leicht andrücken, Thymian waschen und trocken schleudern. Das Öl für den Wolfsbarsch in einer beschichteten Pfanne erhitzen. Die Filets mit der Hautseite nach unten einlegen. Knoblauch und Thymian zufügen. Wölben sich die Filets, diese mit einer kalten Pfanne etwa 30 Sekunden lang beschweren. Die Filets bei mittlerer Temperatur braten, bis die Hautseite knusprig ist. Währenddessen mehrfach »arrosieren« (→ § 121). Zum Schluss die Filets wenden, Butter in die Pfanne geben und die Filets auf der Fleischseite zu Ende braten.

¶ In einer großen Pfanne 3 EL Olivenöl und 1 EL Butter erhitzen und die Pilze darin bei mittlerer Temperatur goldbraun anbraten.

¶ Schnittlauch waschen, trocken tupfen und in Röllchen schneiden. Die Pilze mit Salz und Pfeffer würzen und das Schnittlauch unterheben.

¶ Kartoffel-Mousseline nach Belieben mit 2 EL geschlagener Sahne verfeinern und mittig auf 4 Teller verteilen. Jeweils ein Fischfilet daraufsetzen und ringsum Steinpilze verteilen. Evtl. noch mit etwas Olivenöl oder mit geschmolzener Butter beträufeln.

Red Snapper mit Bananen und Curry-Zwiebeln

Der Red Snapper ist ein richtiger Modefisch geworden. Eigentlich kommt er aus dem Golf von Mexiko, er ist also ein Exot und verträgt deswegen natürlich auch eine »exotische« Zubereitung sehr gut. Probieren Sie dieses Rezept auch mal mit Lachs oder Thunfisch.

§121 Fischfilets werden auf der Hautseite gebraten und mit heißem Bratfett mehrmals übergossen. Dadurch wird die Hautseite am Pfannenboden schön kross, aber auch die Fleischseite gart durch das heiße Fett. Das nennt man »arrosieren« (befeuchten). §121

Für den Bananensalat: *1 Stück frischer Ingwer, 15–20 g • evtl. 1 kleine rote Chilischote • Saft von 1 Limette • Salz • Pfeffer • 6 EL aromatisches Erdnussöl • 1 Bund Minze • 4 Frühlingszwiebeln • 2 reife Bananen*
Für die Curry-Zwiebeln: *2 mittelgroße Zwiebeln • 1 EL Olivenöl • 1 EL frischer Limettensaft • 1 TL Currypulver • 1 EL Zucker • Salz*
Für den Red Snapper: *1 Red Snapper von etwa 1,3 kg, ausgenommen und geschuppt • 2 EL Pflanzenöl • Salz • Pfeffer*

¶ Für den Bananensalat eine Vinaigrette zubereiten: Dafür den Ingwer schälen und in möglichst feine Würfelchen schneiden. Chilischote waschen, halbieren, Kerne und innere Scheidewände entfernen und das Fruchtfleisch ebenfalls möglichst fein würfeln.

¶ Limettensaft mit Salz und Pfeffer würzen, Ingwer und einen Teil der gewürfelten Chilischote zufügen. Das Erdnussöl einrühren und die Vinaigrette auf ihre Schärfe hin prüfen – da das Schärfeempfinden sehr individuell ist, können genaue Rezeptangaben nicht gemacht werden. Dementsprechend die Vinaigrette abschmecken.

¶ Minze waschen, trocken schleudern, Blättchen abzupfen und fein hacken. Frühlingszwiebeln putzen, waschen und in feine Ringe schneiden. Alle Zutaten für die Vinaigrette mischen und die Vinaigrette beiseite stellen.

¶ Für die Curry-Zwiebeln die Zwiebeln schälen und in etwa 1 Zentimeter breite Spalten schneiden. Olivenöl in einem Topf erhitzen. Darin die Zwiebeln farblos anschwitzen. Limettensaft, Currypulver und Zucker zufügen, evtl. 2–3 EL Wasser zugießen und die Zwiebeln bei geschlossenem Topf bissfest garen. Deckel entfernen und die Flüssigkeit bei starker Temperatur fast vollständig einkochen lassen. Zwiebeln mit Salz abschmecken und warm stellen.

¶ Den Red Snapper innen und außen gründlich waschen und trocken tupfen. Die beiden Filets von der Mittelgräte lösen, die Filetränder sauber abschneiden und die Gräten mit einer Pinzette oder Zange entfernen. Die Filets in etwa vier gleich schwere Portionen schneiden. Pflanzenöl in einer Pfanne erhitzen. Die Filets von beiden Seiten mit Salz und Pfeffer würzen und auf der Hautseite etwa 4 Minuten bei mittlerer Temperatur braten. Währenddessen die Fleischseite des Snappers mehrmals mit heißem Öl aus der Pfanne arrosieren. Erst wenn die Hautseite der Filets knusprig ist, die Filets wenden und noch kurz (je nachdem, wie weit der Fisch gar ist) auf der Fleischseite fertig braten.

¶ Währenddessen Bananen schälen und in dünne Scheiben schneiden. Bananen mit der Vinaigrette anmachen, nochmals abschmecken und auf vier Teller verteilen.

¶ Jeweils eine Portion Fisch und Curry-Zwiebeln darauf verteilen und sofort servieren.

Seezunge Müllerin

Leider wird dieser Klassiker, der auf der ganzen Welt bekannt ist, nicht mehr so häufig serviert. Wahrscheinlich erscheint er vielen als zu einfach. Servieren Sie ihn zu Hause und der Applaus ist Ihnen gewiss!

§122 **§122 Um die Haut der Seezunge zu lösen, den Fisch mit dem Schwanzende in kochendes Wasser tauchen. Dadurch löst sich die Haut an dieser Stelle von den Gräten und man kann sie leicht abziehen.**

PRO PORTION:

1 Seezunge, etwa 600 g • 2 Zitronen • etwas Mehl • Salz • Pfeffer • 3 EL geklärte Butter • einige Petersilienblättchen • 50 g Butter

¶ Seezunge vom Fischhändler häuten lassen oder selbst häuten, indem man das Schwanzende in kochend heißes Wasser taucht. Die Haut zieht sich zusammen und man kann sie mit den Fingern von der Schwanzgräte leicht lösen und packen. Damit man nicht abrutscht, den glitschigen Fisch mit der einen Hand mit einem Küchentuch festhalten, die Haut ebenfalls mit einem Küchentuch anpacken. Die Haut mit Kraft in Kopfrichtung vom Körper ziehen. Den Kopf der Seezunge mit einer Küchenschere abschneiden. Evtl. vorhandene Rogensäcke (sie befinden sich am Grätensaum) entfernen.

¶ Seezunge unter fließendem kaltem Wasser säubern und trocken tupfen.

¶ Schale der Zitronen mit einem Messer entfernen und die einzelnen Filets herauslösen.

¶ Seezunge auf beiden Seiten links und rechts an der Mittelgräte entlang mit einem Messer leicht einschneiden und in Mehl wenden. Überschüssiges Mehl abklopfen und die Seezunge mit Salz und Pfeffer würzen.

¶ Geklärte Butter in einer passenden Pfanne erhitzen und darin die Seezunge auf beiden Seiten jeweils 4–8 Minuten goldgelb anbraten.

¶ Zitronenfilets auf die Seezunge setzen. Butter und fein gehackte Petersilie in die Pfanne geben, aufschäumen lassen und über die Seezunge gießen.

Steinbutt im Ganzen

Unter Fischliebhabern gilt Steinbutt als der beste Fisch – voller Saft und Geschmack, strahlend weiß im Fleisch, tauglich für alle möglichen und auch unmöglichen Zubereitungen. Das hat natürlich auch seinen Preis: Wild gefangener Steinbutt ist kaum noch bezahlbar! Nun gibt es inzwischen auch gezüchteten, der schon sehr gut ist (vielleicht nicht ganz so aromatisch wie sein wild gefangener Bruder), der sich aber im Preis leider auch an der Wildware orientiert. Da dies alles so unendlich teuer ist, sollten Sie den Steinbutt komplett nutzen:

§123 **§123 Aus Steinbutt-Karkassen (Gräten) lässt sich der mit Abstand feinste Fischfond kochen. Tun Sie es!**

FÜR 2 PERSONEN ALS HAUPTGERICHT ODER FÜR 4 PERSONEN ALS VORSPEISE

1 Steinbutt à 1,4 kg • 3 Scheiben Toastbrot • 50 g Butter • 300 g Spinat • Salz • 50 g Nordsee-Krabbenfleisch • Salz • Pfeffer • Fett oder Backpapier für das Blech

¶ Steinbutt mit der dunklen Hautseite auf die Arbeitsfläche legen und mit einem kräftigen Messer die Filets, die sich auf der Unterseite des Fisches befinden, auslösen. Dafür das Messer entlang der Wirbelsäule von der Schwanzmitte bis zum Kopf führen, die Filets links und rechts davon von den Gräten lösen und vom Flossensaum trennen. Diese Filets häuten, kurz abspülen und trocken tupfen. Filets in etwa 1–2 cm breite Streifen schneiden.

¶ Den Fisch auf die andere Seite drehen und denselben Mittelschnitt durchführen. Die oben liegenden Filets ebenfalls von den Gräten lösen, ohne sie jedoch abzutrennen. Es entstehen links und rechts zwei Taschen. Den Fisch säubern und evtl. vorhandene Rogensäcke am Rand des Flossensaums entfernen.

¶ Toastbrot in Würfel schneiden und in einer Pfanne in der Butter goldbraun rösten. Die Croûtons in einer Schüssel abkühlen lassen.

¶ Spinat putzen, gründlich waschen und in sprudelnd kochendem Salzwasser kurz blanchieren. Den Spinat sofort in Eiswasser abschrecken und gut mit den Händen ausdrücken. Er sollte möglichst trocken sein.

¶ Croûtons, Spinat, Krabbenfleisch und Filetstreifen behutsam in einer Schüssel mischen und in einer Pfanne erhitzen, dann mit Salz und Pfeffer würzen. Die beiden Taschen des Fischs damit füllen, den Steinbutt auf ein gefettetes oder ein mit Backpapier ausgelegtes Blech setzen.

¶ Den Steinbutt für 15 bis maximal 20 Minuten in den auf 160 °C vorgeheizten Backofen schieben.

¶ Den fertigen Steinbutt auf eine vorgewärmte Platte heben. Dazu passt hervorragend eine leichte Weißweinsauce, eine Beurre blanc oder einfach Olivenöl mit Kräutern.

Scholle mit Speckstippe

Scholle, Seezunge, Steinbutt – alle gehören sie zu den sogenannten Plattfischen. Wie heißt es so schön: platt wie eine Flunder. Diese Fische heißen nicht nur so, sondern sie sind wirklich sehr platt, schwimmen meistens direkt auf dem Meeresboden und sind, da man sie sehr einfach filetieren kann, eine wahre Delikatesse für Grätenhasser. Ich liebe solche Rezepte, weil immer wieder gilt:

§124 **§124 Gute Grundzutaten benötigen keine weiteren Kunststücke oder Raffinessen, außer vielleicht (wie in diesem Fall) eine große Pfanne.**

PRO PERSON

1 Scholle à etwa 400 g (vom Fischhändler ausnehmen lassen) • 50 g mild geräucherter durchwachsener Bauchspeck • 1 Schalotte • 40 g Butter • 3–4 EL geklärte Butter • etwas Mehl • Salz • Pfeffer • einige Petersilienstiele

¶ Die Scholle innen und außen waschen und trocken tupfen.

¶ Bauchspeck in etwa 1 mm dünne und 5 _ 5 mm große Stücke schneiden. Schalotte schälen und in Würfelchen schneiden. Butter in einer Pfanne oder einem Topf erhitzen und darin die Speckscheibchen auslassen. Schalotte zufügen und alles bei mittlerer Hitze farblos anschwitzen.

¶ Geklärte Butter in einer ausreichend großen Pfanne erhitzen. Scholle in Mehl wenden, das überschüssige Mehl abklopfen. Den Fisch mit Salz und Pfeffer würzen und in der Pfanne von beiden Seiten bei mittlerer Temperatur jeweils etwa 5 Minuten braten.

¶ Petersilie waschen, trocken schleudern und hacken. Die Scholle auf einen Teller geben, die Petersilie kurz in der Speckstippe aufkochen lassen und damit die Scholle begießen.

¶ Dazu passen Pell-, Salz- oder gebratene Kartoffeln.

Selbst gemachte Fischstäbchen

Fisch ist wirklich gesund. Es wird empfohlen, ein- bis zweimal mal pro Woche Fisch zu essen. Und da alle Fischstäbchen lieben, sollten Sie es mal wagen, die Dinger selbst herzustellen. Sie werden dafür garantiert Applaus einheimsen.

§125 **Für Fischstäbchen muss der Fisch immer grätenfrei sein und ohne Haut. Bevorzugen Sie Seelachs, Seehecht oder auch Zander.** §125

Natürlich können Sie auch Kabeljau oder Rotbarsch nehmen, wobei Sie aber wissen sollten, dass der erste total überfischt ist und der zweite sich beim Braten/Backen immer wellt. Benutzen Sie anstatt Paniermehl mal das aus Japan stammende Panko (erhältlich in Asialäden) – ebenfalls ein Mehl aus Brot, aber ohne Rinde. Es wird beim Backen wunderbar knusprig.

600 g Fischfilet, z. B. vom Seelachs • Mehl zum Wenden • 2 Eier • Salz • Pfeffer • etwa 100 g Semmelbrösel oder Panko • 750 ml Frittieröl

¶ Fischfilet waschen, trocken tupfen und in längliche Stücke schneiden. Die Stücke in Mehl wenden und das überschüssige Mehl leicht abklopfen. Eier in einem tiefen Teller mit Salz und Pfeffer würzen und verquirlen. Die Semmelbrösel auf einen flachen Teller geben. Die Fischstücke durch das Ei ziehen und anschließend in den Bröseln wenden, dabei die Brösel fest andrücken.

¶ Frittieröl in einem Topf oder einer Fritteuse auf 160 °C bis 180 °C erhitzen und darin die Fischstücke portionsweise goldbraun und knusprig ausbacken.

¶ Die fertigen Stücke zum Entfetten auf Küchenpapier setzen, evtl. mit etwas Salz würzen und sofort servieren. Dazu passt Remoulade (→ S. 52)!

Backfisch mit Gurkensalat

... ist die Variante zu Fischstäbchen, nur dass die Ausbackhülle anders zubereitet wird.
Bier- oder Weinteig sind etwas dickflüssige Teige, die sowohl süß als auch salzig verwendet werden. Sie eignen sich zum Ausbacken von Obst, Gemüse und Fisch.
Der Teig kann mit oder ohne Ei zubereitet werden. Mischen Sie ihn mit Curry, Pfeffer, Sesam, Kokos oder was Ihnen sonst noch alles einfällt, oder machen Sie es wie die Japaner: Sie stellen einen Teig nur aus Weizenmehl, Ei und Eiswasser her, der dann hauchdünn Gemüse, Pilze, Fisch oder Fleisch überzieht. Das nennt man »Tempura«. Frittiert wird dann in 160–190 °C heißem Öl (→ §§104, 138).

§126 Bei der Herstellung von Gurkensalat, ob als Solokünstler oder in Kombination mit z. B. Kartoffeln, ist es absolut wichtig, die Gurke vorher mit Salz und/oder Zucker zu würzen, damit sie Wasser zieht, das man dann abschüttet. §126

Tut man dies nicht, wird der Gurkensalat sehr wässrig und nicht geschmacksintensiv.

Für den Bierteig: *180 g Mehl • 2 Eigelb • 180 ml Hefeweizen • ½ TL Salz • 1 EL flüssige Butter • 2 Eiweiß*
Für den Gurkensalat: *2 Bio-Gurken • Salz • 100 g Vollmilchjoghurt, natur • 100 g Crème double • 3 EL Weißweinessig • 1 Prise Zucker • Pfeffer • 4 EL sehr gutes Olivenöl • 1–2 Bund Dill*
Außerdem: *800 g Fischfilet, z. B. vom Zander oder Seelachs • 1 l Frittieröl • etwas Zitronensaft • Salz • Pfeffer*

¶ Für den Bierteig Mehl in eine Schüssel sieben und mit dem Eigelb, Hefeweizen und Salz zu einem glatten Teig verrühren. Sollten sich Klümpchen bilden, den Teig durch ein feines Sieb streichen. Die Butter in den Teig rühren und den Teig 30 Minuten ruhen lassen.
¶ Eiweiß erst kurz vor dem Ausbacken mit einer Prise Salz steif schlagen und unter den Bierteig heben.
¶ Für den Gurkensalat die Bio-Gurken waschen und auf einem Gemüsehobel in dünne Scheiben schneiden. Diese Scheiben in eine Schüssel geben, mit Salz würzen und 30 Minuten ziehen lassen.
¶ Joghurt mit Weißweinessig, Zucker, Pfeffer und Olivenöl mischen. Dill waschen, trocken schleudern und hacken. Gurkenscheiben mit den Händen gut ausdrücken, die Flüssigkeit wegschütten. Gurken mit dem Joghurt-Dressing und dem Dill anmachen und abschmecken.
¶ Fischfilet kalt abspülen, trocken tupfen und auf Gräten überprüfen. Die Filets in vier gleichgroße Portionen schneiden.
¶ Frittieröl in einem Topf auf etwa 160 °C erhitzen. Die Filets mit etwas Zitronensaft, Salz und Pfeffer würzen und durch den Ausbackteig ziehen. Die Fischstücke im heißen Frittieröl portionsweise etwa 8 Minuten ausbacken. Die Backfische auf Küchenpapier entfetten und heiß mit Gurkensalat und Remoulade (→ S. 52) servieren.

Thunfisch-Tatar

Das folgende Rezept ist japanisch inspiriert: Soja, Ingwer und Gurke geben dem Tatar seine pikante Note, der Granny-Smith-Apfel sorgt für die Frische.

§127 **§ 127 Frischen Thunfisch stets roh oder nur ganz kurz angebraten servieren, ansonsten wird er schnell trocken und verliert seinen besonderen Reiz.**

§128 **§ 128 Frischer oder eingelegter Ingwer verfeinert nicht nur Saucen und Marinaden, sondern passt wegen seiner desinfizierenden Wirkung auch hervorragend zu rohem Fisch.**

Wenn Sie fertig eingelegten Ingwer verwenden, dann bitte nur beste Qualität.

Für den eingelegten Ingwer: *1 Stück topfrischer Ingwer, etwa 200 g • 60 g Zucker • 50 ml Weißwein • 50 ml Weißweinessig • 50 ml Wasser*
Für das Thunfisch-Tatar: *2 Frühlingszwiebeln • 1 Stück Bio-Gurke, etwa 250 g • 1 Granny-Smith-Apfel • Saft von 1 Limette • evtl. 1 rote Chilischote • 400 g topfrischer Thunfisch • Salz • Pfeffer • 1 TL Zucker • 2 EL Erdnussöl • 2 EL feinstes Olivenöl • 80–100 ml Teriyaki-Sauce* (→ S. 235)

¶ Für den eingelegten Ingwer das Ingwerstück schälen und auf einem Trüffelhobel oder mit einer feinen Gemüsereibe, ersatzweise mit einem sehr scharfen Messer, in hauchdünne Scheiben schneiden. Es bleiben etwa 100 g Ingwerscheiben.

¶ Zucker in einem Topf karamellisieren, mit Weißwein, -essig und Wasser ablöschen. Ingwer zufügen und das Ganze zum Kochen bringen. Die Scheiben mit dem Sud in ein sauberes Schraubverschlussglas füllen und schließen. Die eingelegten Ingwerscheiben halten sich im Kühlschrank aufbewahrt mehrere Monate. Angebrochene Gläser sollten innerhalb von 2 Monaten verbraucht werden.

¶ Für das Tatar die Frühlingszwiebeln putzen, waschen und mit einem scharfen Messer in möglichst hauchdünne, längliche Streifen schneiden. Diese Streifen in eine Schüssel mit kaltem Wasser geben. Die Streifen nehmen Wasser auf, kräuseln sich und sind für dekorative Zwecke bestens geeignet!

¶ Bio-Gurke waschen, vierteln und die Kerne entfernen. Das Fruchtfleisch in etwa 2 mm feine Würfelchen schneiden. Sollten Sie keine Bio-Gurke verwenden, empfehle ich, die Gurke zu schälen.

¶ Den Granny Smith waschen, vierteln, das Kerngehäuse entfernen und das Fruchtfleisch ebenfalls in feine Würfelchen schneiden. Damit die Apfelwürfelchen nicht oxidieren und braun anlaufen, mit der Hälfte des Limettensaftes beträufeln.

¶ Die Chilischote waschen, Stiel, Kerne und innere Scheidewände entfernen und das Fruchtfleisch fein hacken.

¶ Thunfisch waschen und trocken tupfen, dann in feine Würfelchen schneiden und bis zum Anrichten beiseite (evtl. kühl) stellen. Erst kurz vor dem Servieren das Tatar mit den vorbereiteten Gurken- und Apfelwürfeln mischen und mit Chili, Salz, Pfeffer, Zucker, dem restlichen Limettensaft und den beiden Ölen anmachen.

¶ Das Tatar auf vier Teller verteilen, besonders dekorativ lässt es sich in Metallringen anrichten. Dafür das Tatar mit einem Löffel fest in einen Ring drücken und diesen vorsichtig abziehen. Die Frühlingszwiebeln aus dem Wasser heben, zwischen Küchenpapier trocknen und auf das Tatar setzen.

¶ Teriyaki-Sauce um das Tatar träufeln und jeweils ein paar Scheiben eingelegten Ingwer um das Tatar legen.

Thunfisch mit Schalotten-Rhabarber-Kompott

Ich schneide den Thunfisch für dieses Gericht »verschwenderisch« in akkurate Stücke, die sich so am besten gleichmäßig anbraten lassen. Die Abschnitte serviere ich dann in feine Würfelchen geschnitten vorweg als Tatar (→ S. 216).

§129 Der Rhabarber, den man heutzutage kaufen kann, besonders der sogenannte Himbeerrhabarber, besitzt meist eine dünne Schale, die nicht entfernt werden muss. Sollte man Rhabarber verwenden, der eine dickere, ledrige Haut hat, so empfiehlt es sich, diese mit einem kleinen Messer der Länge nach abzuziehen. §129

Für Oliven-Tapenaden gibt es unterschiedlichste Rezepturen: mit Kapern oder mit Sardellen, von grünen oder von schwarzen Oliven, mit oder ohne Zitronenschale. Eines haben sie jedoch alle gemein: Es handelt sich um mehr oder weniger fein gehackte Oliven in Öl. Für dieses Rezept verwende ich nur entkernte Oliven in Öl, die ich in einer Küchenmaschine so fein wie möglich zerkleinere.

Für das Schalotten-Rhabarber-Kompott: *8 Schalotten • 350 g Rhabarber • 3 Estragonzweige • 6 EL Zucker • 300 ml Weißwein • 60 g Butter • Salz • Pfeffer*
Für den Thunfisch: *4 Portionen Thunfisch à etwa 120 g • 2 EL Pflanzenöl • Salz • Pfeffer*
Außerdem: *4 EL Oliven-Tapenade • einige Estragonblättchen zum Garnieren*

¶ Für das Schalotten-Rhabarber-Kompott die Schalotten schälen, halbieren und in die einzelnen Häute aufblättern. Die Enden der Rhabarberstangen abschneiden, evtl. braune Stellen entfernen. Rhabarber waschen, trocken tupfen und schräg in etwa 1–2 cm breite Stücke schneiden. Estragon waschen und trocken schleudern.

¶ Zucker in einem Topf hell karamellisieren lassen, mit Weißwein ablöschen, Schalotten zufügen und weich kochen. Rhabarberstücke, Butter und Estragon zufügen, alles verrühren, einmal zum Kochen bringen und zugedeckt 5 Minuten ziehen lassen.

¶ Währenddessen den Thunfisch waschen, trocken tupfen, mit Salz und Pfeffer würzen. In einer Pfanne das Öl erhitzen und die Thunfischstücke von allen Seiten kurz und gleichmäßig anbraten. Thunfischstücke aus der Pfanne nehmen und mit einem scharfen Messer in Scheiben schneiden.

¶ Das Schalotten-Rhabarber-Kompott mit Salz und Pfeffer abschmecken, Estragonzweige entfernen und das Kompott auf vier Teller verteilen. Darauf den aufgeschnittenen Thunfisch setzen, daneben jeweils 1 EL Oliven-Tapenade verteilen und das Ganze mit Estragonblättchen dekorieren.

Hamburger Labskaus

An solchen Gerichten scheiden sich die Geister: Es gibt viele, die sagen, das habe doch nichts mit Kochen zu tun, und genauso viele, die meinen, dass solche Traditionsgerichte die Grundlage unserer Kochidentität liefern. Entscheiden Sie selbst!
Ob Labskaus nun eine Resteverwertung oder ein Arme-Leute-Essen ist oder aus der Seefahrt stammt, lässt sich vermutlich nicht genau klären. Auch Traditionsgerichte können einfach und modern zubereitet werden; es muss nicht immer »bella Italia« sein. Mit dem folgenden Rezept haben Sie auf alle Fälle eine einfache und leckere Variante.

§ 130 **§ 130 Wie beim Nudelwasser gilt: Geschmackvolles Koch- und Einlegewasser nicht wegschütten, sondern vielmehr zur Verfeinerung und zur Bindung von Mus, Saucen oder Pürees verwenden.**

600 g mehlig kochende Kartoffeln • 750 ml Rinder- oder Geflügelbrühe • Salz • 1 Zwiebel • 70 g Butter • 200 g Corned Beef • 150 g gekochte Rote Bete • 100 g Gewürzgurken • 1 Lorbeerblatt • 1 Nelke • etwa 100 ml Gurkenwasser (Gewürzgurken-Sud) • Pfeffer • gemahlener Piment
***Außerdem:** 4 Spiegeleier • 4 Rollmöpse • Gewürzgurken • einige Scheiben gekochte Rote Bete*

¶ Kartoffeln schälen, waschen, vierteln und mit 1 Prise Salz in der Brühe weich kochen. Währenddessen die Zwiebel schälen und fein würfeln. Butter in einem Topf erhitzen und darin bei mittlerer Temperatur die Zwiebel farblos anschwitzen. Corned Beef in Würfel schneiden und zufügen und kurz mit anschwitzen. Rote Bete und Gewürzgurken würfeln, mit Lorbeer und Nelke zufügen und etwas Kartoffelbrühe zugießen. Das Ganze bei geschlossenem Deckel etwa 10 Minuten leicht köcheln lassen, dann Lorbeer und Nelke entfernen.
¶ Die fertig gekochten Kartoffeln abschütten und die Brühe dabei auffangen. Die Kartoffeln mit der Mischung aus Zwiebeln, Corned Beef, Gewürzgurke und Roter Bete mit einem Kartoffelstampfer zu einem nicht zu feinen Mus stampfen. Das Mus mit Gurkenwasser und etwas Kartoffelbrühe zur gewünschten Konsistenz bringen und das Labskaus mit Salz, Pfeffer und etwas gemahlenem Piment abschmecken.
¶ Das Labskaus auf Teller verteilen und jede Portion mit einem Spiegelei und einem Rollmops servieren. Dazu Gewürzgurken und Scheiben von gekochter Roter Bete servieren.

Perlhuhn mit Morchel-Füllung

Perlhühner sind eine großartige Alternative zu »normalen« Hühnchen, die meistens aus abscheulicher Lege- oder Zuchtbatterie stammen. Ihr Fleisch hat den geringsten Fettgehalt aller Geflügelsorten, einen hohen Anteil an ungesättigten Fettsäuren und einen sehr niedrigen Cholesteringehalt. Dazu kommt noch ein nicht zu verachtender Anteil an Mineralstoffen wie Magnesium, Kalzium und Eisen.
Also ran an's Perlhuhn!

§ 131 **§ 131 Geflügel bleibt besonders saftig, wenn man die Brüste mit Speck schützt oder unter die Haut eine leckere Füllung schiebt.**

FÜR 2 PERSONEN

1 Perlhuhn • 30 g frische Morcheln (ersatzweise 15 g getrocknete, gut gewässerte Morcheln) • 40 g Butter • 1 Schalotte • 50 ml Weißwein • 1 frische Knoblauchzehe • 5 Petersilienstiele • 70 g geriebenes Toastbrot • 1 Eigelb • Salz • Pfeffer • 500 g kleine Kartoffeln (Drillinge) • 2 EL Olivenöl • 6 Thymianzweige • Backpapier

¶ Perlhuhn innen und außen waschen, trocken tupfen. Die Haut am Hals nach oben ziehen, die Hand zwischen Haut und Brustfleisch schieben und die Haut entlang der Brust vorsichtig lockern.

¶ Morcheln gründlich, evtl. mehrmals, mit reichlich Wasser waschen und auf Küchenpapier trocknen. Morcheln in 20 g Butter anschwitzen. Schalotte schälen, fein würfeln und dazugeben, mit Weißwein ablöschen und alles einkochen lassen, bis die Flüssigkeit verdampft ist.

¶ Knoblauch schälen und fein hacken. Petersilie waschen, Blättchen von den Stielen zupfen und fein hacken.

¶ Restliche (weiche) Butter mit dem geriebenen Toastbrot, Knoblauch, Schalottenwürfeln, den gehackten Morcheln, Petersilie und dem Eigelb mischen, mit Salz und Pfeffer würzen. Füllung unter der Perlhuhnhaut auf dem Brustfleisch verteilen. Das Perlhuhn von innen mit Salz und Pfeffer würzen. Keulen zusammenbinden und das Perlhuhn mit dem Rücken nach unten in eine mit Backpapier ausgelegte feuerfeste Backform setzen.

¶ Die Kartoffeln gründlich waschen und mit der Haut der Länge nach halbieren. Die Kartoffeln in einer Schüssel mit dem Olivenöl mischen, mit Salz und Pfeffer würzen und rings um das Perlhuhn verteilen. Die Backform in den auf 220 °C vorgeheizten Backofen schieben. Nach 10 Minuten Temperatur auf 180 °C verringern und weitere 40 Minuten backen. Thymian waschen, trocken schleudern und die Blättchen abzupfen. 10 Minuten vor Ende der Backzeit die Thymianblättchen über die Kartoffeln streuen.

Poularden-Waterzooi

Poularden sind gemästete junge Hähnchen – früher wurden sie sogar noch kastriert und dann als Kapaun bezeichnet – mit einem Gewicht von mehr als 1200 Gramm.
»Waterzooi« ist ein belgisches Nationalgericht – ein Eintopf mit Sahne –, das entweder mit Fisch oder Geflügel hergestellt wird. Ich bevorzuge die Geflügel-Variante, die auch sehr stark an das französische Coq au vin erinnert. Versuchen Sie unbedingt, Freilandhähnchen zu bekommen!

§ 132 Um gekochte oder geschmorte Geflügelgerichte herzustellen, sind Keulen Brüsten vorzuziehen. Sie werden nicht so schnell trocken und geben mehr Geschmack an die Sauce ab. §132

4 Poulardenkeulen à etwa 250 g • Salz • Pfeffer • 500 ml trockener Riesling • 1,5 l Hühnerbrühe • 2 Zwiebeln • 2 frische Knoblauchzehen • 200 g weiße Champignons • 150 g geräucherter durchwachsener Bauchspeck • 70 g Butter • 1 EL Mehl • 125 ml Sahne • 250 g gespaltene junge Erbsen (frisch oder TK) • 4 Eigelb • Saft von ½ Zitrone • evtl. 1 Prise Zucker • evtl. ½ Bund Kerbel

¶ Die Poulardenkeulen unter kaltem Wasser abspülen, trocken tupfen und mit Salz und Pfeffer würzen. Die Keulen in einen Topf geben, Riesling angießen und alles zum Kochen bringen. Hühnerbrühe zufügen und das Ganze bei mittlerer Temperatur leise köcheln lassen, bis die Hühnerkeulen weich sind (45–60 Minuten).

¶ Die Keulen aus der Brühe heben und mit Klarsichtfolie abdecken, damit sie an der Oberfläche nicht austrocknen. Den Fond auf etwa 800 ml einkochen.

¶ Zwiebeln und Knoblauch schälen. Zwiebeln in grobe Würfel schneiden, Knoblauch fein hacken. Champignons waschen, Stielenden abschneiden und die Pilze halbieren. Bauchspeck in Streifen schneiden und einmal kurz in sprudelnd kochendem Wasser blanchieren, dann zwischen zwei Lagen Küchenpapier trocken legen.

¶ Die Hälfte der Butter in einem Topf schmelzen, Zwiebeln und Knoblauch zufügen und farblos anschwitzen. Das Mehl darüberstäuben und ebenfalls kurz farblos anschwitzen. Unter ständigem Rühren mit einem Schneebesen den reduzierten Fond angießen und das Ganze 10 Minuten leise köcheln lassen. 100 ml Sahne zufügen und weitere 5 Minuten köcheln lassen.

¶ Haut der Poulardenkeulen entfernen, die Keulen in die Sauce geben und langsam erwärmen.

¶ In einer Pfanne die restliche Butter erhitzen und darin bei mittlerer Temperatur die Speckstreifen und die Champignons anbraten.

¶ 5 Minuten vor dem Servieren die Erbsen in die Sauce geben. Die restliche Sahne mit den Eigelben verquirlen und in die Sauce rühren. Die Sauce darf dabei und von nun an nicht mehr kochen.

¶ Sauce mit Zitronensaft, Salz, Pfeffer und evtl. einer Prise Zucker abschmecken.

¶ Poulardenkeulen auf vier Teller verteilen und mit der Sauce überziehen. Speckstreifen und Champignons darüber verteilen. Nach Belieben mit frischen Kerbelblättchen bestreuen.

Chicken Drumsticks

Diese Art der Küche, in der sich amerikanische, asiatische und Südseeeinflüsse treffen, stammt eigentlich aus Kalifornien. In dieser »Pacific Rim« genannten Küche spielen Marinaden eine bedeutende Rolle.

§133 Geflügelfleisch immer waschen und gut durchgaren, da Hähnchen & Co. anfällig für Salmonellen sind. Nach der Zubereitung Arbeitsflächen und Hände gründlich säubern. §133

§134 Jede Marinade verändert den Eigengeschmack eines Produktes wesentlich. Zu unterscheiden sind: »kurze« Marinaden, die vor dem Verzehr auf das Produkt gegeben werden, und »lange« Marinaden, in die das Produkt mehrere Stunden vor dem Essen eingelegt wird. §134

1 kg Hühnchen-Unterkeulen (etwa 10 Stück)
Für die Marinade: *1 Stück frischer Ingwer, etwa 50 g • 4 Knoblauchzehen • 2 Chilischoten • 1 TL Sesamöl • 1 TL gestoßener schwarzer Pfeffer • 75 ml trockener Sherry • 120 g Honig • 80 ml Sojasauce • 1 EL vietnamesische Fischsauce • 2 EL Sesamsamen*

¶ Das Fleisch waschen und trocken tupfen. Die Haut der Unterkeulen knapp oberhalb des Gelenks ringsum mit einem Messer einschneiden. Dadurch ziehen sich die Haut und das Fleisch beim späteren Braten zusammen und der Knochen wird schön blank. Die Unterkeulen nebeneinander in ein passendes Behältnis setzen.

¶ Für die Marinade den Ingwer mit Schale in dünne Scheiben schneiden, Knoblauchzehen schälen und fein hacken. Chilis waschen. Alles mit den übrigen Zutaten in einer Schüssel verrühren und über die Unterkeulen verteilen. Die Unterkeulen mit Klarsichtfolie abdecken und mindestens 4 Stunden oder über Nacht im Kühlschrank marinieren.

¶ Die Drumsticks mit der Marinade in einen Bräter oder eine ofenfeste Form geben und im auf 180 °C vorgeheizten Backofen 40–60 Minuten backen, dabei mehrfach wenden und immer wieder mit der Marinade begießen.

Chicken-Sandwich

§135 **§135 Aus 1 mach 2: Viele Produkte sind mehrfach verwendbar. Beim Herstellen einer Hühnerbrühe z. B. können Sie aus dem übrig gebliebenen Fleisch ein köstliches Chicken-Sandwich zubereiten.**

Probieren Sie dieses Sandwich mal mit Toastbrot aus Vollkornmehl: schmeckt wesentlich besser und intensiver – und ist so natürlich auch noch viel gesünder!

ERGIBT 4 SANDWICHES (8 HALBE SANDWICHES)

4 gekochte Hühnchenkeulen • evtl. 2 EL indisches Lime Pickle »medium« (erhältlich in indischen oder asiatischen Lebensmittelgeschäften) • 200 g Mayonnaise (→ S. 50) • Saft von 1 Limette • 1–2 EL Currypulver • 1 TL Zucker • Salz • Pfeffer • 8–12 große Blätter Römersalat • 8 Scheiben Sandwich-Toastbrot (etwas größer als das übliche Toastbrot), vorzugsweise aus Vollkornmehl

¶ Die gekochten und abgekühlten Hühnchenkeulen enthäuten und das Fleisch sorgfältig von den Knochen zupfen. Sie sollten etwa 500 g reines Hühnchenfleisch erhalten. Das Fleisch mit einem Messer grob hacken. Lime Pickle fein hacken und beides in einer Schüssel mit 150 g Mayonnaise, Limettensaft, Currypulver nach Geschmack und Zucker (sollten Sie den gehackten Lime Pickle weglassen, bitte die Zuckermenge auf die Hälfte reduzieren) mischen. Die Masse mit Salz und Pfeffer abschmecken.

¶ Römersalat waschen und trocken schleudern. Den Toast nach Belieben toasten.

¶ Auf jede Toastbrotscheibe ein wenig der restlichen Mayonnaise streichen. Jede Scheibe mit Salatblättern abdecken. Die Hühnchenmasse auf die Hälfte der Toastbrotscheiben verteilen und jeweils mit einer weiteren Scheibe belegen. Die Sandwiches nebeneinander legen und etwa 10 Minuten mit einem Backblech beschweren. Die Ränder der Sandwiches abschneiden, am besten gelingt dies mit einem elektrischen Küchenmesser. Die Sandwiches diagonal halbieren und bis zum Verzehr kühl stellen.

Enten-Rillette

Einmachen ist ein uraltes Verfahren, um Lebensmittel aller Art haltbar zu machen. Bei der Herstellung von »Rillettes« wird Fleisch – egal ob Ente, Gans, Schwein oder Kaninchen – im eigenen Fett und Saft gegart.

§136 Fett sorgt für den luftdichten Verschluss bei diesem Verfahren, das sich für das Haltbarmachen von Fleisch besonders eignet. So bleibt das Einmachgut für mehrere Monate im Kühlschrank aufbewahrt haltbar. §136

1 ½ Entenkeulen • 2 Rosmarinzweige • 4 Thymianzweige • 4 Majoranzweige • 2 Lorbeerblätter • 5 Wacholderbeeren • 2 Nelken • 10 Pfefferkörner • 3 EL Salz • 1 unbehandelte Orange • 1 Apfel • 1 Zwiebel • 1 kg Entenschmalz • Pfeffer aus der Mühle • Pergamentpapier

¶ Entenkeulen waschen und trocken tupfen. Kräuter waschen, trocken schleuern und die Nadeln und Blättchen von den Stielen zupfen. Die Gewürze im Mörser grob zerkleinern. Entenkeulen mit Kräutern, Gewürzen und Salz einreiben und gut abgedeckt 24 Stunden kühl stellen.

¶ Orange und Apfel waschen, Zwiebel schälen, dann alles achteln.

¶ Entenschmalz in einem passenden Topf schmelzen. Entenkeulen und die vorbereiteten Zutaten in das flüssige Fett legen. Die Entenkeulen sollen bedeckt sein. 100 ml Wasser angießen und den Inhalt des Topfes zum Kochen bringen.

¶ Entenkeulen ca. 1,5 Stunden leise köcheln lassen. Lässt sich das Fleisch leicht von den Knochen lösen, die Entenkeulen aus dem Fett heben und etwas abkühlen lassen. Von den noch warmen Entenkeulen die Haut entfernen und das Fleisch von den Knochen zupfen.

¶ Entenschmalz vom Fleischsaft abschöpfen und durch ein feines Sieb passieren. Die Fleischstücke in ein Gefäß geben, mit Entenschmalz (200–300 g) bedecken und abgedeckt über Nacht kalt stellen.

¶ Das restliche Schmalz kann für andere Zwecke verwendet werden; einen Teil davon zum Bedecken aufbewahren.

¶ Am nächsten Tag das Entenfleisch mit dem Fett in einem Mixer grob zerkleinern. Mit frisch gemahlenem Pfeffer und evtl. Salz kräftig abschmecken.

¶ Die fertige Rillette möglichst ohne Lufteinschlüsse in Gläser füllen und die Oberfläche mit flüssigem Fett bedecken. Pergamentpapier zurechtschneiden und fest auf die Oberfläche drücken. Die Gläser verschließen und die Rillette im Kühlschrank aufbewahren, sie hält sich mehrere Monate.

¶ Möglichst 1 Stunde vor dem Verzehr aus dem Kühlschrank nehmen und temperieren lassen.

Geschmorte Kaninchenkeulen

Kaninchenfleisch ist von seiner Struktur her dem Hühnerfleisch sehr ähnlich. Es eignet sich gut zum Kurzbraten (auch die Keulen), ergibt aber auch beim Schmoren einen hervorragenden Geschmack, wenn man Folgendes beachtet:

§137 **§137 Fettarme Fleischstücke müssen beim Schmoren immer mit Flüssigkeit bedeckt bleiben oder regelmäßig mit Flüssigkeit begossen werden, damit sie nicht trocken werden. Alternativ können sie mit Speck umwickelt oder gespickt werden.**

Safran ist, auf den Kilo-Preis gerechnet, das wohl teuerste Gewürz der Welt. Es wird aus den Blüten einer orientalischen Krokusart gewonnen. Um ein Kilo zu erzeugen, benötigt man die fast unvorstellbare Menge von 80 000 bis 150 000 Blüten.

1 Fenchelknolle • 1 Lauchstange • 2 Stangen Staudensellerie • 1 Karotte • 1 rote Paprika • 4 Kaninchenkeulen • Salz • Pfeffer • 2–3 EL Olivenöl zum Anbraten • 1 TL Fenchelsamen • ½ frische Knoblauchknolle (quer halbiert) • 200 ml trockener Weißwein • einige Safranfäden (etwa ¼ TL) • 1 rote Chilischote • 500 ml Hühnerbrühe • Backpapier

¶ Fenchel und Lauch putzen, das Fenchelgrün beiseite stellen. Staudensellerie, Karotte und Paprika mit einem Sparschäler schälen. Kerne und Trennwände der Paprika entfernen. Das gesamte Gemüse waschen und in grobe Stücke schneiden.

¶ Kaninchenkeulen waschen und trocken tupfen, mit Salz und Pfeffer würzen. Keulen in einem passenden Bräter im heißen Olivenöl von beiden Seiten anbraten, bis sie rundum eine schöne goldbraune Färbung haben. Die Keulen aus dem Bräter heben, das vorbereitete Gemüse und den Knoblauch hineingeben, evtl. noch etwas Olivenöl zufügen. Fenchelsamen im Mörser zerstoßen, zufügen und kurz mitrösten. Die Keulen zurück in den Topf geben und mit Weißwein ablöschen. Alles zum Kochen bringen, Safran, Chilischote und Hühnerbrühe zufügen und den Bräter mit zurechtgeschnittenem Backpapier bedecken. Den Bräter für 45–60 Minuten in den auf 160 °C vorgeheizten Backofen schieben.

¶ Sobald die Kaninchenkeulen fertig sind, aus dem Ofen nehmen, mit dem gewaschenen und fein gehackten Fenchelgrün bestreuen und sofort servieren. Dazu passen frisch aufgebackenes Weißbrot und Ofenkartoffeln (→ S. 89).

Frittierter Schweinenacken mit glasierten Eiszapfen

Heute ist Schwein wieder richtig »in«: Viele alte regionale Rassen hat man wiederentdeckt. Sie werden nicht in Massenhaltung gezüchtet, bekommen vernünftiges Futter und schmecken dadurch einfach hervorragend. Den Startschuss haben die Spanier gegeben – das Iberico-Schwein fehlt auf keiner Speisekarte mehr, es hat einen schönen nussigen Geschmack.
Eine originelle Methode, »Schwein« mal anders zu servieren, ist folgendes einfache Rezept. Dabei durchdringt die Speisestärke das Fleisch vollkommen und man bekommt nach dem Frittieren schön knusprige, zarte Fleischstücke, die zusammen mit der selbst hergestellten Teriyaki-Sauce richtig lecker schmecken.
Die Teriyaki-Sauce kann in größeren Portionen zubereitet werden, denn sie hält sich im Kühlschrank mehrere Wochen.
Piment d'Espelette ist eine edle, fruchtig-süße Chili-Sorte mit einer leicht rauchigen Note, die aus dem französischen Baskenland nahe der spanischen Grenze kommt.
Anstelle der Eiszapfen können Sie in Stücke geschnittenen Rettich verwenden. Gut passen auch Kichererbsen-Salat (→ S. 146) oder Pak-Choi (ohne Tofu; → S. 158) servieren.

§138 Der echte Knusper-Effekt entsteht bei diesem Gericht wie auch bei Pommes frites durch das zweimalige Frittieren (→ S. 236, → §104). §138

Für das Fleisch: *600 g Schweinenacken • 120 g Speisestärke • 1 l Frittieröl*
Für die Teriyaki-Sauce: *50 ml Mirin (süßer japanischer Reiswein) • 1 Knoblauchzehe • 100 ml Hühnerbrühe • 3 Scheiben frischer Ingwer • 100 ml Sojasauce • 50 g Zucker • Speisestärke zum Binden*
Für die Eiszapfen: *20–30 Eiszapfen • 1 Chilischote • 2 EL Butter • 1 TL Sesamöl • 1–2 EL Zucker • Salz • 1 TL Piment d'Espelette (ersatzweise Chiliflocken)*

¶ Für das Fleisch den Schweinenacken in etwa 3 cm große Würfel schneiden. Das Fleisch mit Speisestärke bestäuben, in eine flache Form geben, mit Klarsichtfolie abdecken und im Kühlschrank 48 Stunden kalt stellen.

¶ Für die Teriyaki-Sauce Mirin in einem Topf zum Kochen bringen und 10 Sekunden stark kochen lassen. Knoblauch schälen und leicht andrücken. Hühnerbrühe, Ingwerscheiben, Knoblauch, 50 ml Wasser, Sojasauce und Zucker zufügen und etwa 2 Minuten köcheln lassen. Speisestärke mit etwas Wasser anrühren und damit die Teriyaki-Sauce leicht binden.

¶ Für das Gemüse die Eiszapfen schälen und waschen. Chilischote halbieren, Kerne und innere Scheidewände entfernen und das Fruchtfleisch fein würfeln.

¶ Etwa 20 Minuten vor dem Servieren das Frittieröl auf etwa 160 °C erhitzen und den gewürfelten Nacken darin portionsweise jeweils etwa 5 Minuten frittieren. Dann das Frittieröl auf 180 °C erhitzen und den Vorgang wiederholen, bis das Fleisch eine schöne Bräunung erreicht hat und knusprig ist.

¶ Währenddessen für die Eiszapfen Butter, Sesamöl und 100 ml Wasser in einer Sauteuse oder einem breiten Topf zum Kochen bringen. Die Eiszapfen mit der Chilischote, Zucker und Salz zufügen und unter gelegentlichem Schwenken die Eiszapfen garen, evtl. noch etwas Wasser angießen. Die Eiszapfen sollten auf jeden Fall noch Biss haben.

¶ Eiszapfen auf Teller setzen und mit Piment d'Espelette bestreuen. Schweinenacken darauf verteilen und mit Teriyaki-Sauce beträufeln.

Frittierte Frühlingsrollen mit Hackfleischfüllung

Hackfleisch unterscheidet sich von einem Tatar nur durch den höheren Fettgehalt. Es wird dadurch nicht länger haltbar!

§139 **§139 Für alle Hackfleisch-Gerichte gilt die gleiche Regel wie für Tatar: Sie müssen sofort verarbeitet und gegart bzw. verzehrt werden.**

Frühlingsrollenteig ist eine wunderbare Erfindung der Chinesen. Sie können nahezu alles unbedenklich einrollen – und egal ob Fisch, Fleisch oder Gemüse: Das Ergebnis ist immer ein knuspriges Geschmackserlebnis.
Die richtige Temperatur des Frittierfettes stellen Sie auch ohne Thermometer fest: Halten Sie einen Kochlöffelstiel in das Fett. Bilden sich daran Blasen, ist die richtige Temperatur erreicht. (→ Kohl vorbereiten, S. 140)

Ergibt etwa 20 kleine Rollen

Für den Karotten-Rotkohl-Salat: *300 g Rotkohl • 2 Karotten • 4 EL geröstete Erdnüsse oder Cashewnüsse • 1 Stück Ingwer, etwa 20 g • 3 EL Reisessig • 4 EL Sojasauce • 2 EL Honig • 1 EL Sesamöl • 3 EL Erdnussöl • Salz • Pfeffer*

Für die Frühlingsrollen: *1 Stück Ingwer, etwa 30 g • 2 Schalotten • 2 frische Knoblauchzehen • 1 rote Chilischote • ½ Bund Koriander • 300 g gemischtes Hackfleisch • Salz • Pfeffer • 2 Eier • 15–20 Blatt Frühlingsrollenteig (meist tiefgekühlt erhältlich in asiatischen Lebensmittelgeschäften)*

¶ Rotkohl mit einem scharfen und großen Messer in möglichst hauchdünne Streifen schneiden. Karotten schälen und waschen. Die Karotten mit einem Sparschäler in lange, dünne Streifen schneiden (»Julienne«).

¶ Erdnüsse hacken. Ingwer schälen und fein reiben. Aus dem geriebenen Ingwer, Reisessig, Sojasauce, Honig, Sesamöl und Erdnussöl eine Marinade rühren und damit den fein geschnittene Rotkohl anmachen. Dabei den Rotkohl mit den Händen etwa 15 Minuten lang kneten (→ S. 140).

¶ Ingwer schälen und fein reiben. Die Schalotten und den Knoblauch schälen und fein hacken. Chilischote waschen, Stiel, Kerne und die inneren Scheidewände entfernen, in feine Würfelchen schneiden. Koriander waschen, trocken schleudern und mit den Stielen fein hacken. Alle Zutaten in einer Schüssel mischen und mit Salz und Pfeffer abschmecken.

¶ Die Eier aufschlagen und mit einer Gabel verquirlen.

¶ Den aufgetauten Frühlingsrollenteig diagonal halbieren und die Blätter voneinander lösen. Portionsweise die Teig-Dreiecke nebeneinander auf der Arbeitsfläche ausbreiten und die Ränder mit dem verquirlten Ei bestreichen. In die Mitte parallel zur langen Seite eine längliche Portion der Hackfleischmasse setzen (10–15 g). Die spitzen Ecken der Teigdreiecke über das Hackfleisch schlagen. Den Teig nun um das Hackfleisch aufrollen. Die fertigen Röllchen nebeneinander auf ein Blech setzen und kühl stellen.

¶ Kurz vor dem Servieren das Frittieröl auf etwa 170 °C erhitzen und darin die Frühlingsrollen portionsweise 4 Minuten knusprig ausbacken. Mit einer Schaumkelle aus dem Fett heben und zum Entfetten auf Küchenpapier setzen.

¶ Die Karotten-Julienne und die gehackten Erdnüsse unter den marinierten Rotkohl heben und mit Salz, Pfeffer und evtl. etwas Honig und Reisessig abschmecken. Auf Platten oder Tellern anrichten und dazu die heißen Frühlingsrollen servieren.

Krustenbraten vom Schweinebauch mit Koriander-Karotten

Lassen Sie sich nicht durch den hohen Fettgehalt des Schweinebauchs abschrecken. Gerade das Fett macht das Gericht zu einer besonderen Delikatesse.

§ 140 Ein Krustenbraten wird besonders knusprig, wenn man ihn zuerst dämpft und dann brät. §140

Für den Schweinebauch: *etwa 1,2 kg Schweinebauch (ohne Knochen) • 1 Knoblauchzehe • 1 TL Kreuzkümmel • 1 TL Pfefferkörner • 1 TL Salz • 3 EL Dijon-Senf • 2 Lorbeerblätter • Klarsichtfolie*
Für die Koriander-Karotten: *4 große Karotten • 2 EL Butter • Salz • Pfeffer • 1 TL Zucker • ½ Bund Koriander • Kreuzkümmel-Soja-Reduktion (→ S. 49)*

¶ Die Schwarte des Schweinebauchs mit einem scharfen Messer oder einer Rasierklinge kreuzweise nicht zu tief einschneiden. Knoblauch schälen und zusammen mit Kreuzkümmel, Pfeffer und Salz im Mörser zerreiben, dann unter den Senf mischen. Den Schweinebauch damit auf der Fleischseite gut einreiben.

¶ Den Schweinebauch mit den Lorbeerblättern belegen, dann eng und möglichst wasserfest in Klarsichtfolie wickeln. Das Fleisch im Wasserbad bei etwa 90 °C 2 Stunden gar ziehen lassen (pochieren).

¶ Den Schweinebauch aus dem Wasser heben, vorsichtig aus der Folie wickeln. Den Schweinebauch auf der Schwarte bei mittlerer Temperatur anbraten. Achtung, das Fett kann spritzen! Braten auf der Fleischseite in eine ofenfeste Form legen, in den auf 80 °C vorgeheizten Backofen schieben und 2 Stunden braten. Kurz vor dem Servieren den Schweinebauch unter dem Grill des Backofens knusprig braten.

¶ Die Karotten schälen und in dünne Scheiben schneiden. Butter, Karottenscheiben, etwa 100 ml Wasser, Salz, Pfeffer und Zucker in eine Sauteuse oder einen Topf geben. Die Karotten unter gelegentlichem Schwenken garen. Sie sind perfekt gegart, wenn die Flüssigkeit fast vollständig verdampft ist und die Scheiben gleichmäßig weich sind. Koriander waschen, trocken schleudern, fein hacken und unter die Karotten mischen.

¶ Schweinebauch mit einem sehr scharfen Messer oder einem Elektromesser portionieren und auf die Koriander-Karotten setzen. Kreuzkümmel-Soja-Reduktion darumverteilen und sofort servieren.

Königsberger Klopse

Die Fleischmasse für Klopse und Frikadellen wird auf die gleiche Art zubereitet, aber unterschiedlich gewürzt. Die Klopse werden dann gekocht, die Frikadellen gebraten.

§141 **§ 141 Werden Schalotten- und Knoblauchwürfel in Butter angedünstet, bevor man sie zum Fleischteig gibt, sind sie schon etwas weich und lassen sich leichter darunterkneten. Damit ist außerdem sichergestellt, dass beide Zutaten im fertigen Klops auch gar sind.**

§142 **§ 142 Klöße, Klopse usw. lassen sich besser und einfacher in Form bringen, wenn man die Hände zum Formen mit Wasser befeuchtet.**

ERGIBT 20–25 KLOPSE

Für die Klopse: *100 g Weißbrot vom Vortag • 200 ml Milch • 1 große Schalotte • ½ Knoblauchzehe • 30 g Butter • 20 g Kapern • 2 Sardellen • 1 Ei • jeweils 400 g Schweine- und Kalbshackfleisch • Salz • Pfeffer • 1 l kräftige Geflügelbrühe • Backpapier*

Für die Sauce: *60 g Butter • 60 g Mehl • 100 ml Weißwein • 200 ml Sahne • 1 TL Senf • Saft einer ½ Zitrone • Salz • Pfeffer • 4 EL Kapern (möglichst die kleinen »Nonpareilles«) • 3 EL geschlagene Sahne • 4 EL fein geschnittene Schnittlauchröllchen*

¶ Für die Klopse das Weißbrot in feine Scheiben schneiden, in eine Schüssel geben und mit kochend heißer Milch überbrühen. Schalotte und Knoblauch schälen und fein würfeln. Butter in einer kleinen Pfanne erhitzen, darin die Schalottenwürfelchen farblos anschwitzen, dann den Knoblauch zufügen. Alles in eine Schüssel umfüllen. Kapern und Sardellen möglichst fein hacken und zufügen. Das eingeweichte Weißbrot mit den Händen gut ausdrücken und mit dem Ei und dem Hackfleisch zu den Schalotten geben. Die Masse gut mischen, mit Salz und Pfeffer würzen.

¶ Mit leicht angefeuchteten Händen etwa 40 g schwere Bällchen formen und diese auf ein mit Backpapier ausgelegtes Blech setzen.

¶ Fond zum Kochen bringen, Temperatur auf kleinste Stufe stellen und die Hälfte der Klopse vorsichtig hineingleiten lassen. Die Klopse etwa 20 Minuten in dem heißen Fond gar ziehen lassen, dann behutsam mit einer Schaumkelle herausnehmen und mit Klarsichtfolie abgedeckt beiseite stellen. Mit den restlichen Klopsen ebenso verfahren.

¶ Für die Sauce Butter in einem Topf schmelzen, Mehl einrühren und 5–10 Minuten unter häufigem Umrühren bei niedriger Temperatur langsam rösten, ohne dass die Mehlschwitze dunkel wird. Die Mehlschwitze mit Weißwein ablöschen, dabei ständig mit einem Schneebesen rühren. Pochierfond nach und nach unter den Saucenansatz rühren, dabei darauf achten, dass sich keine Klümpchen bilden (§§ 36–38). Die Sauce 30 Minuten köcheln lassen, dabei darauf achten, dass sie nicht am Topfboden ansetzt. Sahne, Senf und Zitronensaft zufügen. Sollten sich Klümpchen gebildet haben, die Sauce durch ein feines Sieb passieren.

¶ Die Sauce mit Salz und Pfeffer abschmecken, die Klopse und die Kapern zufügen und alles zusammen erhitzen. Zum Servieren die Klopse auf Teller verteilen und die geschlagene Sahne unter die Sauce rühren. Die Klopse mit feinen Schnittlauchröllchen bestreuen. Dazu passen Pellkartoffeln oder Reis.

Kalbstatar

Ob das Fleisch mit der Hand geschnitten oder durch den Fleischwolf gedreht werden soll, ist mehr oder weniger Geschmacksache. Ich bevorzuge die handgeschnittene Variante, da sie etwas bissfester bleibt. Nach Belieben können Sie noch eine fein geschnittene blanchierte Schalotte, eine gehackte Sardelle, ein frisches Eigelb und fein geschnittenen Schnittlauch zugeben.

§143 **§143 Fleisch, das zum rohen Verzehr verwendet wird, z. B. Tatar, sollte absolut frisch sein, also nicht abgehangen** (→ §139).

300 g sauber pariertes Kalbsfilet • fein gezupfte Salat- und Kräuterblättchen (z. B. Frisée, Rucola, Kerbel, Petersilie) • Saft 1 Zitrone • Fleur de Sel (feinstes Meersalz) • Pfeffer aus der Mühle • 12 EL sehr gutes, fruchtiges Olivenöl • fein gehobelter Parmesan

¶ Kalbsfilet kalt abspülen und trocken tupfen, dann mit einem scharfen Messer in möglichst feine Würfelchen schneiden.

¶ Salat- und Kräuterblättchen waschen und trocken schleudern.

¶ Aus Zitronensaft, Fleur de Sel, Pfeffer und Olivenöl eine Vinaigrette (→ S. 40) rühren.

¶ Salatblättchen mit etwas Vinaigrette anmachen, die restliche Vinaigrette mit dem Tatar verrühren. Tatar abschmecken und auf vier Teller verteilen. Salat- und Kräuterblättchen sowie den dünn gehobelten Parmesan über das Fleisch streuen.

Gegrillte Kalbskoteletts mit Pommes Pont-neuf

Grillen ist für mich die reizvollste Form des Garens. Nicht nur Fleisch und Fisch eignen sich hervorragend, sondern auch Gemüse, Brot und Obst. Aber nur wenn richtig mit Holzkohle gegrillt wird, erhält man diesen unverwechselbaren Rauchgeschmack – ein Gefühl von Freiheit und Abenteuer.

§144 Der Grill muss immer gut angeheizt sein (erkennbar an der hellgrauen Ascheschicht auf der Kohle), damit das Grillgut nicht kleben bleibt und die wunderbaren Aromen entstehen. Grillpfannen müssen soweit erhitzt werden, bis Rauch aufsteigt. §144

Pommes Pont-neuf sind eigentlich nichts anderes als dicke Pommes frites.
Ich bevorzuge aber diese Variante, da der Kartoffelgeschmack so voll zur Geltung kommt und sie kross und weich zugleich sind.
Probieren Sie mal folgendes Rezept für selbst gemachtes Ketchup, das ganz originell wird, wenn Sie den Karamell noch mit einem Schuss Cola ablöschen.

Für das Tomatenketchup: *1 kg Tomaten • 250 g rote Zwiebeln • 2 EL Olivenöl • 40 g Rohrzucker • 150 ml Apfelessig • 1 Sternanis • 5 Pfefferkörner • 1 Nelke • 3 Pimentkörner • 1 TL Senfsaat • Salz*
Für die Kalbskoteletts: *4 Kalbskoteletts à 350–400 g • 4 EL Olivenöl • Salz • Pfeffer • Alufolie*
Für die Pommes Pont-neuf: *1 kg fest kochende Kartoffeln • 1 l Frittieröl • Salz*

¶ Für das Ketchup Tomaten waschen und grob würfeln. Zwiebeln schälen und in feine Streifen schneiden. Olivenöl in einem Topf erwärmen und darin die Zwiebeln farblos anschwitzen. Rohrzucker zufügen und erhitzen, bis sich der Zucker hellbraun färbt, dann mit Essig ablöschen und die gewürfelten Tomaten zufügen.

¶ Sternanis, Pfeffer, Nelke, Piment und Senfsaat im Mörser zerstoßen und zu den Tomaten geben. Das Ganze mit Salz würzen und unter gelegentlichem Rühren so lange leise köcheln lassen, bis die Sauce auf etwa 400 ml eingekocht ist. Ketchup kurz mit einem Pürierstab anmixen, durch ein feines Sieb streichen und mit Salz und Pfeffer abschmecken.

¶ Um das Ketchup haltbar zu machen, bringt man es erneut zum Kochen und füllt es kochend heiß in saubere Glasflaschen oder Weckgläser. Diese sofort verschließen. So ist es im Kühlschrank aufbewahrt mehrere Monate haltbar.

¶ Die Koteletts mit Olivenöl einreiben, auf den aufgeheizten Grill oder in die aufgeheizte Grillpfanne legen und von beiden Seiten jeweils 4 Minuten grillen. Die Koteletts auf ein Backblech setzen und im auf 160 °C vorgeheizten Backofen etwa 15 Minuten braten. Danach mit Salz und Pfeffer würzen, in Alufolie wickeln und 5 Minuten ruhen lassen.

¶ Für die Pommes Pont-neuf die Kartoffeln schälen, waschen und trocken tupfen. Die Kartoffeln in etwa 1,5 cm dicke Stifte schneiden.

¶ Frittierfett auf 130 °C erhitzen, die Kartoffelstifte portionsweise im heißen Fett 5 Minuten blanchieren. Sie nehmen dabei keine Farbe an. Vorsichtig mit einer Schaumkelle aus dem Fett heben, das Fett auf 170 °C erhitzen und die Pommes Pont-neuf 1–2 Minuten darin goldbraun und knusprig backen. Pommes Pont-neuf aus dem Fett heben, auf Küchenpapier entfetten.

Kalbssteak mit Calamaretti und Pesto

Diese wunderbare Kombination, die am Anfang etwas wirr erscheint, habe ich bei einem italienischen Koch kennen und lieben gelernt.

§145 **§145 Pesto stellt man am besten in einer größeren Menge her. Abgedeckt hält es sich im Kühlschrank mehrere Wochen. Es lässt sich universal einsetzen, passt also sowohl vorzüglich zu Fisch als auch zu Fleisch, Gemüse oder Nudelgerichten.**

Für das Pesto: *80 g Pinienkerne • 50 g Basilikumblätter • 25 g Petersilienblätter • 40 g Pecorino • 60 ml feinstes Olivenöl • ½ frische Knoblauchzehe • Salz • Pfeffer • Olivenöl zum Abdecken*
Für das Kalbssteak mit Calamaretti: *8–12 Calamaretti • einige Rucolablättchen • 4 Kalbsrückensteaks à 160–180 g • Salz • Pfeffer • 3–4 EL Olivenöl • 12 kleine Strauchtomaten • 1 Spritzer Zitronensaft*

¶ Pinienkerne in einer Pfanne bei niedriger Temperatur langsam goldbraun rösten. Vorsicht, die Kerne werden schnell zu dunkel! Die Hälfte als Garnitur beiseite stellen.

¶ Basilikum und Petersilie waschen und sorgfältig trocken schleudern. Die Blätter grob hacken. Pecorino in Würfel schneiden. Alles zusammen mit dem Öl und dem geschälten Knoblauch in einen Mixer geben und zu einer feinen Paste pürieren. Mit Salz und Pfeffer würzen. Das Pesto in ein Schraubglas füllen, die Oberfläche glatt streichen, mit Olivenöl bedecken und bis zum Servieren beiseite stellen.

¶ Calamaretti putzen: Kopf mit den Tentakeln aus dem Körperbeutel ziehen. Mit einem Messer die Tentakel knapp über dem Auge so abschneiden, dass die Tentakel noch miteinander verbunden bleiben. Kauwerkzeuge in der Mitte der Tentakel herausdrücken. Vom Körperbeutel die Haut abziehen und das transparente Fischbein aus dem Beutel herausziehen. Tentakel und Körperbeutel (auch Tuben genannt) sorgfältig waschen und trocken tupfen. Die Tuben mit einem scharfen Messer in etwa 1 cm breite Ringe schneiden.

¶ Die Rucolablättchen waschen und trocken schleudern.

¶ Kalbsrückensteaks mit Salz und Pfeffer würzen, die Hälfte des Olivenöls in einer backofenfesten Pfanne erhitzen und darin die Steaks von beiden Seiten jeweils etwa 2 Minuten bei mittlerer Temperatur anbraten. Die gewaschenen Tomaten neben das Fleisch setzen und das Ganze für max. 8 Minuten in den auf 160 °C vorgeheizten Backofen schieben. Das Fleisch aus der Pfanne nehmen, in Alufolie wickeln und 5 Minuten ruhen lassen.

¶ In einer anderen Pfanne das restliche Olivenöl erhitzen und darin kurz vor dem Servieren die Calamaretti-Ringe und -Tuben kurz anbraten. In der Pfanne durchschwenken, mit Salz, Pfeffer und einem Spritzer Zitronensaft würzen.

¶ Die Kalbsrückensteaks auf vier Teller setzen, darauf die Calamaretti verteilen. Jeweils 3 Tomaten ansetzen, Rucolablättchen darüberstreuen und das Ganze mit Pesto beträufeln.

Wiener Schnitzel mit Kartoffelsalat

Landauf, landab finde ich nur schlecht gemachte Schnitzel »Wiener Art«. Kaum einer traut sich an das Original, das so einfach herzustellen ist.

§ 146 Wiener Schnitzel wird grundsätzlich aus Kalbfleisch hergestellt. §146

§ 147 Das Klopfen des Fleisches erfüllt den Zweck, die Struktur des Fleisches schon vor dem Garen zu zerstören. Dadurch ist ein Wiener Schnitzel immer zart. §147

Für den Kartoffelsalat: *1 kg fest kochende Kartoffeln • Salz • 1 Zwiebel • 400 ml Rinderbrühe • ½–1 EL Estragonsenf, ersatzweise scharfer Senf • 2–3 EL Weißweinessig • Salz • Pfeffer • 1 Bund Schnittlauch • 3–4 EL neutrales Pflanzenöl*
Für das Wiener Schnitzel: *4 Kalbsrückensteaks à etwa 120 g, ersatzweise Steaks aus der Keule • 2 Eier • Salz • Pfeffer • 5 EL Mehl • 10 EL Semmelbrösel • 6 EL geklärte Butter • 2 EL Butter • Frischhaltefolie*

¶ Für den Kartoffelsalat die Kartoffeln waschen und in gesalzenem Wasser bei mittlerer Hitze weich kochen (das Wasser soll nicht sprudelnd kochen, sondern nur simmern).

¶ Währenddessen die Zwiebel schälen und in sehr feine Würfel schneiden. Die Rinderbrühe in einem kleinen Topf mit den Zwiebelwürfeln zum Kochen bringen, in eine Schüssel umfüllen und Senf, Essig, Salz und Pfeffer einrühren.

¶ Die fertigen Kartoffeln abgießen, pellen, in sehr feine Scheiben schneiden und direkt in die warme Rinderbrühe geben. Die Kartoffelscheiben etwa 1–2 Stunden ziehen lassen.

¶ Zum Fertigstellen Schnittlauch waschen, trocken schleudern und in feine Röllchen schneiden. Schnittlauch und Öl unter die Kartoffelscheiben heben und den Kartoffelsalat mit Salz und Pfeffer, evtl. auch mit etwas Weißweinessig abschmecken.

¶ Für die Wiener Schnitzel die Rückensteaks zwischen 2 Lagen Frischhaltefolie mit einem Plattiereisen oder einem schweren Pfannenboden möglichst gleichmäßig dünn plattieren. Eier in einem tiefen Teller mit Salz und Pfeffer verquirlen, Mehl und Semmelbrösel jeweils auf einen flachen Teller geben.

¶ Kurz vor dem Servieren die Schnitzel zuerst im Mehl wenden, das überschüssige Mehl mit den Händen abklopfen. Anschließend die Schnitzel durch das verquirlte Ei ziehen und dann in den Semmelbröseln wenden.

¶ In einer großen Pfanne die Hälfte der geklärten Butter erhitzen und darin zwei Schnitzel von beiden Seiten jeweils etwa 1 Minute goldbraun braten.

¶ Zum Schluss 1 EL Butter zufügen, die Schnitzel aus der Pfanne heben und im Backofen warm halten. Mit den verbleibenden Schnitzeln ebenso verfahren.

¶ Sobald alle Schnitzel gebraten sind, sofort servieren. Dazu Kartoffelsalat und frische Zitronenspalten reichen.

Kalbstafelspitz mit Bouillon-Gemüse

Dies ist ein sehr bekömmliches, leichtes Essen, das ich am liebsten mit seinen klassischen Beilagen – Apfelkren, kalter Schnittlauchsauce und eben Bouillon-Gemüse – genieße. Dabei ziehe ich Kalb- dem Rindfleisch vor, da dieses weniger faserig ist und damit einfach zarter.

§148 **§ 148 Ein Tafelspitz soll saftig und zart sein. Deshalb wird er im Unterschied zu Suppenfleisch, das eine leckere, kräftige Brühe liefern soll, heiß aufgesetzt. So schließen sich die Poren direkt und das Fleisch bleibt saftig und laugt nicht aus.**

1 kg Suppenfleisch vom Rind • 1 Zwiebel • 4 Karotten • 1 Stück Knollensellerie, etwa 200 g • 3 Schalotten • 4 Petersilienwurzeln • 2 Lauchstangen • 1 Lorbeerblatt • 5 Liebstöckelstiele • 1 Nelke • 5 Pfefferkörner • Salz • 2 Stücke Kalbstafelspitz, je etwa 800 g • 4 Mairübchen (ersatzweise 1 Kohlrabi) • 500 g festkochende Kartoffeln • Pfeffer aus der Mühle • frisch geriebener Meerrettich • kalt gerührte Preiselbeeren oder Preiselbeerkompott

¶ Suppenfleisch kalt abspülen und in einem Topf mit kaltem Wasser bedecken. Zwiebel halbieren und mit der Schnittfläche nach unten in einer Pfanne ohne Fett rösten, bis die Schnittfläche dunkelbraun ist. Karotten, Sellerie, Schalotten und Petersilienwurzeln schälen, Lauch putzen und alles waschen. Liebstöckel waschen, trocken schleudern und die Blättchen von den Stielen zupfen. Die Stiele mit der gebräunten Zwiebel, einer Möhre, etwa einem Drittel des Selleries, 1 Petersilienwurzel, den dunklen Teilen des Lauchs, dem Lorbeerblatt und den Gewürzen zum Fleisch geben. Das Ganze zum Kochen bringen und bei mittlerer Temperatur leise köcheln lassen. Nach etwa 90 Minuten die Brühe durch ein Sieb passieren und erneut zum Kochen bringen.

¶ Die beiden Kalbstafelspitze einlegen, evtl. noch etwas kochend heißes Wasser zugießen, sodass das Fleisch vollständig bedeckt ist. Von nun an nicht mehr sprudelnd kochen, sondern eine konstante Temperatur von etwa 90 °C halten. Etwa 90 Minuten gar ziehen lassen, währenddessen einmal wenden.

¶ Die restlichen Karotten, Rest Sellerie, Schalotten und das Helle vom Lauch in etwa gleich große, mundgerechte Stücke schneiden. Kartoffeln und Mairübchen schälen und ebenfalls in Stücke schneiden.

¶ Die Tafelspitze, sobald sie ganz weich und zart sind, aus der Brühe heben und in Klarsichtfolie wickeln, damit sie an der Oberfläche nicht austrocknen. Die Brühe durch ein feines Sieb passieren und darin das Gemüse (evtl. auch den Kohlrabi), bis auf die Mairübchen, weich kochen. Die Mairübchen zum Schluss in die Brühe geben, sie benötigen nur 5–8 Minuten zum Garen.

¶ Liebstöckelblättchen fein hacken und in die Brühe geben. Die Brühe mit Salz und frisch gemahlenem Pfeffer abschmecken. Die Tafelspitze mit einem langen, scharfen Messer aufschneiden und mit dem Gemüse, etwas Brühe und frisch geriebenem Meerrettich servieren. Dazu passen:

Kalt gerührte Preiselbeeren

500 g Preiselbeeren • 200–250 g feiner Zucker • 2–3 EL Himbeergeist

¶ Preiselbeeren sorgfältig verlesen und abwiegen. Die Hälfte des Gewichts an Zucker abwiegen. Die Beeren kurz in kaltem Wasser waschen, auf einem Sieb gut abtropfen lassen und auf einem sauberen Küchentuch zum Trocknen ausbreiten.

¶ Preiselbeeren und Zucker in einer Küchenmaschine mit dem Knethaken auf kleinster Stufe etwa 1 Stunde rühren, bis sich der Zucker aufgelöst hat.

¶ Die Fruchtmasse in saubere Marmeladengläser füllen. Die Oberfläche der Preiselbeeren mit etwas Himbeergeist beträufeln. Die Gläser verschließen. Im Kühlschrank sind sie ungeöffnet 1 Jahr haltbar.

Gegrillte Lammkoteletts

Eine weitere Variante für den Grill, nur dieses Mal mit eingelegtem Fleisch. Auf diese Weise kann man eigentlich alles marinieren (→ Drumsticks, S. 227). Nur darauf achten, dass vor dem Grillen die Kräuter abgestreift werden, damit sie nicht verbrennen.

§149 **§ 149 Fleisch verträgt in der Regel eine längere Marinierzeit sehr gut. Öl, Säure und Gewürze lassen das Fleisch sehr mürbe und zart werden.**

Für das Fleisch: *12–16 Lamm-Doppelkoteletts • 1 Bio-Zitrone • 8 Knoblauchzehen • 5 Rosmarinzweige • 12 Thymianzweige • 2 Chilischoten • 175 ml Olivenöl*
Für die eingelegten Oliven: *½ Bio-Zitrone • 3 frische Knoblauchzehen • 3 Lorbeerblätter • 3 Rosmarinzweige • 3 Thymianzweige • 250 g schwarze Oliven (mit Stein) • gutes Olivenöl*
Für den Auberginenkaviar: *2 Auberginen, 500–600 g • ½ TL Salz • 1–2 EL frischer Zitronensaft • 30 ml feinstes Olivenöl • Pfeffer • evtl. 1 Prise Cayennepfeffer*
Für die Tomatensalsa: *500 g Tomaten • 1 rote Zwiebel • ½ Bund Koriander • ½ Bund Basilikum • 1 frische Knoblauchzehe • Salz • Pfeffer • einige dünne Ringe einer roten Chilischote • 5 EL feinstes Olivenöl • 1 Prise Zucker*

¶ Das Fleisch waschen und trocken tupfen. Für die Lammkoteletts eine Marinade zubereiten. Dafür die Bio-Zitrone waschen und in Scheiben schneiden. Knoblauchzehen schälen und in feine Scheiben schneiden. Die Kräuter waschen, trocken schleudern und klein zupfen. Chilischoten waschen, entkernen und in grobe Stücke hacken. Alle Zutaten verrühren, die Doppelkoteletts in ein passendes Gefäß geben und mit der Marinade übergießen. Die Koteletts mit Klarsichtfolie abdecken und 5 Stunden im Kühlschrank marinieren.

¶ Die gewaschene Bio-Zitrone in Scheiben schneiden, die Knoblauchzehen schälen und leicht andrücken, die Kräuter waschen. Oliven mit den übrigen Zutaten in ein sauberes Glas füllen, mit Olivenöl bedecken und 2–5 Stunden marinieren.

¶ Für den Auberginen-Kaviar den Backofen auf 200 °C vorheizen. Auberginen im Ganzen auf ein Backblech setzen und im Ofen so lange backen, bis sich die Auberginenhaut dunkel färbt und leicht aufbläht. Auf leichten Druck müssen sich die Auberginen von innen ganz weich anfühlen (das ist nach etwa 15–20 Minuten Garzeit so weit).

¶ Auberginen aus dem Ofen nehmen und etwas abkühlen lassen. Das grüne Ende und die Haut der Auberginen mit einem Messer entfernen. Fruchtfleisch mit einem Messer grob hacken und mit Salz und Zitronensaft mischen. Das Fruchtfleisch über einer Schüssel auf ein Sieb geben und etwa 60 Minuten abtropfen lassen. Das Auberginenwasser abschütten, das Fruchtfleisch in eine Schüssel geben.

¶ Das Olivenöl in die Auberginen rühren und evtl. für einen kurzen Moment den Pürierstab in die Masse halten. Den Auberginen-Kaviar mit Pfeffer würzen, evtl. noch etwas Zitronensaft und Salz zufügen. Nach Belieben mit einer Prise Cayennepfeffer abschmecken.

¶ Für die Tomatensalsa die Tomaten waschen, vierteln, Kerne entfernen und die Tomatenfilets in feine Würfel schneiden. Die Zwiebel schälen und sehr fein würfeln. Koriander und Basilikum waschen, trocken schleudern, die Blättchen von den Stielen zupfen und fein hacken. Knoblauch schälen, grob hacken und mit etwas Salz zwischen dem Messerrücken und der Arbeitsfläche zerreiben. Alle vorbereiteten Zutaten, Chiliringe und Olivenöl in einer Schüssel mischen, mit Salz, Pfeffer und einer Prise Zucker abschmecken.

¶ Die Doppelkoteletts aus der Marinade nehmen, abtropfen lassen und die Kräuter abstreifen. Koteletts auf dem vorgeheizten Grill oder in der vorgeheizten Grillpfanne von beiden Seiten jeweils etwa 4–5 Minuten grillen. Das Fleisch mit Salz und Pfeffer würzen und mit der Salsa, dem Auberginen-Kaviar und den Oliven servieren.

Geschmorte Lammschulter

Trauen Sie sich mal an eine Schulter ran! Es gibt kein besseres Stück Fleisch zum Schmoren als dieses muskulöse, von Sehnen durchzogene Stück. Der Geschmack, der dadurch entsteht, ist schon einzigartig: Die Schulter bleibt zart und saftig – erst recht, wenn man den Schmorvorgang bei geringer Hitze fortsetzt (→ §111).

Ich benutze beim Schmoren zum Abdecken sehr gerne Backpapier. Gegenüber einem Deckel hat es den Vorteil, dass Flüssigkeit verdampft – also eine sehr aromatische, ausdrucksstarke Sauce entstehen kann. Dabei bleibt das Gargut durch den sich unter dem Papier haltenden Dampf immer feucht.

§150 Lämmer nennt man Schafe, die nicht älter als 1 Jahr sind. Vom Geschmack her sollte man halbjährige bevorzugen. §150

1 Lammschulter, etwa 1,4 kg • 2 Karotten • 1 Fenchelknolle • 2 Zwiebeln • 1 Lauchstange • 1 Stück Sellerie, etwa 150 g • 2 Stangen Staudensellerie • 4 Strauchtomaten • 1 Knoblauchknolle • 350 ml Rotwein • Salz • Pfeffer • 3 EL Olivenöl zum Anbraten • 2 Rosmarinzweige • 4 Thymianzweige • 3 Lorbeerblätter • 1 l Lammfond • Backpapier

¶ Die Lammschulter grob von Fett und Sehnen befreien, kalt abspülen und trocken tupfen. Das Gemüse schälen bzw. putzen, waschen und in grobe Würfel schneiden. Die Knoblauchknolle quer halbieren. Rotwein auf etwa 50 ml reduzieren.

¶ Lammschulter mit Salz und Pfeffer würzen. Das Olivenöl in einem passenden Bräter erhitzen und darin die Schulter von beiden Seiten bei mittlerer Temperatur jeweils 5–10 Minuten anbraten. Die Schulter aus dem Bräter heben und das Gemüse im Bratfett anbraten. Evtl. noch etwas Olivenöl zufügen.

¶ Die Kräuter waschen und zu dem Gemüse geben. Die Lammschulter zurück in den Topf geben, Rotwein und Lammfond zugießen, evtl. etwas Wasser zugeben, sodass die Lammschulter eben bedeckt ist. Den Bräter mit einem zurechtgeschnittenen Backpapier oder einem Deckel bedecken und in den auf 120 °C vorgeheizten Backofen schieben. Nach 4 Stunden kontrollieren, ob das Fleisch weich ist.

¶ Nach Belieben die Sauce durch ein feines Sieb streichen und bis zur gewünschten Konsistenz einkochen.

Geflämmtes Rinderfilet

Das ist die Alternative zu einem »normalen« Carpaccio: Der leichte Rauchgeschmack mit der zarten Säure des Balsamico lässt den wunderbaren Fleischgeschmack am Gaumen geradezu explodieren!

§151 **§151 Filet lässt sich leichter dünn schneiden, vor allem für das hauchdünne Carpaccio, wenn es vorher kurz angefroren wird.**

§152 **§152 Ein Bunsenbrenner aus dem Baumarkt ist heute in der Küche ein wichtiges Utensil. Eine Crème brûlée wird knusprig, eine Tarte karamellisiert und Fleisch bekommt einen wunderbaren Rauchgeschmack.**

400 g Rinderfilet, sauber pariert (von Fett und Sehnen befreit) • Fleur de Sel • schwarzer Pfeffer • einige Tropfen Balsamico

¶ Rinderfilet in etwa 5 mm dünne Scheiben schneiden und nebeneinander auf einer feuerfesten Arbeitsplatte ausbreiten.

¶ Die Scheiben mit Fleur de Sel und Pfeffer würzen und mit jeweils 3–4 Tropfen Balsamico beträufeln. Die Scheiben mit einem Bunsenbrenner abflämmen, sodass die Oberseite gar ist und das Filet einen leicht rauchigen Geschmack erhält. Dazu passen hervorragend ein Salat aus grünen Bohnen oder ein geröstetes Baguette.

Rostbeef mit Schnippelbohnensalat

... ein hervorragendes, einfaches Gericht, das sowohl warm als auch kalt zu genießen ist.

§153 **§153 Kurz gebratenes Fleisch muss vor dem Servieren unbedingt einige Minuten an einem warmen Ort ruhen. Während dieser Ruhezeit das Fleisch einmal wenden, damit sich der Fleischsaft gleichmäßig verteilt und das Bratstück sich entspannt.** (→ Gegrilltes Kalbskotelett, S. 245, Kalbsrücken mit Calamaretti, S. 246, Lammkotelett, S. 252)

Für das Rostbeaf: *1 kg Rostbeef • Salz • Pfeffer*
Für den Schnippelbohnensalat: *400 g Schnippelbohnen • Salz • Pfeffer • 1 Schalotte • 1 Knoblauchzehe • 12 halb getrocknete Tomaten (→ S. 130) • 5 Bohnenkrautzweige • 2 EL Weißweinessig • 5–6 EL sehr gutes Olivenöl*
Für die Meerrettichsauce: *150 g Mayonnaise (→ S. 50) • 50 g Meerrettich aus dem Glas (kein Sahne-Meerrettich!) • 3 EL Weißweinessig • 1 EL Senf • Salz • Pfeffer*
Für die Zwiebelringe: *2 kleine Zwiebeln • etwas Mehl • neutrales Pflanzenöl zum Frittieren • Salz*

¶ Die Fettschicht vom Rostbeaf entfernen und in einer ofenfesten Pfanne bei mittlerer Hitze auslassen. Das Rostbeaf rundum mit Salz und Pfeffer würzen und in dem heißen, ausgetretenen Fett von beiden Seiten jeweils 2–3 Minuten anbraten. Das Rostbeaf in der Pfanne in den auf 160 °C vorgeheizten Backofen schieben und 25 Minuten braten.

¶ Für den Salat Schnippelbohnen putzen, in etwa 3 cm große Stücke schneiden und in sprudelnd kochendem Salzwasser etwa 5 Minuten blanchieren. Die Bohnen sollen noch etwas Biss haben, aber keinesfalls unter den Zähnen quietschen! Die blanchierten Schnippelbohnen sofort in Eiswasser abkühlen und auf einem Sieb abtropfen lassen.

¶ Schalotte und Knoblauch schälen, fein würfeln und kurz in kochendem Wasser blanchieren. Getrocknete Tomaten klein schneiden. Bohnenkraut waschen, trocken schleudern und fein hacken.

¶ Für die Vinaigrette Weißweinessig mit Salz und Pfeffer mischen und das Olivenöl unterrühren. Schalotten, Knoblauch, getrocknete Tomaten und Bohnenkraut unterziehen.

¶ Für die Meerrettichsauce alle Zutaten im Mixer verrühren und mit Salz und Pfeffer abschmecken.

¶ Für die Zwiebelringe die Zwiebeln schälen und mit einem Messer oder einer Aufschnittmaschine in möglichst dünne Ringe schneiden. Die Zwiebelringe zwischen zwei Lagen Küchenpapier legen und trocken tupfen. Die Zwiebelringe in etwas Mehl wenden, überschüssiges Mehl abklopfen und die Ringe portionsweise im etwa 170 °C heißen Pflanzenöl frittieren. Zwiebelringe aus dem Fett heben und zum Entfetten auf Küchenpapier geben. Sollten Mehlrückstände im heißen Fett zu dunkel werden, das Fett durch ein feines, evtl. mit Küchenpapier ausgelegtes Sieb gießen. So kann das Fett für die nächste Portion Zwiebeln weiter verwendet werden.

¶ Kurz vor dem Servieren den Schnippelbohnensalat mit der Vinaigrette anmachen und auf vier Teller verteilen. Das Rostbeaf warm oder kalt in etwa 1–2 cm dicke Scheiben schneiden, auf den Salat legen, mit Meerrettichsauce beträufeln und mit Zwiebelringen bestreuen.

Grünes Rindfleisch-Curry

Die asiatische Küche – hier die Thaiküche – ist normalerweise eine schnelle Küche, doch gibt es auch Zubereitungsarten, die erst richtig perfekt werden, wenn Zeit vorhanden ist.
Curry wird auf zwei Arten angeboten: Als Pulver und als Paste. Curry ist kein einzelnes Gewürz, sondern immer eine Gewürzmischung. Ich persönlich ziehe die Thai-Currys den indischen vor, aufgrund der Frische durch Limettenblätter, Ingwer und Koriander.

§154 Ob Paste oder Pulver: Durch Rösten von Curry werden die Schärfe und das Aroma des Gerichts erhöht. §154

Salz • Pfeffer aus der Mühle • 60 g frischer Ingwer • 3 Schalotten • 3 Knoblauchzehen • 2 Stangen Zitronengras • je nach Belieben und Schärfe 2–4 grüne Chilischoten • 1 kg Rindfleisch aus der Oberschale • 2 EL neutrales Pflanzenöl • 1–2 EL grüne Currypaste (vorzugsweise Bio-Qualität) • 50 g Kokospulver • 6 Limettenblätter • 500 ml Kokosmilch • 250 ml Rinderbrühe • 200 g Zuckerschoten • 200 g Shiitake-Pilze • 2 EL thailändische Fisch-Sauce • evtl. 1 Prise Zucker und etwas Limettensaft • evtl. frischer Koriander
***Außerdem:** 500 g Basmati-Reis • Salz • ½ TL Kurkuma*

¶ Ingwer, Schalotten und Knoblauch schälen, Zitronengras waschen. Chilischoten waschen, Stiel, Kerne und innere Scheidewände entfernen. Alles fein würfeln bzw. hacken.

¶ Rindfleisch waschen, trocken tupfen und in etwa 4 cm große Würfel schneiden. Pflanzenöl in einem Bräter erhitzen und darin das Fleisch portionsweise von allen Seiten scharf anbraten, dann mit Salz und Pfeffer würzen und mit einer Schaumkelle aus dem Bräter heben.

¶ Die vorbereiteten Kräuter und Gewürze in den Bräter geben und etwa 4 Minuten bei mittlerer Temperatur rösten und Farbe annehmen lassen. Dann die Currypaste zufügen und 1 weitere Minute anrösten. Das Kokospulver mit 100 ml heißem Wasser verrühren und zu den Gewürzen geben. Köcheln lassen, bis die Flüssigkeit fast vollständig verdampft ist.

¶ Limettenblätter gründlich waschen und zufügen. Kokosmilch und Rinderbrühe angießen, alles gut verrühren und mit Deckel im auf 180 °C vorgeheizten Backofen 2 Stunden garen.

¶ Zuckerschoten putzen und waschen, den Stiel der Shiitake-Pilze entfernen. Das Curry aus dem Ofen nehmen, die Fisch-Sauce darunterrühren und das Gericht mit Salz, Pfeffer, evtl. einer Prise Zucker und etwas Limettensaft abschmecken.

¶ Shiitake-Pilze und Zuckerschoten zufügen und das Ganze auf dem Herd 5 Minuten leise köcheln lassen. Das Curry nach Belieben mit frisch gehacktem Korianderkraut und gerösteten Knoblauchscheiben servieren.

¶ Dazu passt Basmati-Reis: Den Reis nach Packungsangabe zubereiten und dabei für eine schöne, gelbe Farbe den Kurkuma zufügen.

Rinderfilet im Salzteig

Garen unter Verschluss ist eine wunderbar sanfte und schonende Methode (→ §118). Das Bratgut bleibt auch ohne Zugabe von Fett saftig. Man kann voll und ganz den Eigengeschmack betonen oder gibt Aromen hinzu, die dann hervorragend in das Fleisch oder auch den Fisch einziehen. Probieren Sie das unten stehende Rezept mal mit naturbelassenem Heu aus! Sie haben richtig gelesen: 1–2 Handvoll getrocknete Wiesenkräuter (ungespritzt!) verleihen dem Fleisch ein raffiniertes Aroma. Sie werden einfach zusammen mit den Kräutern auf das Filet gelegt.

§155 **§155 Garen unter Verschluss: Fleisch, das in Blätterteig, Folie, Salz oder Ähnlichem eingepackt wird, muss vorher immer angebraten werden, damit der Saft nicht auslaufen kann.**

§156 **§156 Nach dem Garen das Rinderfilet möglichst sofort aus dem Salzteig nehmen und servieren, da der Teig natürlich wie ein Backofen wirkt und das Fleisch schnell durchziehen würde.**

Für den Salzteig: *600 g grobes Meersalz • 600 g Mehl • 2 Eiweiß • 100 ml Wasser*
Für das Rinderfilet: *frische Kräuter, z. B. Thymian, Rosmarin, Petersilie, (wenig) Salbei, Liebstöckel, Estragon, Kerbel • 1 Rinderfilet à 800–900 g, sauber pariert (von Fett und Sehnen befreit) • Pfeffer • neutrales Pflanzenöl • 1 Eigelb • Backpapier*

¶ Für den Salzteig alle Zutaten in einer Schüssel zu einem glatten, nicht mehr klebenden Teig verkneten

¶ Die Kräuter waschen und trocken schleudern.

¶ Das Rinderfilet mit Pfeffer würzen. In einer großen Pfanne oder einem länglichen Bräter das Pflanzenöl erhitzen. Das Filet darin von allen Seiten scharf anbraten (etwa 8 Minuten) und aus der Pfanne heben.

¶ Den Salzteig auf der Arbeitsfläche, die mit Backpapier ausgelegt ist, mit einem Nudelholz zu einem Rechteck ausrollen, das etwa 10 cm länger als das Filet ist und etwa 3-mal so breit. Eigelb verquirlen und damit die Ränder ringsum bestreichen.

¶ Die Hälfte der Kräuter in die Mitte des ausgerollten Salzteiges (in der Länge des Filets) geben und darauf das Filet setzen. Die restlichen Kräuter auf dem Filet verteilen. Den Salzteig über das Filet schlagen. An den Enden zusammendrücken, mit einer Gabel die Ränder andrücken. Das Filet im Salzmantel mit dem Backpapier auf ein Backblech heben und in den auf 180 °C vorgeheizten Backofen schieben.

¶ Das Blech nach 20 Minuten aus dem Ofen nehmen, das Fleisch etwa 3 Minuten ruhen lassen und den Salzteig mit einem Sägemesser vorsichtig aufschneiden, ohne dabei das Rinderfilet zu verletzen.

¶ Das Filet aus dem Teig nehmen und in Scheiben schneiden. Dazu passen hervorragend Rotweinschalotten und Selleriepüree.

Braisierter Ochsenschwanz

§157 **§157 Braisieren ist nichts anderes als Schmoren. Egal ob Fleisch oder Gemüse, zuerst wird es kräftig angebraten, um dann in einem Schmortopf mit wenig Flüssigkeit und viel Zeit unter gelegentlichem Wenden langsam zu garen.**

Am besten eignen sich dafür durchwachsene Stücke, da dieses Muskelfleisch in der Verbindung mit Fett herrlich aromatisch ist und eine wunderbare braune Kruste bekommt – und es gilt: Je größer die Menge, desto besser das Ergebnis.

1 Ochsenschwanz, etwa 1,3 kg (vom Fleischer in die einzelnen Segmente teilen lassen) • 1 Lauchstange • 1 Karotte • 1 Zwiebel • 1 Stück Sellerie, etwa 100 g • 4 Knoblauchzehen • 2 EL neutrales Pflanzenöl • 1 TL Mehl • 1 EL Tomatenmark • 2 Lorbeerblätter • 2 Thymianzweige • 1 TL Pfefferkörner • 1 Nelke • 1 TL Salz • 200 ml roter Portwein • 1 l kräftiger Rotwein • Backpapier

¶ Ochsenschwanzstücke kalt abspülen und trocken tupfen. Lauch putzen (→ S. 162) und gründlich waschen. Karotte, Zwiebel und Sellerie schälen, ebenfalls waschen. Alles in feine Scheiben bzw. Würfel schneiden. Knoblauchzehen mit Schale leicht andrücken.

¶ Öl in einem Bräter erhitzen und darin die Ochsenschwanzstücke bei mittlerer Temperatur von beiden Seiten anbraten. Ochsenschwanzstücke aus dem Bräter heben, das vorbereitete Gemüse und den Knoblauch darin anbraten. Mehl und Tomatenmark zufügen und kurz mitrösten. Kräuter waschen und trocken schleudern. Die Ochsenschwanzstücke wieder nebeneinander in den Bräter setzen. Die Kräuter und die Gewürze zufügen und das Ganze mit Portwein ablöschen. Zum Kochen bringen und den Rotwein angießen. Erneut zum Kochen bringen, den Bräter mit zurechtgeschnittenem Backpapier abdecken und in den auf 180 °C vorgeheizten Backofen schieben. Die Ochsenschwänze darin 1 Stunde schmoren, wenden und etwa 2 weitere Stunden schmoren – so lange, bis die einzelnen Fleischsegmente leicht von den Knochenstücken zu lösen und weich und zart sind. Währenddessen nochmals wenden und evtl. etwas Wasser angießen.

¶ Die Ochsenschwanzstücke aus dem Bräter heben, etwas abkühlen lassen und das Fleisch noch warm von den Knochen lösen. Die Sauce passieren, evtl. zur gewünschten Konsistenz einkochen und die Fleischstücke zurück in die Sauce geben. Alles 5–10 Minuten leise köcheln lassen. Zum Ochsenschwanz passt hervorragend Kartoffelpüree oder Polenta (→ S. 107, 109).

Rinderschmorbraten mit Lorbeerkartoffeln

Wahre Geschmacksexplosionen entstehen meistens durch Zeit: Zeit in der Vorbereitung (bei diesem Rezept: 4–5 Tage marinieren) und Zeit in der Herstellung (in diesem Rezept: 2 bis 3 Stunden schmoren) (→ §157).

§158 **Zum guten Marinieren muss auch ein guter Wein verwendet werden. Er muss nicht teuer sein, sollte aber zum Essen passen.** §158

Für die Marinade: *1 Karotte • 2 Zwiebeln • 1 Stück Knollensellerie, etwa 100 g • 1 Fenchelknolle • 3 Knoblauchzehen • 3 Lorbeerblätter • 1 Nelke • ½ TL Pfefferkörner • 3 EL Balsamico • 1 l Rotwein • 4 EL Olivenöl*

Für den Braten: *1 Rinderbraten (z. B. aus der Oberschale), etwa 1,3 kg • Salz • Pfeffer • 4 EL Olivenöl • 1 EL Mehl • 500 ml Rinderfond*

Für die Lorbeerkartoffeln: *20–25 etwa gleich große fest kochende Kartoffeln • 20–25 Lorbeerblätter (wenn möglich frisch) • 400–500 ml Hühnerbrühe • 6 EL Olivenöl • Salz*

Außerdem: *Backpapier*

¶ Für die Marinade Karotte, Zwiebeln und Knollensellerie schälen und ebenso wie den Fenchel waschen. Das ganze Gemüse in feine Scheiben bzw. Würfel schneiden. Knoblauchzehen schälen und leicht andrücken. Gemüse, Gewürze, Balsamico, Wein und Öl in einer passenden Schüssel mischen und den Rinderbraten darin so einlegen, dass er vollständig bedeckt ist. Die Schüssel mit Klarsichtfolie bedecken und in den Kühlschrank stellen. Den Braten 4–5 Tage marinieren, dabei zweimal wenden.

¶ Das Fleisch aus der Marinade heben und gut trocken tupfen. Die Marinade durch ein Sieb gießen, das Gemüse beiseite stellen und die Flüssigkeit in einem Topf auf die Hälfte einkochen.

¶ Den Braten mit Salz und Pfeffer würzen und in 2 EL Olivenöl in einem passenden Bräter ringsum anbraten. Fleisch aus dem Bräter heben und das Gemüse im restlichen Öl anbraten. Mehl darüberstäuben und kurz mitrösten. Braten zurück in den Topf geben, die reduzierte Marinade und den Rinderfond zugießen und den Topf mit zurechtgeschnittenem Backpapier bedecken. Das Ganze in dem auf 180 °C vorgeheizten Backofen etwa 2 ½ Stunden schmoren.

¶ Währenddessen die Lorbeerkartoffeln vorbereiten: Dafür die Kartoffeln schälen und waschen. Lorbeerblätter waschen und jeweils in 4 etwa gleich große Stücke schneiden. Die Kartoffeln mit einem kleinen Messer viermal leicht einschneiden und in jeden Schnitt ein Stück Lorbeer stecken. Die Kartoffeln nebeneinander in eine möglichst passende, ofenfeste Form setzen und mit der Hühnerbrühe begießen. Olivenöl und Salz darüber verteilen. Die Form für 30–40 Minuten in den Ofen schieben, währenddessen die Kartoffeln mehrfach mit der Brühe begießen.

¶ Den Braten, sobald er weich und zart ist, aus der Flüssigkeit heben und in Scheiben schneiden. Mit Lorbeerkartoffeln und dem Schmorsud servieren. Wer möchte, kann den Schmorsud durch ein feines Sieb streichen und bis zur gewünschten Konsistenz einkochen.

Rehrücken mit gebratenen Crêpes und Blaubeeren

Crêpes nennt man die französischen Schwestern des Pfannkuchen. Sie sind dünner, leichter und schmecken insgesamt etwas eleganter. Sie eignen sich auch hervorragend zum Einpacken von Fleisch, Fisch, Gemüse und natürlich Süßkram.

§159 **§159 Wildfleisch wird niemals roh serviert! Die Kurzbratstücke sollten immer auf den Punkt gebraten, die restlichen Teile geschmort werden.**

1 kleiner Rehrücken, 1,2–1,4 kg • Salz • Pfeffer • 2 EL Pflanzenöl • 200 ml dunkle Rehsauce (→ S. 60) • 40 g kalte Butter • 5 g dunkle Schokolade (70% Kakaoanteil)

Für die Crêpes: *150 g Mehl • 3 Eier • 300 ml Milch • 50 g flüssige Butter + 70 g Butter zum Anbraten • Salz*

Für die Pilze und Blaubeeren: *250 g Pfifferlinge • 1 Schalotte • 1 Knoblauchzehe • 2 EL Olivenöl • 1 EL Butter • 3 Petersilienstiele • Salz • Pfeffer • 200 g Blaubeeren*

¶ Die Rückenstränge und Filets sorgfältig vom Knochen lösen und anschließend sauber von Fett und Sehnen befreien. Das Fleisch in Klarsichtfolie wickeln und vorerst kalt stellen. Die Knochen mit einem Schlagmesser oder einem Küchenbeil hacken und daraus eine Brühe herstellen. (→ S. 21)

¶ Aus den Parüren (Fleischresten) und der fertig gekochten Rehbrühe eine dunkle Rehsauce herstellen.

¶ Aus Mehl, Eiern und Milch einen glatten Teig rühren. Die flüssige Butter in einem dünnen Strahl in den Teig einrühren – sehr gut funktioniert dies mit einem Pürierstab. Den Teig salzen und etwa 30 Minuten ruhen lassen. Kleine Klümpchen durch ein feines Sieb passieren.

¶ Zum Backen der ersten Crêpe ein etwa haselnussgroßes Stück Butter in einer Pfanne erhitzen und so viel Pfannkuchenteig zufügen, dass der Pfannenboden gerade dünn mit Teig bedeckt ist. Bei mittlerer Temperatur von beiden Seiten hellbraun backen. Durch den Butteranteil im Crêpeteig benötigen Sie in der Regel keine weitere Butter zum Ausbacken.

¶ Die Crêpes aufeinanderlegen und in etwa 2 cm breite Streifen schneiden.

¶ Rehrücken etwa 30 Minuten vor dem Servieren aus dem Kühlschrank nehmen, Rehfilets anderweitig verwenden.

¶ Pfifferlinge sorgfältig mit einem kleinen Messer putzen, große Exemplare halbieren. Schalotte und Knoblauch schälen und beides in feine Würfelchen schneiden. Öl und Butter in einer Pfanne erhitzen und darin zuerst die Pfifferlinge, dann die Schalotten und Knoblauchwürfelchen anbraten, bis die Pilze leicht Farbe annehmen. Petersilie waschen, Blättchen von den Stielen zupfen und fein hacken. Pfanne vom Herd ziehen, Pilze salzen und pfeffern und die gewaschenen Blaubeeren zufügen. Letztere sollen nur warm werden und nicht platzen.

¶ Kurz vor dem Servieren die Rehrücken halbieren, damit sie besser in die Pfanne passen, und mit Salz und Pfeffer würzen. In einer ofenfesten Pfanne in heißem Pflanzenöl bei mittlerer Hitze von beiden Seiten jeweils etwa 2 Minuten anbraten. 20 g Butter zu den Rückensträngen geben, die Rücken wenden und die Pfanne in den auf 180 °C vorgeheizten Ofen schieben. 5–8 Minuten fertig braten.

¶ Rehrücken aus der Pfanne nehmen, in Alufolie einschlagen und 5 Minuten ruhen lassen.

¶ Zum Anbraten der Crêpes die Butter in einer großen Pfanne aufschäumen lassen und darin die Streifen goldbraun anbraten und warm stellen.

¶ Die Rehsauce aufkochen, vom Herd ziehen und mit einem Schneebesen die restlichen 20 g Butter in die Sauce montieren. Dafür die Sauce ununterbrochen in eine Richtung rühren, bis die Butter vollständig geschmolzen und eingearbeitet ist. Sie sollte sich nicht an der Oberfläche absetzen. Nach Belieben die fein gehackte Schokolade zufügen und ebenfalls so lange in eine Richtung rühren, bis sie vollständig geschmolzen ist.

¶ Crêpes auf vier Teller verteilen, Rehrücken darauf setzen und mit Sauce beträufeln. Darüber die Pilze und Blaubeeren verteilen.

Hirschragout mit Serviettenkloß

Der Serviettenkloß – eine Erfindung der k. u. k.-Monarchie – heißt so, weil man Brötchen vom Vortag mithilfe einer Tuchserviette gart. Solche Knödel eignen sich wunderbar zu Schmorgerichten oder Ragouts.

§ 160 **Als Ragout bezeichnet man kleine geschmorte Fleischstücke. Es entsteht immer ein wunderbar intensiver Geschmack, der tolle Beilagen verträgt.** §160

Für das Hirschragout: *1,5 kg Hirschfleisch aus der Schulter • 3 EL geklärte Butter • Salz • Pfeffer • 1 Karotte • 1 Zwiebel • 1 Stück Knollensellerie, etwa 100 g • 1 EL Mehl • 500 ml Rotwein • 200 ml Portwein • 1 Rosmarinzweig • 2 Thymianzweige • 2 Knoblauchzehen • 1 TL Pfefferkörner • 5 Wacholderbeeren • ½ Zimtstange • 3 Lorbeerblätter • etwa 25 kleine Schalotten • Backpapier*

Für den Serviettenkloß: *350 g Weißbrot vom Vortag • 300 ml Milch • 4 Eier • 120 g weiche Butter • 1 Bund Petersilie • Salz • Pfeffer • frisch geriebene Muskatnuss*

¶ Für das Hirschragout das Fleisch in etwa 4 cm große Würfel schneiden. Die geklärte Butter in einem großen Topf erhitzen und darin die Fleischstücke portionsweise ringsum scharf anbraten. Die Fleischstücke salzen und pfeffern und aus dem Topf heben.

¶ Karotte, Zwiebel und Sellerie schälen, alles in Würfel schneiden und im Bratfett etwa 5 Minuten rösten. Mehl darüberstäuben und kurz mitrösten. Das Fleisch zurück in den Topf geben, mit Rotwein und Portwein bedecken.

¶ Kräuter waschen und trocken schleudern, Knoblauch schälen. Mit den Gewürzen zum Ragout geben. Einmal aufkochen. Den Topf mit zurechtgeschnittenem Backpapier bedecken und für etwa 2 Stunden in den auf 180 °C vorgeheizten Backofen schieben. Das Fleisch ist fertig, sobald es ganz zart und weich ist. Zu stark eingekochte Flüssigkeit mit etwas Wasser auffüllen.

¶ Das Fleisch mit einer Fleischgabel aus der Sauce heben (»ausstechen«) und die Sauce durch ein feines Sieb passieren. Schalotten schälen und in der Sauce weich kochen. Fleisch zurück in die Sauce geben und bis zum Servieren warm stellen.

¶ Für den Serviettenkloß das Weißbrot in dünne Scheiben schneiden und in eine Schüssel geben. Die Milch zum Kochen bringen und über die Brotscheiben gießen, die Schüssel abdecken und das Weißbrot 30–45 Minuten ziehen lassen. Währenddessen das Brot einmal wenden.

¶ Die Eier trennen. Eigelb und 100 g Butter mit den Schneebesen des elektrischen Handrührgerätes schaumig schlagen. Petersilie waschen, trocken schleudern und die Blättchen von den Stielen zupfen. Die Blättchen fein hacken und mit den eingeweichten Brotscheiben unter die Butter-Eigelb-Mischung heben, das Ganze mit Salz, Pfeffer und etwas Muskat würzen. Das Eiweiß und 1 Prise Salz steif schlagen und behutsam unterheben.

¶ Eine saubere, große Leinenserviette auf der Arbeitsfläche ausbreiten, mit der restlichen Butter zur Hälfte einfetten und die Brotmasse darauf zu einer gleichmäßigen Rolle verteilen, auf beiden Seiten etwa 5 cm zum Zusammenbinden frei lassen. Das Tuch straff aufrollen und mit Küchengarn zubinden.

¶ In einem großen Topf leicht gesalzenes Wasser zum Kochen bringen und den Serviettenkloß einlegen. Temperatur verringern und den Topf mit einem Deckel schließen. Den Kloß etwa 45 Minuten leise simmern lassen, einmal wenden.

¶ Den fertigen Kloß aus dem Wasser heben und etwa 10 Minuten ausdampfen lassen. Kloß auswickeln und in 2–3 cm dicke Scheiben schneiden. 1–2 Scheiben auf jeden Teller geben, darauf das Hirschragout verteilen.

¶ Den restlichen Kloß abgedeckt warm stellen.

¶ Sollte vom Serviettenkloß etwas übrig bleiben, schmeckt er am nächsten Tag auch wunderbar in Butter goldbraun gebraten.

Wackelpudding (Götterspeise)

Trauen Sie sich was, verzichten Sie auf Chemie und sonstige künstliche Zusätze und überraschen Sie alle mit selbst gemachtem Wackelpudding!

§161 **§161 Man braucht 12 Blatt Gelatine, um einen Liter Flüssigkeit schnittfest zu machen.**

ERGIBT ETWA 900 ml
500 ml Wasser • 750 g TK-Himbeeren • 250 g Zucker • Saft von 1 Zitrone • 11–12 Blatt Gelatine (je nachdem, wie fest der Wackelpudding sein soll)

¶ Wasser, TK-Himbeeren, Zucker und Zitronensaft in einen Topf geben und zum Kochen bringen. Den Topf vom Herd ziehen und die Mischung 15 Minuten ziehen lassen.

¶ Ein Sieb mit einem sauberen Küchentuch oder Küchenpapier auslegen, die Himbeeren daraufgeben und 15 Minuten abtropfen lassen. Dann das Küchentuch über den Himbeeren zusammendrehen und mit leichtem Druck zusätzlich Saft aus den Früchten pressen.

¶ Gelatine in kaltem Wasser einweichen und in der noch warmen Flüssigkeit auflösen.

¶ Die Flüssigkeit in Förmchen gießen und für mindestens 4 Stunden im Kühlschrank durchkühlen lassen.

¶ Kurz vor dem Verzehr die Förmchen kurz in warmes Wasser tauchen. Dabei darauf achten, dass das Wasser nicht mit der offenen Oberfläche des Wackelpuddings in Berührung kommt. Die Wackelpuddinge jeweils auf einen Teller stürzen. Dazu passt Vanillesauce (→ S. 292).

Erdbeeren mit Meringue und Vanilleeis

Die Herstellung von Meringues ist sehr einfach und darüber hinaus auch noch eine tolle Produktverwertung für übrig gebliebenes Eiweiß (→ §167).

§162 Meringue wird mehr getrocknet als gebacken. Ist die Temperatur zu hoch, färbt sie sich braun. §162

Für die Meringues: *2 Eiweiß (etwa 60 g) • 1 Prise Salz • 90 g Zucker • 10 g Vanillezucker • Backpapier*
Für das Vanilleeis (ersatzweise 500 g fertiges Vanilleeis): *0,5 l Vanillesauce (→ S. 292) • 2 EL Orangenlikör (z. B. Cointreau oder Grand Marnier)*
Außerdem: *200 ml Sahne • 500 g Erdbeeren • ½ Zitrone • Minzeblättchen zum Garnieren*

¶ Für die Meringues die Eiweiße und eine Prise Salz steif schlagen, langsam den Zucker und den Vanillezucker einrieseln lassen.

¶ Auf ein mit Backpapier ausgelegtes Backblech mit einem Löffel kleine Häufchen der Eiweißmasse setzen. Die Meringues in dem auf 110 °C vorgeheizten Backofen 15 Minuten backen, dann Temperatur auf 100 °C verringern und die Meringues etwa 2 Stunden trocknen lassen (genaue Backzeiten können nicht angegeben werden). Anschließend vollständig auskühlen lassen.

¶ Für das Vanilleeis die Vanillesauce mit Orangenlikör verrühren und in einer Eismaschine gefrieren lassen.

¶ Sahne mit den Schneebesen des elektrischen Handrührgerätes steif schlagen und unter das Vanilleeis mischen. Diese Mischung mindestens 20 Minuten in die Tiefkühltruhe stellen.

¶ Erdbeeren waschen, auf ein Sieb geben und abtropfen lassen. Stiele entfernen, die Erdbeeren halbieren und mit Zitronensaft beträufeln. Die Minzeblättchen waschen und trocken schleudern.

¶ Zum Servieren die Meringues mit den Händen zerkrümeln. Drei Viertel der Krümel unter das Vanilleeis heben und auf Teller verteilen. Erdbeeren darüber verteilen, mit den restlichen Meringue-Krümeln und den Minzeblättchen bestreuen und sofort servieren.

Kardamom-Milchreis mit Mango

§163 **§163 Reis wird in 3 Grundtypen aufgeteilt: Langkorn, er bleibt beim Kochen locker und körnig; Rundkorn, er wird sehr weich und klebrig; Mittelkorn, wird weich und nur leicht klebrig.**

Jeder dieser Typen wird unterschiedlich eingesetzt: Langkorn z. B. als lockeren Beilagenreis, Mittelkorn für Risotto und Rundkorn z. B. für Paella und Milchreis (→ §71).

250 g Milchreis • 1 l Milch • Salz • ½ –1 TL gemahlener Kardamom • 150 g Honig • 2 reife Mangos • ¼ TL Zimt • 100 ml Apfelsaft

¶ Den Reis dreimal unter fließend kaltem Wasser waschen. Die Milch mit einer Prise Salz zum Kochen bringen. Kardamom und Reis in die Milch geben, Temperatur verringern und den Reis auf niedrigster Stufe unter gelegentlichem Umrühren etwa 25 Minuten garen. Der Reis sollte dabei nicht mehr kochen, sondern nur quellen. Er ist fertig, wenn er noch einen ganz leichten Biss hat, es sollte jedoch im Reiskorn kein roher Kern verbleiben. Der Milchreis sollte cremig bis fließend sein und nicht breiartig. Den fertigen Milchreis mit etwa 90 g Honig süßen.

¶ Während der Reis gart, die Mangos schälen. Das Fruchtfleisch auf beiden Seiten entlang des Kerns abschneiden, dann das verbleibende Fruchtfleisch an den schmalen Seiten vom Kern schneiden. Das Fruchtfleisch in grobe Würfel schneiden.

¶ Den restlichen Honig, Zimt, Mangowürfel und Apfelsaft in einer Pfanne so lange erhitzen, bis die Flüssigkeit verdampft ist und der Zucker zu karamellisieren beginnt. Die Pfanne vom Herd ziehen und 3 EL Wasser zugießen.

¶ Den Milchreis nach Belieben warm oder kalt servieren. Sollten Sie ihn kalt servieren, rühren Sie nochmals 200 ml kalte Milch unter, da der Reis beim Abkühlen viel Flüssigkeit schluckt.

¶ Die Mangos kurz vor dem Servieren noch einmal erhitzen und mit dem Sud über den Milchreis verteilen.

Melonensüppchen

Fruchtsuppen aus vollreifem Obst sind gut gekühlt eine geniale Erfrischung. Wer auf Alkohol verzichten möchte, bereitet diese Muntermacher einfach mit Joghurt, Milch, Crème fraîche oder Mineralwasser zu.

§164 **§164 Reife Melonen sind am süßen Duft an der dem Stielansatz gegenüberliegenden Stelle zu erkennen. Bei Druck geben sie leicht nach.**

§165 **§165 Reife Wassermelonen erkennt man am hohlen Geräusch, das beim darauf Klopfen entsteht.**

§166 **§166 Kalt hergestellte Suppen (aus rohen Zutaten) dürfen nicht mit Sahne, Butter oder Crème fraîche verrührt werden, da sich das Fett nicht binden kann. Die Suppe würde ausflocken** (→ §23).

1–2 vollreife Cantaloupe-Melonen, etwa 1 kg • 1–2 Minzezweige • 5 g frischer Ingwer • 100 ml Weißwein • 50 ml weißer Portwein • 20–40 g Puderzucker • 100 ml Sekt
***Außerdem:** Minzeblättchen und rosa Pfeffer zum Garnieren*

¶ Cantaloupe-Melonen halbieren, die Kerne mit einem Löffel entfernen und das Fruchtfleisch aus den Schalenhälften lösen. Minze waschen, trocken schleudern und die Blättchen abzupfen. Melonenfruchtfleisch mit etwas geriebenem frischem Ingwer, Minzeblättchen, Weiß- und Portwein in einem Mixer oder mit einem Pürierstab pürieren, bis alle Zutaten ganz gleichmäßig verteilt sind. Das Süppchen durch ein feines Sieb streichen, mit Puderzucker abschmecken und kalt stellen.

¶ Das Süppchen kurz vor dem Servieren mit kaltem Sekt aufmixen und in Schälchen, Tassen oder Gläser füllen. Mit Minzeblättchen und rosa Pfeffer garnieren.

Biskuit-Törtchen mit Mascarpone-Creme und Johannisbeeren

Biskuit, der Alleskönner unter den Teigen, eignet sich hervorragend zum Füllen, Bestreichen oder als Begleiter zu allen Früchten.

§ 167 Um Eiweiß steif zu schlagen, ist es ganz wichtig, dass das Eiweiß nicht durch evtl. zerlaufenes Eigelb oder Fett verunreinigt wird. Rührschüssel und Schneebesen müssen vorher gründlich gespült und abgetrocknet werden. Auch eine Prise Salz, Zucker oder ein Tropfen Zitronensaft lassen das Eiweiß beim Schlagen besser steif werden (→ §§ 48, 54). §167

So testen Sie, ob der Biskuit gar ist: Die flache Hand auf das Gebäck legen. Fühlt es sich elastisch an und es bleiben keine Druckstellen zurück, ist es gar.

Für den Biskuit: *4 Eier • 1 Prise Salz • 125 g Puderzucker • 50 g Stärkepulver • Saft von ½ Zitrone • 2 EL Zucker • 2 EL Himbeergeist*

Für die Mascarpone-Creme: *150 g Mascarpone (italienischer Frischkäse) • 200 ml Sahne • Schale und Saft von ½ Bio-Zitrone • Mark von ½ Vanilleschote • 30 g Zucker*

Außerdem: *Backpapier • Springform, 24 cm ⌀ • 1 runder Ausstecher, 10 cm ⌀ • 250–350 g Johannisbeeren • Puderzucker zum Bestäuben*

¶ Für den Biskuitboden die Eier trennen. Eiweiß und eine Prise Salz mit den Schneebesen des Handrührgerätes auf hoher Stufe schaumig schlagen. Sobald es fest ist (nach etwa 2 Minuten) langsam 50 g Puderzucker zufügen und weiterschlagen, bis das Eiweiß einen satten Glanz bekommt. Das Eiweiß ist dann perfekt, wenn man die Schneebesen aus der Masse zieht und die dabei entstehenden Spitzen Stand haben.

¶ Eigelb und den restlichen Puderzucker mit den Schneebesen des Handrührgerätes auf höchster Stufe hell schaumig schlagen. (Da Eigelb nicht so empfindlich ist wie Eiweiß, müssen die Schneebesen nicht gespült und getrocknet werden.)

¶ Stärke durch ein Sieb auf das Eigelb geben, Zitronensaft zufügen, auf niedriger Stufe unterziehen.

¶ Ein Drittel der Eigelbmasse mit einem Spatel oder einer Schaumkelle behutsam unter den Eischnee ziehen, dann die restliche Eigelbmasse. Dabei nicht zu viel und zu stark rühren – gerade so, dass die Masse gut vermischt ist.

¶ Den Boden der Springform mit Backpapier auslegen, die Biskuitmasse gleichmäßig einfüllen und in den auf 180 °C vorgeheizten Ofen schieben. Den Biskuit 20–25 Minuten backen. Die Form aus dem Ofen nehmen und kurz abkühlen lassen. Biskuit am Rand mit einem kleinen, scharfen Messer von der Form lösen und den Springformrand abnehmen. Ein Kuchengitter auf die Oberfläche des Kuchens legen, Biskuit auf das Gitter stürzen. Den Springformboden abnehmen und das Backpapier vorsichtig abziehen.

¶ Aus dem Boden 4 Kreise mit einem Durchmesser von etwa 10 cm ausstechen (selbstverständlich kann man den Biskuitboden alternativ auch im Ganzen als großen Kuchen zubereiten).

¶ Zucker und 4 EL Wasser in einem kleinen Topf zum Kochen bringen, vom Herd ziehen und abkühlen lassen. Den Himbeergeist zufügen und den Biskuit bzw. die kleinen Biskuitkreise damit tränken.

¶ Für die Mascarpone-Creme alle Zutaten in eine Schüssel geben und mit den Schneebesen des elektrischen Handrührgerätes auf niedrigster Stufe verrühren.

¶ Die Creme kuppelförmig auf den Biskuitböden verteilen.

¶ Johannisbeeren waschen, abtropfen lassen und die Beeren von den Rispen streifen. Die Beeren gleichmäßig auf der Creme verteilen und leicht andrücken. Die Törtchen bis zum Servieren kalt stellen. Unmittelbar vor dem Servieren mit Puderzucker bestäuben.

Honig-Rosmarin-Parfait (Halbgefrorenes)

Parfait ist die simpelste Form, zu Hause Eis herzustellen, da man keinerlei Hilfsmittel benötigt außer einem funktionierenden Kühlgerät.

§168 **§168 Sahne, die zur Herstellung von Mousse oder Parfait gebraucht wird, darf auf keinen Fall zu steif geschlagen werden, da sie sonst buttrig wird und sich wesentlich schlechter unterheben lässt. Steif geschlagene Sahne heißt in diesem Zusammenhang immer cremig und leicht fließend.**

Kastenform • Klarsichtfolie • 12 Rosmarinzweige • 280 g Kastanienhonig • 500 ml Sahne • 4 Eigelb • 2 Eier • 20 g Zucker

¶ Die Kastenform mit Klarsichtfolie auskleiden. Die Folie sollte so weit überstehen, dass man sie über die Parfaitmasse schlagen kann.

¶ Rosmarin waschen und trocken schleudern. 8 Rosmarinzweige mit 150 g Kastanienhonig in einen Topf geben und zum Kochen bringen. Topf vom Herd nehmen und ziehen lassen.

¶ Die Sahne mit den Schneebesen des elektrischen Handrührgerätes steif schlagen.

¶ Eigelbe, Eier und Zucker in einer Schüssel über dem heißen Wasserbad schaumig schlagen, bis die Masse andickt. Dann die Schüssel vom Wasserbad nehmen und den Inhalt weiter schlagen, bis er abgekühlt ist.

¶ Den Rosmarinhonig durch ein Sieb zur Eimasse gießen und mit einem Spatel oder einer Schaumkelle unterheben. Die geschlagene Sahne behutsam unterziehen und die Parfaitmasse in die vorbereitete Form gießen. Die Klarsichtfolie an der Oberfläche über der Masse glatt streichen. Die Form für mindestens 4 Stunden in die Tiefkühltruhe geben.

¶ Die restlichen Rosmarinzweige und den restlichen Honig in einer kleinen Pfanne zum Kochen bringen und beiseite stellen.

¶ Etwa 15 Minuten vor dem Servieren das Parfait aus der Truhe nehmen und leicht antauen lassen. Das Parfait aus der Form stürzen und die Klarsichtfolie entfernen. Rosmarinzweige und Honig darübergeben und das Parfait auf einer Platte servieren.

¶ Sollten Sie nur einen Teil des Parfaits benötigen, können Sie vom Parfait auch direkt die benötigten Scheiben abschneiden, auf Teller geben und mit den Rosmarinzweigen servieren. Den Rest zurück in die Form geben und mit Klarsichtfolie gut abdecken, damit das Parfait keinen unerwünschten Geschmack in der Tiefkühltruhe annimmt. Das Parfait hält sich tiefgekühlt etwa 2 Wochen.

Himbeersorbet und -granitée

Sorbet und Granitée, diese eiskalten Erfrischungen, sind ganz enge Verwandte.

§169 **§ 169 Bei einem Granitée werden die sich beim Gefrieren bildenden Kristalle nicht komplett zerstört. Sie sollen spürbar und schmeckbar bleiben. Beim Sorbet dagegen wird durch ständiges Rühren eben genau diese Kristallbildung verhindert.**

Deswegen unterscheiden sich die Grundmassen genau darin, dass die Masse für ein Granitée etwas wässriger gehalten wird und die für ein Sorbet eine gewisse Bindung haben sollte. Dies wird über einen höheren Zuckeranteil, Alkohol und eventuell Gelatine erreicht. Aber Achtung, zu viel Zucker und Alkohol lassen die Masse nur schwer gefrieren!

Himbeersorbet

ERGIBT ETWA 1 l

750 g TK-Himbeeren • 250 g Zucker • 200 ml Wasser • 3 Blatt Gelatine • 2 EL Himbeergeist

¶ Gefrorene Himbeeren, Zucker und Wasser in einen Topf geben und einmal aufkochen lassen. Die Gelatine 10 Minuten in kaltem Wasser einweichen.

¶ Die Himbeeren mit einem Pürierstab mixen und durch ein feines Sieb streichen. In der Flüssigkeit die gut ausgedrückte Gelatine auflösen. Himbeergeist zufügen und die Masse abkühlen lassen. Vor dem Gefrieren in einer Eismaschine die Sorbetmasse im Kühlschrank gut durchkühlen lassen. Die Masse in der Eismaschine gefrieren lassen, dann in ein verschließbares Behältnis füllen und bis zum Servieren in die Tiefkühltruhe stellen. Je nachdem, wie lange das Sorbet in der Tiefkühltruhe bleibt, sollte man es evtl. vor dem Servieren im Kühlschrank 10–20 Minuten temperieren lassen, denn meist wird das Sorbet in der Tiefkühltruhe sehr fest und verliert seine schöne cremige Konsistenz.

Himbeergranitée

Durch den hohen Wasseranteil hat ein Granitée wenig Bindung. Man serviert es, indem man die Kristalle mit einer Gabel oder einem Löffel abschabt und diese dann in gut vorgekühlte Gläser füllt – so sind Granitées natürlich besonders erfrischend!

500 g TK-Himbeeren • 500 ml Wasser • Saft von 1 Zitrone • 200 g Zucker • evtl. Minzeblättchen

¶ Himbeeren, Wasser und Zucker in einem Topf zum Kochen bringen und die Flüssigkeit durch ein feines Sieb passieren, dabei die Rückstände im Sieb fest auspressen. Den Zitronensaft zufügen, die Flüssigkeit abkühlen lassen und etwa 2 cm hoch in ein relativ breites Behältnis gießen, sodass eine große Oberfläche entsteht.

¶ Das Behältnis in die Tiefkühltruhe stellen und die Flüssigkeit vollständig durchkühlen lassen. Zum Servieren die Kristalle mit einer Gabel abschaben und in vorgekühlte Gläser füllen. Nach Belieben mit Minzeblättchen servieren.

Blätterteig-Feigentörtchen

Thymian, das mediterrane Kraut schlechthin, eignet sich auch wunderbar zum Aromatisieren von Süßspeisen.

§170 **§170 Feigen können beim Dünsten oder Braten schnell zerfallen, darum nur halbieren, nicht vierteln oder achteln** (→ S. 182).

(→ Blätterteig, S. 77)

6 blaue Feigen • 6 Thymianzweige • 30 g Butter • 4 EL Zucker • Saft von 2 Orangen • 4 Blätterteigkreise à 10 cm ⌀ • 2 EL flüssige Butter • Puderzucker zum Bestäuben • Backpapier

¶ Die Feigen waschen, den Stiel entfernen und die Früchte halbieren. Thymian waschen und trocken schleudern. Butter und Zucker in einer passenden Pfanne erhitzen, bis die Butter geschmolzen ist.

¶ Die Feigen mit der Schnittfläche nach unten in die Pfanne setzen, Saft einer Orange zufügen und schmoren, bis der Saft fast vollständig verdampft ist und die Schnittflächen karamellisieren. Feigen wenden, Thymian zufügen und nochmals kurz durchschwenken.

¶ Die Blätterteigkreise mit der flüssigen Butter bestreichen und dick mit Puderzucker bestäuben. Die Kreise auf ein mit Backpapier ausgelegtes Backblech setzen und mit einem Kuchengitter beschweren, damit der Blätterteig nicht zu stark aufgeht. Das Blech für etwa 10 Minuten in den auf 200 °C (Ober-/Unterhitze) vorgeheizten Backofen geben. Nun das Kuchengitter entfernen, jeweils 3 halbe Feigen auf jeden Blätterteigkreis setzen und zusammen noch etwa 3 Minuten weiterbacken. Das Gebäck ist fertig, sobald der Zucker zu karamellisieren beginnt. Die gebackenen Blätterteigkreise auf Teller verteilen.

¶ Den restlichen Orangensaft in die Pfanne geben und damit den Karamellansatz zu einer sirupartigen Sauce verkochen. Damit die Feigentörtchen nappieren (beträufeln) und sofort servieren. Dazu passt eine kleine Nocke Crème fraîche oder Vanilleeis (→ S. 275).

Karamellisierte Früchte

Bei Karamell denken die meisten sofort an ihre Kindheit: Karamellpudding, Karamellsauce, Karamellbonbons usw. Komischerweise traut sich aber kaum jemand an die Herstellung, obwohl sie in der Regel sehr einfach ist, wenn man die Temperatur – sprich die Verfärbung des Zuckers – im Auge behält.

§171 Während des Zuckerkochens den entstehenden Karamell niemals probieren, es würde schlimme Verbrennungen verursachen! Er ist viel zu heiß, also den Geschmack erst nach dem Abkühlen testen. §171

Den Karamellisierungsvorgang bzw. die Bräunung des Zuckers kann man durch die Zugabe von Wasser oder Saft verlangsamen und so genau den Bräunungsgrad bestimmen. Also ran an die Früchte und ein sehr einfaches, köstliches Dessert zaubern!

1 Baby-Ananas • 2 Kiwis • 1 Stück Ingwer, etwa 15 g • 1 Vanilleschote • 3 EL Honig • 2 EL Butter • 1 EL Zucker • Saft von 1 Limette • 4 Baby-Bananen

¶ Beide Enden der Baby-Ananas mit einem Sägemesser entfernen, ringsum die Schale abschneiden und evtl. vorhandene Samenansätze herausschneiden. Ananas vierteln und den Strunk aus der Mitte jedes Viertels entfernen.

¶ Kiwis mit einem kleinen Messer rundum dünn abschälen und längs vierteln.

¶ Ingwer mit der Schale in dünne Scheiben schneiden, Vanilleschote der Länge nach aufschneiden.

¶ Honig, Butter und Zucker in eine passende Pfanne geben und bei mittlerer Temperatur die Butter schmelzen. Ananas- und Kiwi-Viertel mit den Ingwerscheiben und der Vanille in die Pfanne geben und das Ganze erhitzen, bis der Zucker zu karamellisieren beginnt. Mit Limettensaft ablöschen. Bananen schälen und der Länge nach halbieren. Sobald die Flüssigkeit verdampft ist, die Bananen zufügen und ebenfalls karamellisieren lassen. Die Früchte warm servieren. Dazu passt Vanilleeis (→ Erdbeeren mit Meringue und Vanilleeis, S. 275).

Curry-Crème-brûlée

Crème brûlée ist eine gegarte Eierspeise, die hauptsächlich süß gegessen wird. Grundsätzlich lässt sich die Creme aber in allen nur erdenklichen Geschmacksrichtungen herstellen – auch salzig. Nur kochen darf sie nicht!
Die fertig aufgeschlagene Creme wird im Wasserbad gegart. Eine genaue Temperatur- und Zeitangabe ist leider nicht möglich. Die besten Ergebnisse erzielt man bei einer Temperatur zwischen 90 °C und 120 °C, wobei die Garzeit zwischen 30 Minuten und 2 Stunden liegt.
Seien Sie mutig, probieren Sie mal diese Creme mit Curry und servieren Sie dazu einen exotischen Fruchtsalat.

§ 172 Lassen Sie die Crème brûlée nur bei einer Temperatur unter 100 °C stocken. Ist die Temperatur zu hoch, kocht die Creme, d. h. es bilden sich Bläschen und im schlimmsten Fall verliert das Eiweiß seine Bindung und Flüssigkeit setzt sich am Boden der Form ab. § 172

0,3 l Milch • 0,5 l Sahne • 100 g Zucker • 1–2 EL Curry-Pulver (vorzugsweise Curry Bombay) • 12 Eigelb • Zucker zum Bestreuen

¶ Milch, Sahne, Zucker und Curry-Pulver in einem Topf unter gelegentlichem Umrühren zum Kochen bringen und zur Seite ziehen. Eigelbe in einer Schüssel verquirlen und langsam die heiße Milch unterrühren. Diese Masse durch ein feines Sieb in eine Schüssel gießen und in vier größere oder acht kleinere ofenfeste Schälchen füllen. Sollte sich an der Oberfläche Schaum gebildet haben, diesen entfernen, indem Sie kurz mit einem entzündeten Gasbrenner über die Oberfläche streichen.

¶ Die Schälchen in den auf 100 °C vorgeheizten Backofen schieben. Die Creme aus dem Ofen nehmen, sobald sie ganz gestockt ist. Die Dauer liegt zwischen 30 Minuten und 2 Stunden.

¶ Die Crème brûlée auskühlen lassen (wenn sie am selben Tag gegessen wird, am besten nicht mehr in den Kühlschrank stellen). Mit Zucker bestreuen und mit einem entzündeten Gasbrenner, ersatzweise unter dem Grill im Backofen, karamellisieren lassen. Sofort servieren.

Arme Ritter

Dieses Gericht, das ursprünglich mit altbackenen Brötchen hergestellt wird, wird durch die Brioches geradezu luxuriös.

§173 **§173 »Zur Rose abziehen« bedeutet, unter ständigem Rühren eine Masse mit Ei durch Erhitzen zu binden. Die perfekte Bindung ist dann erreicht, wenn man einen Holzlöffel in die Sauce taucht und diese daran haften bleibt. Bläst man auf die Sauce, entsteht ein Muster auf der Rückseite des Holzlöffels, das an eine Rose erinnert.**

§174 **§174 Die Bindung mit Eigelb ist für Suppen, Saucen und Cremes, die ohne Mehl oder Stärke hergestellt sind, eine ganz alte, aber immer noch unverzichtbare Technik. Nie darf die zu bindende Masse nach der Zugabe des Eis kochen, es sei denn, es ist Mehl enthalten. Sie würde gerinnen bzw. ausflocken.**

Für die Vanillesauce: *250 ml Milch • 250 ml Sahne • 1 Vanilleschote • 50 g Zucker • 6 Eigelb*
Für die Armen Ritter: *4 altbackene Brioches • 400 ml Milch • 3 Eier • 4–6 EL Rum • 30 g Butter • Puderzucker zum Bestreuen*

¶ Für die Vanillesauce Milch und Sahne in einen Topf geben. Vanilleschote der Länge nach aufschneiden, zufügen und das Ganze zum Kochen bringen. Währenddessen Zucker mit den Eigelben schaumig schlagen.

¶ Sobald die Milch kocht, den Topf zur Seite ziehen und die Vanilleschote entfernen. Das Mark herauskratzen und zurück in die Milch geben. Die heiße Milch unter ständigem Rühren mit einem Schneebesen zu den Eigelben gießen. Die Masse zurück in den Topf geben und bei niedriger Temperatur zur Rose abziehen (d. h. weiterrühren, bis die Sauce bindet). Die Vanillesauce sofort durch ein feines Sieb in eine Schüssel gießen und abkühlen lassen. Zugedeckt im Kühlschrank aufbewahren. Sie ist etwa 3–4 Tage haltbar.

¶ Für die Armen Ritter die Brioches mit einem Sägemesser oben und unten gerade schneiden. Milch, Eier und Rum verquirlen und in ein passendes, flaches Gefäß gießen. Die Brioches nebeneinander in der Milch einweichen – je nachdem wie altbacken sie sind, dauert dies 4–12 Minuten. Nach etwa der Hälfte der Zeit vorsichtig wenden.

¶ Butter in einer Pfanne (mit hitzebeständigem Griff) erhitzen. Die Brioches vorsichtig aus der Milch nehmen, etwas abtropfen lassen und auf einer Seite bei mittlerer Temperatur anbraten, dann wenden und die Pfanne vom Herd ziehen. Die Brioches gleichmäßig mit Puderzucker bestreuen und auf mittlerer Schiene unter dem Grill des Backofens etwa 5 Minuten karamellisieren.

¶ Sobald die Brioches gleichmäßig karamellisiert sind, aus dem Ofen nehmen und mit eiskalter Vanillesauce (etwa 60 ml) servieren.

Vanille-Profiteroles

Profiteroles, diese kleinen, wunderbaren Windbeutel aus Brandteig – ob süß oder salzig – lassen sich mit allem füllen, was man sich nur denken kann: Schokoladen- oder Vanillecreme, Mousse oder Eis, Aal oder Schinken usw.
Der Klassiker aus Frankreich ist natürlich die Füllung mit einer Crème patissière.

§175 **§ 175 Brandteig kann bis zu einer Woche im Voraus zubereitet werden. Er muss im Kühlschrank kaltgestellt werden. Auch die Füllung hält sich 2–3 Tage** (→ Brandteig, S. 74).

Sie sollten die Profiteroles aber maximal 1–2 Stunden vor dem Servieren füllen und mit Karamell überziehen.

ERGIBT ETWA 20 STÜCK

Für die Profiteroles: *100–150 g Brandteig (→ S. 74) • Backpapier*

Für die Crème patissière: *250 ml Milch • ½ Vanilleschote • 2 Eigelb • 20 g Speisestärke • 20 g Zucker • Öl zum Fetten des Backblechs*

Für den Karamell: *200 g Zucker*

¶ Für die Profiteroles ein Backblech mit Backpapier auslegen. Damit das Backpapier beim anschließenden Belegen fest auf dem Blech liegen bleibt, ist es ratsam, ein wenig Brandteig an allen vier Ecken auf das Blech zu geben und damit das Papier festzukleben. Den Brandteig in einen Spritzbeutel mit einer mittleren Lochtülle füllen und kleine Häufchen (5–8 g schwer) auf das Backpapier spritzen. Dabei Abstände halten, da sich das Volumen des Gebäcks verdoppelt.

¶ Die Windbeutel mit Wasser beträufeln und in dem auf 180 °C vorgeheizten Backofen 20–25 Minuten backen. Nach 15 Minuten die Backofentür öffnen, damit der Wasserdampf entweichen kann.

¶ Für die Crème patissière die Milch mit dem Mark der halben Vanilleschote zum Kochen bringen. Währenddessen in einer Schüssel Eigelb, Speisestärke und Zucker mit einem Schneebesen glatt rühren. Langsam (nicht auf einmal) und unter ständigem Rühren mit dem Schneebesen die kochend heiße Milch zu der Eigelbmischung geben. Dann das Ganze zurück in den Topf geben und unter ständigem Rühren aufkochen lassen. Dabei dickt die Vanillecreme an. Die angedickte Creme in eine kleine Schüssel umfüllen, ansonsten setzt sie leicht am Topfboden an. Die Oberfläche mit Klarsichtfolie abdecken, damit sich keine Haut bildet. Die Creme abkühlen lassen und in einen Spritzbeutel mit einer kleinen Lochtülle füllen.

¶ In jeden Windbeutel mit der Lochtülle ein kleines Loch bohren und den Windbeutel vorsichtig füllen. Die Profiteroles können so gefüllt noch mehrere Stunden im Kühlschrank aufbewahrt werden.

¶ Für den Karamell den Zucker in einem Topf mit 40 ml Wasser verrühren, dabei nicht zu stark rühren. Den Zucker zum Kochen bringen. Ist das Wasser vollständig verdampft, erhöht sich die Temperatur des Zuckers kontinuierlich. Sobald er unter Rühren eine schöne Bernstein-Farbe angenommen hat, den Zucker vom Herd nehmen. Die gefüllten Profiteroles auf einen Zahnstocher oder einen Schaschlikspieß stecken und etwa 1 cm tief in den Karamell tauchen. Die fertigen Profiteroles auf ein leicht geöltes Backblech setzen und den Zucker erkalten lassen.

¶ Da der Karamell durch Luftfeuchtigkeit weich wird, sollten die fertigen Profiteroles nun nicht mehr für längere Zeit in den Kühlschrank gestellt werden, sondern am besten innerhalb der nächsten 30 bis 60 Minuten verzehrt werden.

Aprikosen- und Pinientartes

Tartes werden in der Regel aus Mürbeteig hergestellt, wobei auch Blätterteig eine leckere Abwandlung ermöglicht. Er kann sowohl süß als auch herzhaft belegt werden, was immer eine tolle Alternative zur Pizza darstellt. Ganz pfiffig ist eine „Tarte Tatin", ein Kuchen, der „kopfüber", also mit dem Teig nach oben gebacken wird.
Kleine Tartes, wie im Rezept, nennt man Tartelettes: Jeder bekommt seinen eigenen kleinen Kuchen – damit sorgen Sie für eine Überraschung, die auch noch toll aussieht.

§176 **§176 Mürbeteig nicht zu hell backen, er ist sonst nicht knusprig und im Geschmack mehlig.**

§177 **§177 Mürbeteig wird dann „blind gebacken", wenn die Füllung bzw. der Belag eine kürzere Backzeit als der Mürbeteig benötigt (oder sogar gar keine, z. B. wenn der Teig mit Sahne oder Creme gefüllt und mit frischen Beeren belegt wird). Da sich unbelegter Mürbeteig jedoch beim Backen wölbt, sollte er unbedingt mit einer Gabel mehrfach eingestochen und mit Backpapier und Hülsenfrüchten beschwert werden** (→ Mürbeteig, S. 82).

FÜR JEWEILS 4 APRIKOSEN- UND 4 PINIENTARTES À 13 cm ∅

Für den Mürbeteig: *400 g Mehl • 200 g weiche Butter • 100 g Zucker • 2 Eier • Prise Salz*

Für den Aprikosen-Belag: *80 g Marzipan • 1 EL Honig • 30 g gehackte Mandeln • 300 g reife Aprikosen • etwas Puderzucker • 4 EL Aprikosenmarmelade*

Außerdem: *Butter zum Fetten der Tartesförmchen • Thymianblättchen von 8 Zweigen Thymian*

Für den Pinienkern-Belag: *80 g weiche Butter • 80 g Puderzucker • 80 g gemahlene Mandeln • 2 Eier • 40 g Pinienkerne*

¶ Für den Mürbeteig alle Zutaten rasch zu einem homogenen Teig kneten und in acht gleichgroße Portionen teilen (jeweils ca. 90 g schwer). Tartesförmchen buttern. Jeweils eine Portion Mürbeteig mit den Fingern möglichst gleichmäßig auf den Tartesböden und -rändern verteilen (der Mürbeteig muss nicht kühl gestellt werden).

¶ Für die Aprikosentartes Marzipan, Honig und gehackte Mandeln mischen und auf vier Tartes verteilen. Die Aprikosen waschen, halbieren, Kerne entfernen und die Hälften jeweils in etwa 3 Spalten schneiden. Die Tartes mit den Spalten gleichmäßig und möglichst eng belegen und mit Puderzucker bestäuben. Die Tartes in den auf 180 °C vorgeheizten Ofen schieben und etwa 25 Minuten backen, bis der Teigrand eine schöne hellbraune Färbung bekommt.

¶ Tartes aus dem Ofen nehmen, Aprikosenmarmelade in einem Topf bei mittlerer Temperatur erwärmen und mit einem Pinsel über den noch warmen Aprikosen verteilen. Thymianblättchen von den Stielen zupfen und über die Aprikosen streuen.

¶ Für die Pinienkerntartes den Teig in den Förmchen mit einer Gabel mehrfach einstechen. Mit Backpapier und Hülsenfrüchten beschweren und im auf 180 °C vorgeheizten Backofen 15 Minuten blind backen, dann die Temperatur auf 160 °C zurückschalten. Für den Belag Butter mit Zucker und Mandeln verrühren, dann die Eier sorgfältig unterrühren. Hülsenfrüchte und Backpapier vom Mürbeteig vorsichtig entfernen und die Mandelmasse auf die vorgebackenen Mürbeteige geben. Die Tartes für 5 Minuten in den Backofen schieben, dann die Tartes mit Pinienkernen bestreuen und weitere 20–25 Minuten backen.

¶ Tartes etwas abkühlen lassen, dann vorsichtig aus der Form heben. Am besten schmecken die Tartes mit halbsteif geschlagener Sahne.

Zwetschgen-Crumble

Bei Crumbles handelt es sich um beliebige, mit leckeren Streuseln überbackene Früchte. Das Ganze ist eine sehr saftige Kuchen-/Dessertvariante, die natürlich auch mit Eis, Schlagsahne, Sirup und vielem mehr gegessen werden kann.

§178 Am besten schmecken Streusel, wenn sie nicht zu fein gerieben und goldbraun gebacken werden. §178

Für die Streusel: *45 g weiche Butter • 50 g Zucker • 100 g Mehl • 30 g gemahlene Mandeln*
Für die Fruchtschicht: *16–20 Zwetschgen • 4 EL Pflaumenschnaps (z. B. Slibovitz oder Vieille Prune) • 4 EL Rohrzucker • 5 g Zimt*
Außerdem: *Backpapier • Butter zum Fetten der Förmchen • 4 ofenfeste Auflaufförmchen (ersatzweise eine größere Auflaufform)*

¶ Für die Streusel alle Zutaten rasch zu einem glatten Teig kneten.

¶ Dann den Teig mit den Händen auf ein mit Backpapier ausgelegtes Blech zu mehr oder weniger gleichmäßigen Streuseln reiben. Diese Streusel über Nacht ohne Abdeckung antrocknen lassen.

¶ Zwetschgen waschen, halbieren, entkernen und jede Hälfte nochmals halbieren.

¶ Zwetschgen mit Pflaumenschnaps, Rohrzucker und Zimt in eine Schüssel geben und etwa 30 Minuten marinieren. Die Zwetschgen mit dem Sud in die gebutterten Förmchen füllen, darauf die vorbereiteten Streusel verteilen. Die Crumbles in den auf 200 °C vorgeheizten Backofen schieben und 15 Minuten backen, bis die Streusel eine schöne, goldbraune Farbe haben.

¶ Die Zwetschgen-Crumble etwas abkühlen lassen und noch warm mit Schlagsahne servieren.

Walnuss-Brownies

Der Brownie ist ein Kuchen, der aus einem Rührteig mit nur wenig Mehl und ohne Triebmittel hergestellt wird. Man braucht dafür keine Kuchen- oder Tortenform, sondern nur ein einfaches Backblech.
Ein Brownie ist ein idealer Kuchen, um immer »etwas da zu haben«.

§179 **§ 179 Überzieht man Brownies mit dunkler Schokolade, halten sie sich gekühlt ohne Qualitätsverlust bis zu drei Wochen.**

240 g Walnüsse • 600 g Schokolade (72 % Kakaoanteil) • 135 g Butter • 6 Eier • 240 g Rohrzucker • 180 g Mehl • Butter zum Fetten des Backblechs

¶ Walnüsse grob hacken. Schokolade grob hacken, mit 4 EL Wasser in eine Schüssel geben und unter gelegentlichem Rühren über dem Wasserbad schmelzen (es kann sein, dass die Masse dabei zäh wird, was aber keinen Einfluss auf das Resultat hat). Die Butter würfeln und in der Schokolade schmelzen, dabei sorgfältig rühren, damit das Fett gut in die Schokolade eingearbeitet wird.

¶ Eier und Rohrzucker mit den Schneebesen des elektrischen Handrührgerätes schaumig schlagen, die flüssige Schokoladen-Butter-Mischung unterziehen, das Mehl über die Masse sieben und zusammen mit den Walnüssen unterheben.

¶ Die Brownie-Masse auf das gefettete Backblech geben und gleichmäßig verteilen.

¶ Das Backblech in den auf 170 °C vorgeheizten Backofen schieben und 20–25 Minuten backen. Stäbchenprobe machen: Sofern keine Teigreste am Stäbchen kleben bleiben, den Kuchen aus dem Ofen nehmen, kurz abkühlen lassen und mit einem langen Messer in Würfel schneiden. Die Brownies in einer luftdichten Dose kühl aufbewahren.

Mousse au chocolat mit Passionsfrucht-Coulis

Mousse au chocolat – es gibt sie in mindestens »500« Varianten, von ganz klassisch und schwer mit Butter, bis hin zu nur noch einem »Hauch von« ...
Ich gebe Ihnen hier mal zwei verschiedene Rezepte, die aber beide demselben Gesetz folgen.

§ 180 **Je höher der Kakaoanteil in der Schokolade, desto fester die Mousse. Daher benötigt dunkle Mousse im Gegensatz zur hellen oder weißen Mousse auch keine Gelatine.** §180

Ich bevorzuge immer die leichte Variante, weil sie den Mund nicht so zuklebt, nicht so schnell satt macht und sich auch hervorragend für eine Kombination z. B. mit Früchten eignet.
Dieses Rezept ist eine super Kombination von säuerlicher Frucht und herber Schokolade, die durch den Sahneanteil den Schmelz bekommt, den die Passionsfrucht benötigt.
Passionsfrüchte, auch Maracujas genannt, sind erst richtig reif und ergiebig, wenn die Schale schrumpelig ist.

ERGIBT 6–8 PORTIONEN
Für die Mousse au chocolat: *260 g Kuvertüre (70% Kakaoanteil) • 680 ml Sahne • 1 Ei • 3 Eigelb • 20 g Zucker • 20 ml Rum*
Für die Passionsfrucht-Coulis: *10 reife Passionsfrüchte • etwa 100–125 g Zucker*

¶ Schokolade grob hacken und in einer Schüssel über dem heißen Wasserbad unter gelegentlichem Rühren schmelzen.
¶ Währenddessen die Sahne mit den Schneebesen des elektrischen Handrührgerätes steif schlagen (auch hier gilt, dass die Sahne nicht zu steif geschlagen werden darf!) und bis zur späteren Verwendung kalt stellen.
¶ Ei, Eigelbe und Zucker auf einem Wasserbad warm aufschlagen. Kuvertüre mit einem Schneebesen unter den Eierschaum ziehen. Die Masse auf Zimmertemperatur abkühlen lassen. Behutsam mit einer Schaumkelle die Sahne unterheben und mit dem Rum abschmecken. Die Masse in eine Schüssel füllen und mindestens 4 Stunden kalt stellen.
¶ Für die Passiosfrucht-Coulis die Früchte mit einem Sägemesser quer halbieren und mit einem Teelöffel das Fruchtfleisch samt den Kernen herausheben und in einen kleinen Topf geben. Man erhält 220–250 g Fruchtfleisch. Halb so viel Zucker zufügen und das Ganze einmal aufkochen. Den Coulis mit einem Pürierstab kurz mixen und durch ein feines Sieb streichen. Einen Teil der im Sieb verbleibenden Kerne zurück in die Sauce geben – ich mag den »Knack« der Kerne beim Draufbeißen!
¶ Zum Servieren einen Esslöffel (vorzugsweise aus Silber, da Silber die Wärme besser leitet als Edelstahl) in warmes Wasser tauchen und kurz abtrocknen. Damit die Mousse portionieren und auf Teller oder in Gläser verteilen. Mit Passionsfrucht-Coulis übergießen und sofort servieren.

Schokoladen-Karamellbonbons

Und noch ein schönes Karamellrezept, mit dem Sie richtig toll Eindruck machen können, wenn Sie Folgendes beachten:

§181 Die Butter, die in der Zuckermasse schmilzt, muss sorgfältig eingearbeitet werden, sonst ergeben sich beim Abkühlen Butterschlieren auf den Bonbons. §181

ERGIBT CA. 50 STÜCK
200 g Bitterschokolade (72% Kakaoanteil) • 60 g Salzbutter • 150 g Honig • 120 g Zucker • Backpapier

¶ Bitterschokolade in kleine Stücke hacken, Butter würfeln. Honig und Zucker in einen Topf geben und zum Kochen bringen. Solange kochen, bis Honig und Zucker eine dunkle Bernsteinfarbe annehmen. Topf vom Herd ziehen und die Schokolade in die brodelnde Masse geben. Mit einem Spatel die Schokolade unterziehen, bis sie vollständig geschmolzen ist. Die Butterwürfel in die Karamellmasse nach und nach einarbeiten. Die Butter schmilzt in der heißen Masse, das Fett setzt sich an der Oberfläche ab und es erfordert etwas Mühe, dieses Fett in die Masse einzuarbeiten.

¶ Die noch warme Masse auf ein kleines, mit Backpapier ausgelegtes Blech 1–1,5 cm dick ausgießen und mit einem Spatel gleichmäßig ausstreichen. Die Masse abkühlen lassen, anschließend vor dem Schneiden evtl. 15 Minuten in den Kühlschrank stellen. Die fest gewordene Karamellmasse auf ein Schneidebrett stürzen und dann mit einem großen Messer nach Belieben in Streifen, kleine Quadrate oder Rechtecke schneiden. Die Karamellbonbons einzeln in Zellophan- oder Backpapier wickeln oder in einer luftdichten Schachtel an einem kühlen Ort mit Backpapier zwischen den einzelnen Lagen aufbewahren. Sie sind etwa 8 Wochen haltbar.

Kandierte Grapefruitschalen

Zucker dient nicht nur bei Marmeladen und Säften zur Konservierung, sondern man kann damit auch fast alle Früchte haltbar machen. Dieses sogenannte Kandieren verhindert die Vermehrung von Bakterien und damit die Schimmelbildung.
Nach diesem Rezept können alle Zitrusschalen kandiert werden. Klein geschnitten können sie dann Fisch- oder Fleischgerichten den entscheidenden Kick geben – wie am Mittelmeer üblich – oder auch Schokolade und Kuchen verfeinern.

§182 **§182 Um Zitrusfrüchte zu kandieren, müssen sie vorher blanchiert werden, damit sie den Zucker besser aufnehmen.**

5 Bio-Grapefruits • Salz • 750 g Zucker
Außerdem: *600 g Zucker zum Bestreuen*

¶ Die Grapefruits heiß abwaschen. Oben und unten einen etwa 2 cm breiten Deckel abschneiden. Die Schale mit einem Messer dick abschneiden. Das Fruchtfleisch für andere Zwecke beiseite stellen.
¶ In einem Topf reichlich Wasser mit etwas Salz zum Kochen bringen. Darin die Schalen kurz blanchieren. Diesen Vorgang zweimal wiederholen; dabei jedes Mal frisches Salzwasser verwenden. Durch das Blanchieren können die Schalen anschließend die Zuckerlösung besser aufnehmen.
¶ Grapefruitschalen in den Topf geben, mit Wasser bedecken und 250 g Zucker zufügen. Alles einmal aufkochen, vom Herd nehmen und die Schalen in dem Sud über Nacht auskühlen lassen.
¶ Am nächsten Tag die Schalen aus dem Sud heben, 250 g Zucker in den Sud geben und erneut aufkochen. Die Schalen in den Sud geben und darin wieder über Nacht auskühlen lassen. Am nächsten Tag den Vorgang wie am zweiten Tag wiederholen.
¶ Am vierten Tag die Grapefruitschalen auf ein Sieb geben, der Sud wird nicht mehr benötigt. Die Schalen abtropfen lassen und zwischen Küchenpapier trocken legen. Ein passendes verschließbares Gefäß mit 300 g Zucker ausstreuen, darauf die Schalen nebeneinanderlegen und mit dem restlichen Zucker bedecken. Evtl. die Schalen mit Zucker zwischen den einzelnen Lagen schichten. Gefäß verschließen und im Kühlschrank aufbewahren. Die kandierten Grapefruitschalen halten sich so im Kühlschrank mehrere Wochen.
¶ Vor Gebrauch aus dem Zucker nehmen und den überschüssigen Zucker mit einem Messer abkratzen. Die Schalen nach Belieben in dünne Streifen oder Ecken schneiden und bei Raumtemperatur z. B. halb oder ganz in flüssige Schokolade tauchen. Dabei die Schokolade etwas abtropfen lassen, die Früchte behutsam auf Backpapier setzen und warten, bis die Schokolade abgekühlt und fest ist.

Erdbeer-Rhabarber-Marmelade

§183 **§183 Gelierzucker ist Zucker mit Säure- und Pektinzusätzen. Die Säure konserviert und das Pektin bindet Obst oder Fruchtsaft.**

Man muss also keine weiteren Konservierungsstoffe hinzufügen. Unterschieden wird Gelierzucker
§184 in seinem Verhältnis Frucht zu Zucker: ein Teil Frucht zu einem Teil Zucker (1:1), zwei Teile Frucht zu einem Teil Zucker (2:1) und drei Teile Frucht zu einem Teil Zucker (3:1).

ERGIBT ETWA 1,4 l MARMELADE
600 g Rhabarber • 500 g Erdbeeren • 500 g Gelierzucker 2:1

¶ Rhabarber waschen und je nach Sorte die Haut mit einem kleinen Messer abziehen oder stehen lassen.

¶ Rhabarberstangen in etwa 1 cm breite Stücke schneiden. Erdbeeren waschen, zum Abtropfen auf ein Sieb geben und die Stiele entfernen. Erdbeeren in grobe Würfel schneiden.

¶ Alle Zutaten in einen Topf geben, zum Kochen bringen und unter Rühren 4 Minuten köcheln lassen. Die Marmelade vom Herd ziehen und mit einem Pürierstab nur kurz mixen, dabei soll die Masse noch stückig bleiben, jedoch soweit gemixt sein, dass sie eine gleichmäßige Konsistenz hat. Die Marmelade mit einer Kelle in saubere Gläser füllen, diese fest verschließen und für 2 Minuten auf den Kopf stellen.

(→ Bild gegenüberliegende Seite links)

Eingelegte Pfirsiche

Eine tolle Alternative zu Dosenware und im Aroma durch die Zugabe von verschiedenen Gewürzen (z. B. Zimt, Zitronengras, Ingwer etc.) unendlich variierbar. Probieren Sie auch einmal eine Kombination von Orange, Kardamom und Chili.

§184 Ganze Früchte haben in ihrem Innern einen Lufteinschluss (z. B. Pfirsichkerne), deshalb steigen sie an die Oberfläche, das Einmachglas muss daher immer bis zum Rand mit Flüssigkeit gefüllt werden.

10 Pfirsiche • 1 Vanilleschote • 500 ml Wasser • 500 g Zucker • Saft von 1 Zitrone

¶ Pfirsiche mit einem kleinen Messer an der Oberfläche leicht einritzen. Vanilleschote der Länge nach aufschneiden.

¶ Wasser, Zucker, Vanilleschote und Zitronensaft in einem Topf zum Kochen bringen und vom Herd ziehen.

¶ Die Pfirsiche in sprudelnd kochendem Wasser wenige Sekunden blanchieren, in kaltem Wasser abschrecken und die Haut abziehen.

¶ Pfirsiche in ein großes oder m ehrere kleinere Einmachgläser füllen, den Zuckersirup nochmals aufkochen und über die Pfirsiche gießen. Die Gläser sollten dabei möglichst randvoll gefüllt sein, denn die Pfirsiche steigen an die Oberfläche. Die Früchte sollten möglichst vollständig vom Sud bedeckt sein. Gläser fest verschließen, 3 Minuten auf den Kopf stellen, dann wieder wenden. Die Pfirsiche sind kühl und dunkel aufbewahrt mehrere Monate haltbar.

(→ Bild gegenüberliegende Seite rechts)

Klarer Erdbeersaft

Der Erdbeersaft schmeckt eisgekühlt mit frischen Beeren oder mit Sekt aufgegossen als Getränk.

§185 **§185 Für Fruchtsäfte gilt das Gleiche wie für Brühe und Consommé: Sollen sie klar bleiben, dürfen sie auf keinen Fall zu stark gerührt, gepresst, gedrückt oder gar gemixt werden.**

1,5 kg Erdbeeren • 6 Minzezweige • 250 g Zucker • 250 ml Weißwein • 900 ml Wasser • Saft von ½ Zitrone

¶ Die Erdbeeren waschen und die Stiele mit einem kleinen Messer entfernen. Erdbeeren in Stücke
§186 schneiden. Die Minzezweige waschen und trocken schleudern.

¶ Zucker, Weißwein und Wasser in einem Topf zum Kochen bringen. Erdbeeren zufügen und erneut einmal aufkochen.Topf vom Herd ziehen, Zitronensaft und Minze zufügen und 1 Stunde ziehen lassen.

¶ Die Flüssigkeit auf ein Passiertuch gießen und etwa 5 Stunden abtropfen lassen. Pressen Sie die Erdbeeren bitte nicht aus! Um den Erdbeersaft lagerfähig zu machen, die Flüssigkeit erneut zum Kochen bringen, dann in saubere Weckgläser oder Glasflaschen mit einem Schraubverschluss füllen und sofort verschließen. Das Süppchen hält so etwa 1 Jahr. (→ Bild gegenüberliegende Seite links)

Holunderblütensirup

Holunderblüten sind ein Phänomen: Jeder kennt sie, jeder sieht sie überall stehen, aber kaum einer weiß etwas mit ihnen anzufangen. Schade! Sie schmecken toll und sind sehr vielseitig einzusetzen. Sie blühen von Mitte Mai bis Juni, können gleich frisch verarbeitet werden zu Sekt, Saft, Gelee, Mousse, Pfannkuchen und vieles mehr oder man trocknet sie als Aromageber.

Holunderblütensirup ist mit Mineralwasser verdünnt ein toller Limo-Ersatz für Kinder. Mischen Sie 1 Esslöffel Sirup mit 100 Milliliter Prosecco oder anderem Weißwein, erhalten Sie einen köstlichen Aperitif.

§186 Selbst hergestellte Säfte lassen sich durch die Zugabe von Zucker und durch Kochen sehr lange haltbar machen, wenn man sie kochend heiß in Weck- oder Glasflaschen abfüllt und luftdicht verschließt.

2 Bio-Limetten • 1 Stück frischer Ingwer, etwa 30 g • 40 große Holunderdolden • 50 g Weinsteinsäure (in Apotheken erhältlich) • 1 kg Zucker

¶ Limetten und Ingwer heiß abwaschen und in dünne Scheiben schneiden. Holunderblüten vorsichtig waschen und abtropfen lassen.

¶ Alles zusammen mit der Weinsteinsäure in eine große Schüssel geben und mit 2 l kaltem Wasser bedecken. Diese Mischung 2 Tage an einem kühlen Ort stehen lassen. Den Zucker zufügen und weitere 2 Tage stehen lassen.

¶ Ein Sieb mit einem feuchten, sauberen Küchentuch auslegen, dadurch die Flüssigkeit in einen Topf gießen und zum Kochen bringen. Die kochend heiße Flüssigkeit in saubere Weckglasflaschen oder Glasflaschen mit einem Schraubverschluss füllen und sofort verschließen.

¶ Der Holunderblütensirup hält sich im Dunkeln aufbewahrt über 1 Jahr. (→ Bild gegenüberliegende Seite rechts)

Rezeptverzeichnis

Algenbutter, Rachs 42
Ananas-Relish 47
Apfel-Chutney 45
Apfelkuchen, Hamburger 83
Apfelpfannkuchen mit Speck 120
Aprikosentartes 296
Arme Ritter 292
Avocado-Mozzarella-Salat mit Mango 143

Backerbsen 76
Backfisch mit Gurkensalat 215
Balsamico-Vinaigrette, einfache 40
Biskuit-Törtchen mit Mascarpone-Creme und Johannisbeeren 281
Blätterteig-Feigentörtchen 286
Blätterteiggebäck, süßes 77
Blätterteigschnecken, salzige 79
Blumenkohl, polnisch 172
Braisierter Ochsenschwanz 264
Brandade 137
Brandteig, einfacher 74
Brioches 65
Brownies, Walnuss- 300
Brühen 15
Butter 42
Buttersauce, montierte 58

Calamaretti, gefüllte 185
Canellini-Bohnenpüree, Crostini mit 157
Chicken Drumsticks 227
Chicken-Sandwich 228
Chutney, Apfel- 45
Chutneys 45
Country Potatoes 89
Crème-brûlée, Curry- 291
Cremige Polenta mit Gorgonzola und Birne 107
Crostini mit Canellini-Bohnenpüree 157
Crostini, Sardellen- 194
Crumble, Zwetschgen- 299
Curry-Crème-brûlée 291

Dunkle Fleischsauce 60
Dunkler Kalbsfond 19

Ei, pochiertes, mit Löwenzahn und Sauerteig-Krumen 119
Einfache Balsamico-Vinaigrette 40
Einfache Mayonnaise 50
Einfacher Brandteig 74
Eingelegte Paprika 132
Eingelegte Pfirsiche 308
Eingelegte Wachteleier 116
Eingelegter Kürbis, süß-sauer 126
Enten-Rillette 231
Erdbeer-Rhabarber-Marmelade 308
Erdbeeren mit Meringue und Vanilleeis 275
Erdbeersaft, klarer 310

Fenchel, gebratener 166
Fenchelangelotti mit Paprika-Sugo 97
Fischfond (Fumet) 16
Fischstäbchen, selbst gemachte 213
Fischsuppe mit Knoblauch-Safran-Mayonnaise 25
Fleischsauce, dunkle 60
Fonds 15
Forelle, geräucherte 189
Französischer Orangenbiskuit 80
Frittierte Frühlingsrollen mit Hackfleischfüllung 236
Frittierte Lachsbällchen mit Avocado-Creme 193
Frittierter Schweinenacken mit glasierten Eiszapfen 235
Früchte, karamellisierte 289
Frühlingsrollen, frittierte, mit Hackfleischfüllung 236
Fumet 16

Gazpacho 38
Gebackene römische Polenta 109
Gebeizter Lachs mit Sternanis und Lorbeer 190
Gebratene Crêpes und Blaubeeren, Rehrücken mit 268
Gebratener Fenchel 166
Geflämmtes Rinderfilet 256
Gefüllte Calamaretti 185

Gegrillte Kalbskoteletts
mit Pommes Pont-neuf 245
Gegrillte Lammkoteletts 252
Gegrillter Hummer 181
Gemüse-Kasserolle 169
Gemüse-Tempura 171
Gemüsebrühe 16
Gemüsesuppe mit Ricotta-Ravioli 22
Geräucherte Forelle 189
Geschmorte Kaninchenkeulen 232
Geschmorte Lammschulter 255
Geschmorte Römersalatherzen 164
Gestovter Lauch 162
Getrocknete Ofentomaten 130
Glasierter Rosenkohl 175
Götterspeise (Wackelpudding) 272
Grapefruitschalen, kandierte 306
Grünes Rindfleisch-Curry 261
Gurken-Radieschen-Gemüse, Saibling auf 186
Gurkensalat, Backfisch mit 215

Hamburger Apfelkuchen 83
Hamburger Labskaus 220
Hefeteig 65
Himbeergranitée 284
Himbeersorbet 284
Hirschragout mit Serviettenkloß 271
Holländische Sauce 56
Holunderblütensirup 310
Honig-Rosmarin-Parfait (Halbgefrorenes) 282
Hühnchen-Kokos-Suppe, thailändische 29
Hühnerbrühe 19
Hummer, gegrillter 181

In Knoblauchsud pochierter Fisch 137
In Salz eingelegte Zitronen 129

Jakobsmuscheln mit karamellisiertem Chicorée
und Beurre blanc 178
Joghurtsauce, scharfe 31

Kabeljau im Lauch-Oliven-Sud 198
Kalbseintopf, marokkanischer 31
Kalbsfond, dunkler 19
Kalbskoteletts, gegrillte
mit Pommes Pont-neuf 245
Kalbssteak mit Calamaretti und Pesto 246
Kalbstafelspitz mit Bouillon-Gemüse 250
Kalbstatar 242
Kalt gerührte Preiselbeeren 250
Kaninchenkeulen, geschmorte 232
Kandierte Grapefruitschalen 306
Karamellbonbons, Schokoladen- 305
Karamellisierter Chicorée und Beurre blanc mit
Jakobsmuscheln 178
Karamellisierte Früchte 289
Kardamom-Milchreis mit Mango 276
Kartoffel-Bohnen-Salat 149
Kartoffel-Sauerkraut-Suppe
mit Büsumer Krabben 32
Kartoffelsalat mit Wiener Schnitzel 249
Kartoffelgemüse, saures, mit Kochwurst 92
Kartoffelgnocchi
mit Auberginen-Tomaten-Sauce 86
Kartoffelküchlein 90
Käsegebäck 72
Kastanienbrötchen 66
Kichererbsen-Salat mit Saté-Spießen 146
Klarer Erdbeersaft 310
Klopse, Königsberger 240
Knoblauch-Safran-Mayonnaise (Rouille) 52
Königsberger Klopse 240
Kokosreis mit Papaya und Thaispargel 102
Kopfsalat-Sauce 58
Kräuter-Chili-Öl 44
Kreuzkümmel-Soja-Reduktion 49
Krustenbraten vom Schweinebauch
mit Koriander-Karotten 239
Krustentierfond 18
Krustentiersuppe
mit Spargel und Morcheln 26
Kürbis, süß-sauer eingelegter 126

Labskaus, Hamburger 220
Lachs, gebeizter, mit Sternanis und Lorbeer 190
Lachsbällchen, frittierte, mit Avocado-Creme 193
Lammkoteletts, gegrillte 252
Lammschulter, geschmorte 255
Lauch, gestovter 162

Linguine mit Limette, Minze und Erbsen 98
Linsensalat
mit gebratenem Serrano-Schinken 152
Mandelsuppe 36
Marmelade von roten Zwiebeln 124
Marokkanischer Kalbseintopf 31
Mayonnaise, einfache 50
Melonensüppchen 278
Mesclun-Salat mit Brandade 135
Miesmuscheln 176
Milchreis, Kardamom-, mit Mango 276
Montierte Buttersauce 58
Mousse au chocolat
mit Passionsfrucht-Coulis 303
Mürbeteiggebäck, süßes 72

Natursauerteig 63

Ochsenschwanz, braisierter 264
Ofengemüse 154
Ofentomaten, getrocknete 130
Öle 42
Omelett 123
Orangenbiskuit, französischer 80
Oricchiette mit Blumenkohl 101

Pak-Choi mit Tofu und Sesam-Vinaigrette 158
Paprika, eingelegte 132
Paprika-Sugo, Fenchelangelotti mit 97
Perlhuhn mit Morchel-Füllung 222
Pfirsiche, eingelegte 308
Pinientartes 296
Pizzateig 69
Pochiertes Ei mit Löwenzahn und
Sauerteig-Krumen 119
Polenta, cremige mit Gorgonzola und Birne 107
Polenta, gebackene, römische 109
Pommes Pont-neuf mit gegrillten
Kalbskoteletts 245
Poularden-Waterzooi 225
Preiselbeeren, kalt gerührte 250
Profiteroles, Vanille- 294
Pulpo auf Tomaten-Feigen-Kompott 182

Quinoa mit Linsen 115

Rachs Algenbutter 42
Rauchaal-Kartoffeln 85
Ravioli, Ziegenkäse-Spinat- 94
Red Snapper mit Bananen
und Curry-Zwiebeln 205
Reduktion, Kreuzkümmel-Soja- 49
Reduktionen 49
Rehconsommé mit Grießklößchen 35
Rehrücken mit gebratenen Crêpes
und Blaubeeren 268
Relish, Ananas- 47
Relishes 45
Remoulade 52
Ricotta-Ravioli, Gemüsesuppe mit 22
Rinderbrühe 20
Rinderfilet, geflämmtes 256
Rinderfilet im Salzteig 262
Rindfleisch, grünes-Curry 261
Rinderschmorbraten mit Lorbeerkartoffeln 267
Risotto, Topinambur- 104
Römersalatherzen, geschmorte 164
Römische Polenta, gebackene 109
Roggen-Weizenbrot 63
Rosenkohl, glasierter 175
Rostbeef mit Schnippelbohnensalat 258
Rote Zwiebelmarmelade 124
Rouille (Knoblauch-Safran-Mayonnaise) 52

Safran-Knoblauch-Mayonnaise,
Fischsuppe mit 25
Saibling auf Gurken-Radieschen-Gemüse 186
Salzige Blätterteigschnecken 79
Sankt Petersfisch
in Limetten-Koriander-Nage 197
Sardellen-Crostini 194
Saté-Spieße mit Kichererbsen-Salat 146
Sauce Hollandaise 56
Sauce, weiße 53
Sauce, weiße, – ohne Mehl 55
Sauer eingelegtes Zucchinigemüse 134
Saures Kartoffelgemüse mit Kochwurst 92
Scharfe Joghurtsauce 31
Schokoladen-Karamellbonbons 305
Scholle mit Speckstippe 210

Schweinenacken, frittierter,
mit glasierten Eiszapfen 235
Seezunge Müllerin 206
Selbst gemachte Fischstäbchen 213
Serviettenkloß mit Hirschragout 271
Spargelsalat mit Dicken Bohnen
und Parmesan 144
Steinbutt im Ganzen 208
Stielmus 161
Süß-sauer eingelegter Kürbis 126
Süßes Blätterteiggebäck 77
Süßes Mürbeteiggebäck 72

Taboulé 110
Thailändische Hühnchen-Kokos-Suppe 29
Thunfisch
mit Schalotten-Rhabarber-Kompott 219
Thunfisch-Tatar 216
Tomaten-Feigen-Kompott, Pulpo auf 182
Topinambur-Risotto 104

Vanille-Profiteroles 294
Vinaigrettes 40

Wackelpudding (Götterspeise) 272
Wachteleier, eingelegte 116
Waffelteig 70
Walnuss-Brownies 300
Weiße Sauce 53
Weiße Sauce – ohne Mehl 55
Weißkohlsalat mit gebratenen Garnelen 140
Wiener Schnitzel mit Kartoffelsalat 249
Wildbrühe 21
Wolfsbarsch im Pergament gegart 200
Wolfsbarsch mit Kartoffel-Mousseline
und Steinpilzen 202

Ziegenkäse-Spinat-Ravioli 94
Zitronen, in Salz eingelegte 129
Zitronenbutter 44
Zucchinigemüse, sauer eingelegtes 134
Zucchini-Staudensellerie-Salat 139
Zwetschgen-Crumble 299
Zwiebelmarmelade, rote 124

Stichwortregister

Algen, Qualität §27
Anbraten §17
Aroma, Obst und Gemüse §§84, 96
Arrosieren §121

Backen
- Biskuit 281
- Blätterteig §52
- Blind- §177
- Brandteig §50
- Mürbeteig §§176, 177
- Pizza §47

Barbieren 90
Bechamelsauce, Verwendung 162
Beizen §113
Beurre blanc, Zubereitung §42
Binden
- mit Eigelb §174
- mit Fett §166

Biskuit
- durchbacken 281
- Backform vorbereiten §53
- für Rouladen §55

Blätterteig
- Backen §52
- Verarbeitung §51

Blind backen §177
Bohnen, roh §97
Braisieren §157
Brandteig
- Backen §50
- Vorbereitung §175

Braten
- Fisch §121
- Fleisch §153

Brownies haltbar machen §179
Brühe
- aromatisch §3
- aufsetzen §2
- einfrieren 16
- geklärte, passieren §20
- Herstellung §1
- klare, Zubereitung §4
- Kochzeiten §3
- mit Eiweiß klären 16
- Rinder- §9
- Wild- §10

Brunoise schneiden 12
Bunsenbrenner §152
Butter, Geschmacksverstärker §26

Calamaretti, Zubereitung §110
Chilischoten §§21, 22
Chutney, Zutaten §30
Consomée 20, 35
Couscous, Zubereitung §74
Creme brulée, Zubereitung 291; §172
Curry, Rösten §154

Eier pochieren §78
Eigelb, Bindung §174
Eingemachtes, pikant, Essigsorte §81
Einmachen, Hygiene §86
Einweichwasser, Weiterverwendung §130
Eischnee
- Eiweiß schlagen §§54, 167
- Verarbeitung §48

Emulsion, Haltbarkeit 58

Farce
- Verarbeitung 193
- Zubereitung §113

Feigen, Zubereitung §170
Fenchel, Zubereitung §102
Fett, Konservierung §136
Filet schneiden §151
Fisch
- in Suppe garen §12
- Frische §116
- Garzeit §118
- Räuchern §112

Fischfilet
- garen §117
- braten §121

Fischfond
- klären 14

– kochen §123
Fischstäbchen, geeignete Fischsorten §125
Fleisch
– fettarmes, Garen §137
– klopfen §147
– kurz gebraten §153
– Marinieren §149
– roh, Verzehr §143
Fleischsauce
– dunkle, Haltbarkeit 60
– dunkle, Verwendung §43
Flüssigkeiten reduzieren §§31, 32
Fond
– aufsetzen §2
– Fisch-
– klären 16
– kochen §123
– Hühner- §7
– Kalbs- §8
– Krustentier- §6
Frittieren
– Knusper-Effekt §138
– Temperatur 236; §104
Früchte, ganze, konservieren §184
Fruchtsaft, klar §185

Garen
– fettarmes Fleisch §137
– im Backofen §96
– im Pergament §118
– Muscheln in Suppe §12
– Niedrigtemperatur- §111
– unter Verschluss §§155, 156
Garnelen, Kauf §89
Geflügel
– Zubereitung §131
– Hygiene §133
Geflügelgerichte, gekocht/geschmort §132
Gelatine, Menge §161
Gelierzucker §183
Gemüse
– schälen §103
– trocknen, Aroma §84
– waschen §87
Gerichte, thailändische §14
Granitée, Zubereitung §169
Grill, Temperatur §144
Gurkensalat, Zubereitung §126

Hackfleisch, Verzehr §139
Harissa, Herstellung 110
Hefeteig
– Pizza backen §47
– Voraussetzungen §45
Hirse, waschen §75
Hollandaise
– warm halten §40
– retten 56
– Zubereitung §39
Hühnerbrühe, Verwendung
von Hühnerfleisch für §135
Hühnerfond, Verwendung §7
Hülsenfrüchte, Vorbereitung §93
Hummer
– ausbrechen 181
– Zubereitung §108
Hygiene §35
– Hackfleisch §139
– Konservierung §86
– Mayonnaise §34
– rohes Fleisch §143

Ingwer, Verwendung §128

Jakobsmuscheln, Qualität §107

Kalbsfond, dunkler, Verwendung §8
Kandieren, Zitrusfrüchte §182
Karamell
– Bräunungsgrad 289
– Butter verarbeiten §181
– Zubereitung §171
Kartoffelgerichte abschmecken §64
Kartoffelmusselin, Zubereitung §119
Kartoffeln
– ausdampfen §61
– fest kochende §57
– Lagerung §60
– mehlig kochende §59
– Ofen- §62

– Stärkegehalt §63
– vorwiegend fest kochende §58
Kartoffelpüree, Zubereitung §§18, 99, 119
Kläransatz, Zubereitung §19
Klären mit Eiweiß 35
Klöße formen §142
Knoblauch vorgaren §141
Kochwasser, Weiterverwendung §130
Konservierung
– Fisch räuchern §112
– Früchte, ganze §184
– Hygiene §86
– mit Fett §136
Kohl
– vorbereiten 140
– Geruch vermeiden §105
– Verarbeitung 140
Kräuter waschen §§15, 87
Krustenbraten, Zubereitung §140
Krustentierfond, geeignete Schalen §6
Kürbis, Verwendung §82
Kurz gebratenes Fleisch, Ruhezeit §153

Lammfleisch, Geschmack §150
Linsen, Vorbereitung §95

Marinaden §134
Marinieren, Fleisch §§149, 158
Mayonnaise
– Hygiene §34
– Zubereitung §33
Mehl, Lagerung §46
Mehlschwitze, Sauce 162; §100
Melonen, Reife erkennen §§164, 165
Meringue, Zubereitung §162
Miesmuscheln
– Qualität 176
– Zubereitung §106
Mirin, Verwendung 158
Morcheln, Vorbereitung 26
Mousse au chocolat, Festigkeit §180
Mürbeteig
– Verarbeitung §49
– Backen §§176, 177

Muscheln
– in Suppe garen §12
– Jakobs- §107
– Mies- 176; §106
– Zubereitung §106

Nage 197
Niedrigtemperaturgaren §111
Nudeln abschrecken §67
Nudeln kochen §69
Nudelteig
– Beschaffenheit §66
– Zubereitung §65
Nudelwasser, Weiterverwendung §70

Obst trocknen, Aroma §84
Ofenkartoffeln, Zubereitungen §62
Öl
– Geschmacksverstärker §26
– Qualität §29
Omelett, Zubereitung §80

Pacific-Rim-Küche 227
Panko (Paniermehl) 213
Paprika häuten §85
Parieren §16
Pesto, Aufbewahrung und Verwendung §145
Pfannkuchen, Lockerung §79
Pilze, getrocknete, Aroma §13
Piment d' Espelette 235
Pizza backen §47
Pochieren
– Eier §78
– Fisch §117
Polenta, grobe, Kochzeit §73
Pulpo
– Kauf 182
– Zubereitung §109

Quinoa waschen §76

Ragout §160
Räuchern §112
Raspeln 12
Rauten schneiden 12

Ravioli tiefkühlen §11
Reis
– Risotto, Sorten §72
– Typen §163
– Zubereitung §71
Relish, Zutaten §29
Rhabarber, Kauf §129
Rilette 231
Rinderbrühe, Zutaten §9
Risotto, Reissorte §72
Rote Bete, Zubereitung §94
Rucola auffrischen §90
Rührteig, Verarbeitung §56

Saft haltbar machen §186
Sahne, steife §168
Salat
– schmoren §101
– waschen §87
Sardellen, Qualität 194
Sauce
– Fleisch §43
– Mehlschwitze 162; §100
– montierte, Stabilität §41
– Säure abmildern §68
– weiße
– Mehlgeschmack §36
– Mehlklümpchen §37
– Variationen §38
Sauerteig, Herstellung §44
Säure abmildern §68
Schalotten vorgaren §141
Schmoren
– Braisieren §157
– Salat §101
Schnitzel, Wiener §146
Schokolade, Festigkeit von Mousse au chocolat §180
Seezunge, Haut lösen §122
Sesamöl, Verwendung §114
Shrimps, Kauf §89
Sorbet, Zubereitung §169
Spargel
– bitterer 144
– Lagerung §92
– schälen §91
Speck, grüner, gegen Austrockenen 90
Stäbchen schneiden 12
Streusel, Zubereitung §178
Suppe, kalt hergestellt
– Aufbewahrung §23
– Bindung mit Fett §166

Tafelspitz, Zubereitung §148
Tapenade 139
Tempura 171
Thailändische Gerichte §14
Thunfisch, Zubereitung §127
Tofu
– Herstellung 158
– Verwendung §98
Tomaten
– geschmolzene 130
– vorbereiten 11
Tournieren 12
Trocknen, Gemüse §84

Vinaigrette, Zubereitung §§24, 25

Wachteleier, Zubereitung §77
Wassermelonen, Reife erkennen §165
Weiterverwendung von Hühnerfleisch §135
Wildbrühe, klare §10
Wildfleisch, Zubereitung §§10, 159
Wiener Schnitzel §146
Würfel schneiden 12

Zitronen, Qualität §83
Zitrusfrüchte
– Kandieren §182
– Verwendung von Schalen §28
Zucchini, Kauf §88
Zur Rose abziehen §173
Zutaten, Qualität §124

edel EDITION ist ein Imprint der edel entertainment GmbH

www.edel-edition.de www.edel.de

Projektkoordination: *Bettina Snowdon*
Lektorat: *Irene Rüter*
Rezeptmitarbeit: *Thomas Dresse*
Fotografie: *Wolfgang Schardt*
Gestaltung und Satz: *Johannes Steil, www.brotschrift.de*

Printed in Germany
ISBN 978-3-86803-290-1